Webratgeber für Senioren

Philip Kiefer

DATA BECKER

Copyright	© DATA BECKER GmbH & Co. KG Merowingerstr. 30 40223 Düsseldorf
E-Mail	buch@databecker.de
Konzeption/Produktmanagement	Peter Meisner
Textmanagement	Claudia Lötschert
Umschlaggestaltung	Inhouse-Agentur DATA BECKER
Textbearbeitung und Gestaltung	Thorsten Schlosser, Kreuztal (www.buchsetzer.de)
Produktionsleitung	Claudia Lötschert
Druck	Media-Print, Paderborn

ISBN 978-3-8158-2987-5

Wichtige Hinweise

Die in diesem Buch wiedergegebenen Verfahren und Programme werden ohne Rücksicht auf die Patentlage mitgeteilt. Sie sind für Amateur- und Lehrzwecke bestimmt.

Alle technischen Angaben und Programme in diesem Buch wurden von den Autoren mit größter Sorgfalt erarbeitet bzw. zusammengestellt und unter Einschaltung wirksamer Kontrollmaßnahmen reproduziert. Trotzdem sind Fehler nicht ganz auszuschließen. DATA BECKER sieht sich deshalb gezwungen, darauf hinzuweisen, dass weder eine Garantie noch die juristische Verantwortung oder irgendeine Haftung für Folgen, die auf fehlerhafte Angaben zurückgehen, übernommen werden kann. Für die Mitteilung eventueller Fehler ist der Autor jederzeit dankbar.

Wir weisen darauf hin, dass die im Buch verwendeten Soft- und Hardwarebezeichnungen und Markennamen der jeweiligen Firmen im Allgemeinen warenzeichen-, marken- oder patentrechtlichem Schutz unterliegen.

Inhaltsverzeichnis

1

Einführung und Vorbereitung: Webseiten aufrufen und ein Webmail-Konto eröffnen

Im ersten Kapitel dieses Buchs möchte ich Ihnen zunächst in einem kleinen Crashkurs die Nutzung des Internet Explorer 8 vorstellen (andere moderne Browser zum Betrachten von Webseiten funktionieren ähnlich). Außerdem will ich Ihnen zeigen, wie Sie ein kostenloses Webmail-Konto eröffnen – bei einer Menge von Diensten werden Sie es zur Anmeldung benötigen. Ich wünsche Ihnen jetzt schon viel Freude bei Ihren Entdeckungstouren im World Wide Web!

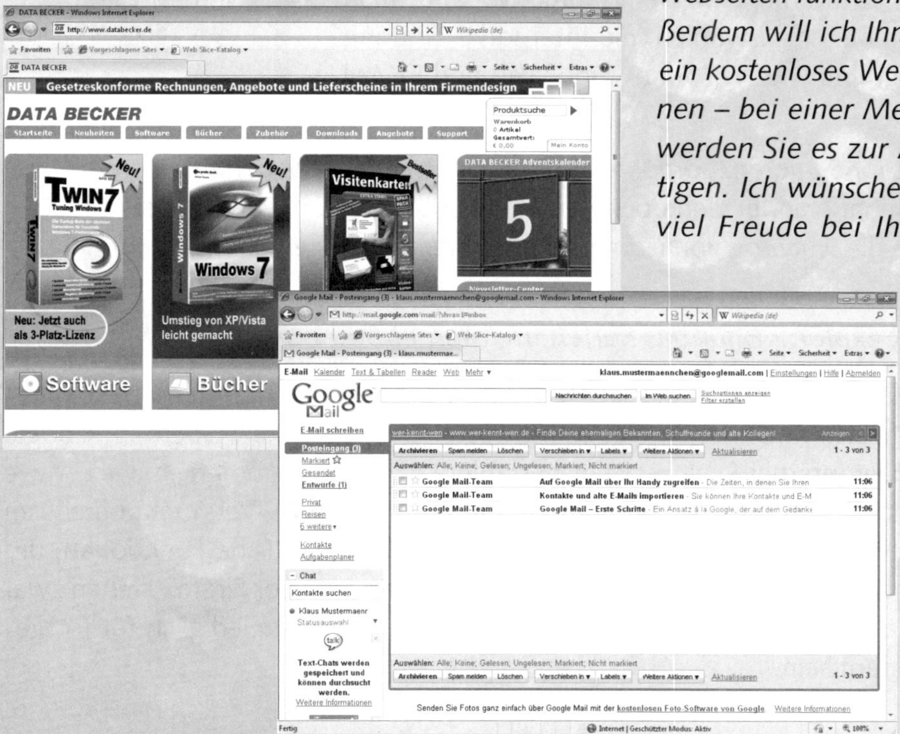

Webseiten betrachten und im Web navigieren mit dem Internet Explorer 8

Zum Betrachten von Webseiten benötigen Sie einen modernen Browser (sprich: braoser): Er lädt Webseiten aus dem Internet und macht das Navigieren im World Wide Web kinderleicht! Ich empfehle die Verwendung des Browsers Internet Explorer 8.

Stopp! Ich habe noch nicht mal eine Internetverbindung. Erhalte ich in diesem Buch keine Anleitung dazu, wie ich eine solche herstelle?

Nein, dieses Buch widmet sich den besten Webangeboten für Senioren. Den Einführungsteil möchte ich auf ein Minimum beschränken. Für PC-Einsteiger habe ich jedoch einige Titel verfasst, die ebenfalls bei DATA BECKER erschienen sind und auf die ich Sie gern verweise:

- *PC & Windows für Senioren* (ab Frühjahr 2010 auch *PC & Windows 7 für Senioren*): In diesem Buch mache ich Sie mit den Grundlagen der Computernutzung vertraut – vom Anschließen und Verwenden der Geräte über das Einrichten nach eigenen Bedürfnissen bis hin zu fortgeschritteneren Aktionen.
- *Internet & E-Mail für Senioren*: Dieses Buch leitet Sie Schritt für Schritt zur Nutzung des Internets an. Sie erfahren, wie Sie einen geeigneten Internetanbieter auswählen, die Internetverbindung auf dem PC einrichten und wie Sie World Wide Web und E-Mail optimal einsetzen.
- *Computer & Internet für Senioren/Computer & Internet mit Windows 7 für Senioren*: Diese Bücher vereinen die Inhalte der beiden oben genannten Titel in einem Band – ideal für ältere Menschen, die voll in die Nutzung von Computer und Internet einsteigen möchten!

Warum ist der Internet Explorer 8 für das Surfen im Internet besonders empfehlenswert?

Im deutschsprachigen Raum verwenden die meisten Nutzer entweder den „Internet Explorer" oder „Firefox" (sprich: faierfox). Daneben gibt es Browseralternativen wie „Opera", „Google Chrome" und „Safari". Der Internet Explorer ist insbesondere deshalb zu empfehlen, weil er wie Ihr Windows-Betriebssystem von Microsoft stammt und in allen Windows-Versionen bereits an Bord ist. Die aktuelle Version, der Internet Explorer 8, verfügt über sämtliche Funktionen, um komfortabel im Internet zu surfen. Für den ebenfalls sehr beliebten Browser Firefox stehen zwar sehr viel mehr Erweiterungsmöglichkeiten zur Verfügung, doch das dürfte lediglich für fortgeschrittene Nutzer interessant sein.

Internet Explorer und Firefox sind die beiden mit Abstand beliebtesten Browser – laut einer im Dezember 2009 veröffentlichten Studie liegen die Marktanteile in Deutschland bei jeweils rund 45 Prozent.

Ich möchte den Internet Explorer nicht verwenden – kann ich das Buch dennoch nutzen?

Selbstverständlich! Dieses Buch können Sie völlig unabhängig davon verwenden, welchen Browser Sie zum Betrachten der Webseiten einsetzen. Lediglich die kleine Einführung in diesem ersten Kapitel gilt für den Internet Explorer 8 – bei anderen Browsern sind die Funktionen aber ähnlich. Die Tabelle zeigt Ihnen die wichtigsten Browser auf einen Blick sowie die Webadressen, unter denen sie heruntergeladen werden können. Entscheiden Sie sich für denjenigen Browser, der Ihnen am meisten zusagt.

Browser	**Webadresse des Anbieters**
Internet Explorer	*http://www.microsoft.com/germany/windows/internet-explorer*
Firefox	*http://www.mozilla-europe.org/de/firefox*
Safari	*http://www.apple.com/de/safari*
Opera	*http://www.opera.com/download*
Google Chrome	*http://www.google.de/chrome*

Schön, aber jetzt will ich loslegen! Wie rufe ich eine Webadresse auf, die in diesem Buch empfohlen wird?

Ganz einfach: Starten Sie dazu den Internet Explorer, indem Sie auf das entsprechende Symbol ( ) in der Taskleiste klicken oder den Eintrag *Internet Explorer* im Startmenü unter *Alle Programme* wählen. So geht es weiter:

Muss ich bei einer Webadresse die Angabe „http://“ eintippen?

Nein, diese Eingabe können Sie sich sparen – der Internet Explorer 8 ergänzt die Zeichenfolge automatisch.

1

Im Browserfenster, das sich öffnet, finden Sie oben ein Adressfeld. Klicken Sie dort mit der Maus hinein, sodass die aktuelle Adresse blau unterlegt erscheint.

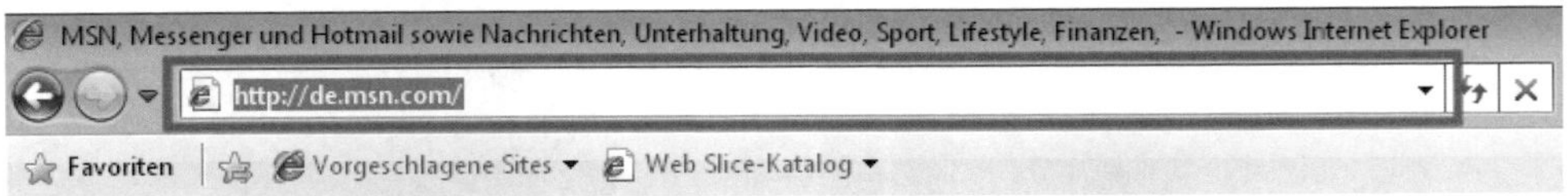

2

Tippen Sie nun die gewünschte Webadresse ein, z. B. „www.databecker.de“.

3

Starten Sie den Ladevorgang durch Anklicken des Symbols → rechts neben dem Adressfeld oder durch Drücken der Enter-Taste. Bereits nach kurzer Zeit wird die Webseite angezeigt.

Das ist ja wirklich einfach! Aber wozu dienen dann die anderen Elemente im Internet Explorer, etwa das Feld rechts oben, die verschiedenen Symbole oder die Leiste unten?

Diese Elemente bieten zusätzliche Funktionen, die Ihnen das Surfen im World Wide Web erleichtern. Die wichtigsten will ich Ihnen kurz vorstellen:

- Titelleiste ❶: Hier wird Ihnen der Titel der gerade geöffneten Webseite angezeigt – meist mit kurzen Informationen zu deren Inhalt.

- Suchfeld ❷: In den Internet Explorer 8 ist ein Suchfeld eingebaut, mit dessen Hilfe Sie blitzschnell eine Suche bei verschiedenen Suchanbietern starten können – die wichtigsten Suchanbieter stelle ich Ihnen in Kapitel 2 vor.

Suchfeld einrichten

Um einen Suchanbieter festzulegen, klicken Sie auf den kleinen Pfeil (▾) rechts im Suchfeld und entscheiden sich für den Eintrag *Weitere Anbieter suchen*.

- Favoritenleiste ❸: Favoriten sind von Ihnen gespeicherte Webadressen, um auf häufig genutzte Webangebote jederzeit schnell zugreifen zu können – ganz bequem über die Favoritenleiste.

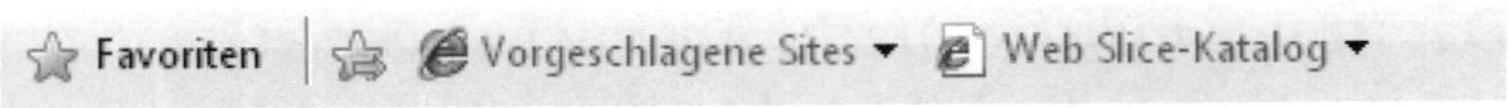

- Registerkarten ❹: Die Registerkarten im Internet Explorer 8 bieten Ihnen die Möglichkeit, mehrere Webseiten im gleichen Browserfenster zu laden – für mehr Übersicht beim Surfen im World Wide Web.

- Symbolleiste ❺: Hier rufen Sie wichtige Funktionen rund um den Internet Explorer 8 auf. Klicken Sie z. B. auf das Symbol, um eine Webseite auszudrucken, oder auf das Symbol, um die Startseite(n) aufzurufen, die Sie unter *Extras/Optionen* festgelegt haben.

- Statusleiste ❻: In der Statusleiste werden Informationen zum Ladezustand einer Webseite angezeigt. Rechts unten finden Sie außerdem einen Zoomschalter (100%), um die Inhalte einer Webseite bei Bedarf bequem zu vergrößern.

Warum sind in einem Text auf einer Webseite einige Elemente unterstrichen?

Bei den unterstrichenen Elementen handelt es sich meistens um sogenannte Links: Wenn Sie einen Link anklicken, blättern Sie zu einer anderen Webseite weiter. Übrigens können sich Links nicht nur unter einem Text verstecken, sondern auch unter Bildern und weiteren Elementen. Einen Link erkennen Sie ganz einfach, indem Sie den Mauszeiger über ein Element bewegen – wird aus dem -Symbol ein , handelt es sich um einen Link.

Wie kann ich zwischen bereits geöffneten Webseiten hin- und herblättern?

Nichts leichter als das! Zum Blättern finden Sie links neben der Adressleiste des Internet Explorer 8 zwei Schaltflächen: einen Pfeil zum Zurückblättern () sowie einen Pfeil zum Vorblättern (). Klicken Sie auf den kleinen Pfeil () rechts neben den beiden Schaltern, haben Sie Zugriff auf den Verlauf der zuletzt von Ihnen besuchten Webseiten.

Und wie kann ich eine Webseite in eine neue Registerkarte laden?

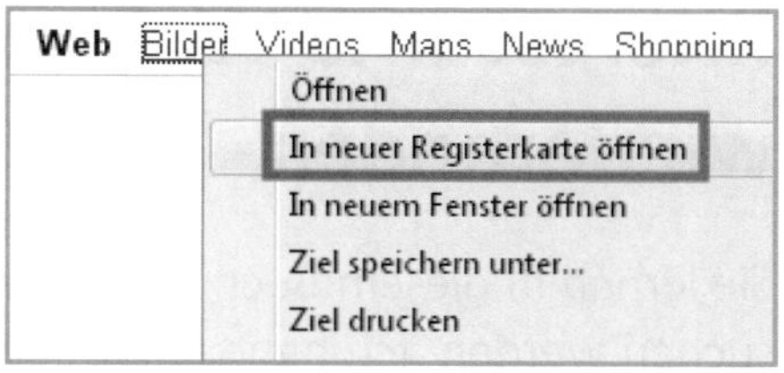

Um dies zu bewerkstelligen, klicken Sie einen Link mit der rechten Maustaste an und entscheiden sich im Menü, das sich öffnet, für den Eintrag *In neuer Registerkarte öffnen*. Oder Sie halten beim Anklicken eines Links einfach die Strg-Taste gedrückt.

Praktisch: Dank der Registerkarten können Sie bequem auf mehrere Webseiten gleichzeitig zugreifen.

Falls Sie neu sind im World Wide Web

Sie gehen im World Wide Web Ihre ersten Schritte? Dann empfehle ich Ihnen, die oben gezeigten Grundlagen (Webseite laden, Links anklicken, Webseiten vor- und zurückblättern etc.) zu verinnerlichen. In diesem Zusammenhang keine Werbung, sondern eine Übung: Finden Sie unter der Webadresse *www.databecker.de* heraus, welche Neuheiten DATA BECKER aktuell zu bieten hat, welche Bücher sich speziell für Senioren im Angebot des Verlags befinden und in welchem Jahr DATA BECKER gegründet wurde.

Interessante Webseiten abspeichern und jederzeit wiederfinden

Sie lernen in diesem Buch eine Menge Webseiten kennen, die Sie sicher immer wieder gern besuchen werden. Ich habe im vorigen Abschnitt bereits angedeutet, dass Sie Ihre „Favoriten“ im Internet Explorer 8 speichern können, nun zeige ich Ihnen, wie einfach das geht.

Ich habe eine interessante Webseite geöffnet – wie kann ich die Webadresse speichern und später abrufen?

Hierzu sind nur wenige Handgriffe erforderlich. Ich stelle den Vorgang für Sie Schritt für Schritt dar:

1

Sie haben die Webseite im Internet Explorer geladen. Klicken Sie nun unterhalb des Adressfelds auf die Schaltfläche *Favoriten*.

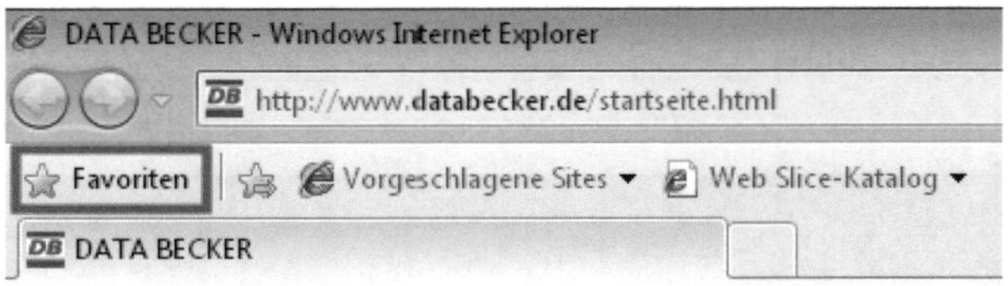

2

Entscheiden Sie sich als Nächstes für die Schaltfläche *Zu Favoriten hinzufügen …*

3

… und bestätigen Sie im Fenster, das sich öffnet, das Speichern der Webadresse mit einem Klick auf *Hinzufügen*.

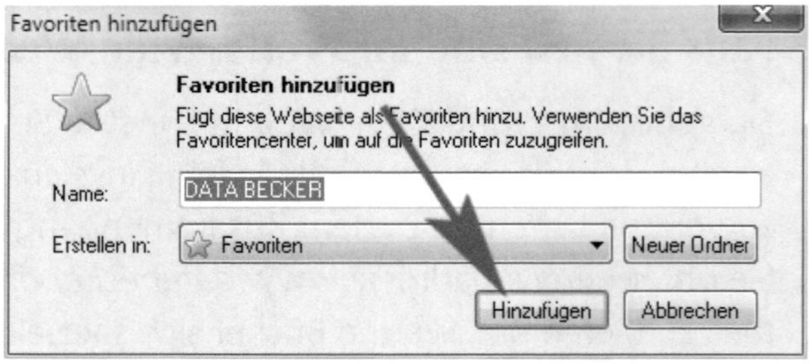

4

Um auf die Webseite zuzugreifen, wählen Sie erneut *Favoriten* und klicken den entsprechenden Eintrag an. Ganz einfach!

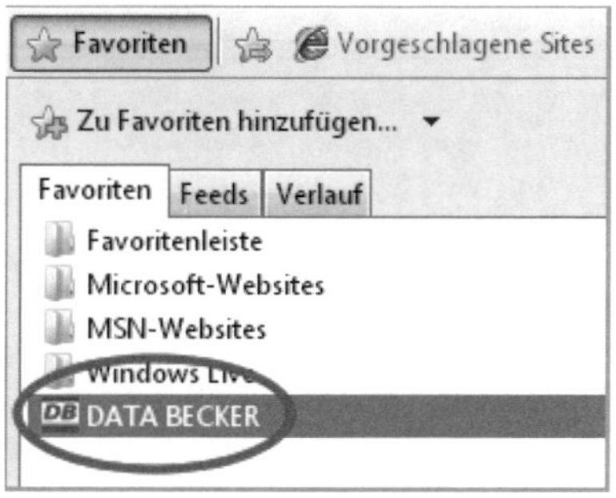

Gibt es zum Speichern der Webadresse eine weitere Möglichkeit?

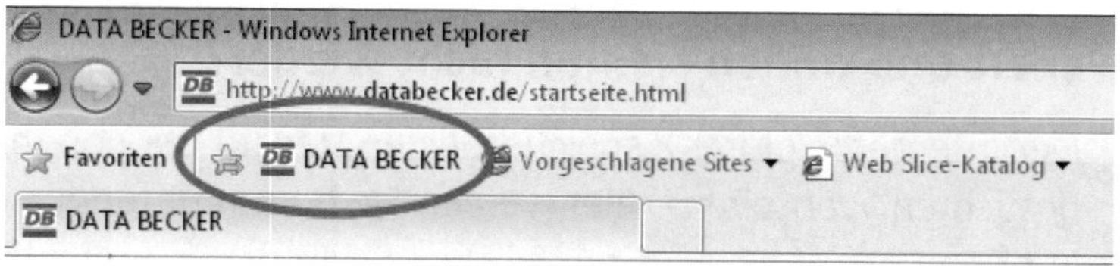

Ja, Sie können eine Webadresse auch direkt in die Favoritenleiste legen. In diesem Fall genügt ein einziger Mausklick sowohl zum Hinzufügen der Webadresse als auch zum Aufrufen der Webseite. Legen Sie in die Favoritenleiste jedoch nur wirklich häufig von Ihnen besuchte Webseiten, um sie nicht zu überfrachten. So geht's: Laden Sie die gewünschte Webseite und klicken Sie in der Favoritenleiste auf das Symbol – schon können Sie die Webseite über die Favoritenleiste abrufen.

Favoritenleiste ausblenden

Mehr Platz im Browserfenster: Blenden Sie die Favoritenleiste aus, indem Sie sie mit der rechten Maustaste anklicken und das entsprechende Häkchen entfernen.

Wie speichere ich eine Webseite so ab, dass sie als Datei auf meinem Computer verfügbar ist?

Sie wollen eine Webseite auf Ihrer Festplatte archivieren? Auch das ist kein Problem. Rufen Sie die Webseite dazu auf und wählen Sie dann in der Symbolleiste des Internet Explorer 8 *Seite/Speichern unter*. Wählen Sie anschließend den Speicherort für die Datei aus ❶, geben Sie der Datei einen aussagekräftigen Namen ❷ und klicken Sie auf *Speichern* ❸ – fertig!

Sie haben eine besuchte Webseite nicht gespeichert und finden sie nun nicht wieder?

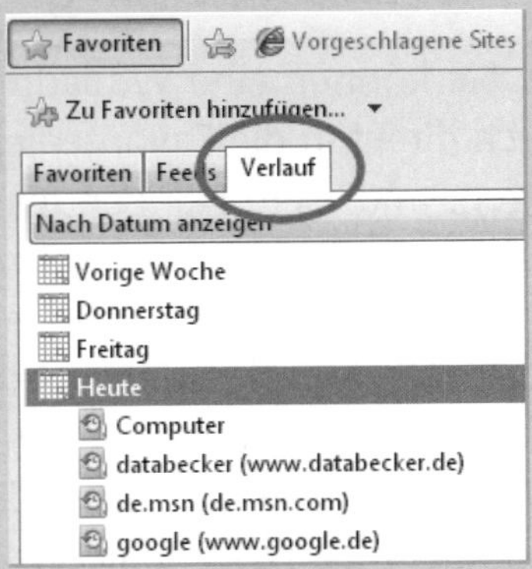

Der Internet Explorer 8 speichert einen Verlauf der von Ihnen besuchten Webseiten – hier werden Sie bestimmt fündig! Um auf den Verlauf zuzugreifen, klicken Sie in der Favoritenleiste auf *Favoriten* und entscheiden sich dann für die Schaltfläche *Verlauf*: Sie erhalten nun eine Auflistung der besuchten Webseiten, z. B. sortiert nach Datum oder Anzahl der Zugriffe (das legen Sie im Menü fest).

Möchten Sie den Verlauf der besuchten Webseiten löschen? In diesem Fall entscheiden Sie sich in der Symbolleiste des Internet Explorer 8 für *Sicherheit/Browserverlauf löschen*. Wählen Sie die zu entfernenden Elemente aus und bestätigen Sie mit *Löschen*.

Oftmals für die Anmeldung bei nützlichen Diensten erforderlich: das kostenlose Webmail-Konto

Die E-Mail (sprich: ihmäil) ist eine Art elektronische Post, die von Computer zu Computer verschickt wird. Es gibt zahlreiche sogenannte Webmail-Anbieter, die es Ihnen ermöglichen, E-Mails über eine Webseite zu versenden und zu empfangen. Hier zeige ich Ihnen, wie es geht!

Wozu benötige ich eine E-Mail-Adresse?

Wenn Sie sich im Internet bei einem Dienst anmelden möchten, z. B. um sich an einem Seniorenportal aktiv zu beteiligen, müssen Sie fast immer eine E-Mail-Adresse angeben. Darüber hinaus benötigen Sie Ihre E-Mail-Adresse für die Kommunikation mit anderen E-Mail-Nutzern, etwa wenn Sie beim Internetauktionshaus eBay (sprich: ihbäi) einen Artikel erwerben und mit dem Verkäufer in Kontakt treten wollen.

Wie funktioniert elektronische Post?

Nun, das erkläre ich nur ganz kurz: Jeder E-Mail-Nutzer hat eine E-Mail-Adresse, die es nur einmal gibt. Wenn jemand eine E-Mail an diese Adresse schickt, wird die E-Mail auf einem Computer im Internet gespeichert – einem sogenannten Server (sprich: sörwer). Von dort können Sie zu Hause die E-Mail abrufen, auch wenn sie vom anderen Ende der Welt stammt.

Und wenn ich selbst eine E-Mail versende?

Dann läuft es ähnlich: Sie schicken die E-Mail an die Adresse des Empfängers. Wiederum wird sie auf einem Computer im Internet gespeichert und kann dort vom Empfänger abgerufen werden.

Das klingt prima! Wo erhalte ich eine E-Mail-Adresse?

Es gibt sehr viele kostenlose E-Mail-Anbieter. In der nebenstehenden Tabelle habe ich die empfehlenswertesten für Sie zusammengestellt. Oftmals erhalten Sie auch von Ihrem Internetanbieter (T-Online, Arcor etc.) eine kostenlose E-Mail-Adresse – fragen Sie nach!

Webmail-Anbieter	Webadresse des Anbieters
Google Mail	*http://mail.google.com*
Web.de Freemail	*http://web.de/fm*
Yahoo! Mail	*http://mail.yahoo.de*
GMX	*http://www.gmx.net*
Hotmail	*http://mail.live.com*

Bitte Schritt für Schritt: Wie eröffne ich ein Webmail-Konto?

Das ist gar nicht schwer. Gestatten Sie mir, dass ich Ihnen den Vorgang anhand meines persönlichen Favoriten – Google Mail – beschreibe. Google Mail ist einerseits einfach zu handhaben, bietet andererseits aber viele nützliche Funktionen, etwa für die E-Mail-Suche, sowie eine Menge Speicherplatz. Und das alles natürlich völlig zum Nulltarif! So eröffnen Sie ein Google Mail-Konto:

1

Laden Sie die Webadresse *http://mail.google.com* und klicken Sie auf *Konto erstellen*.

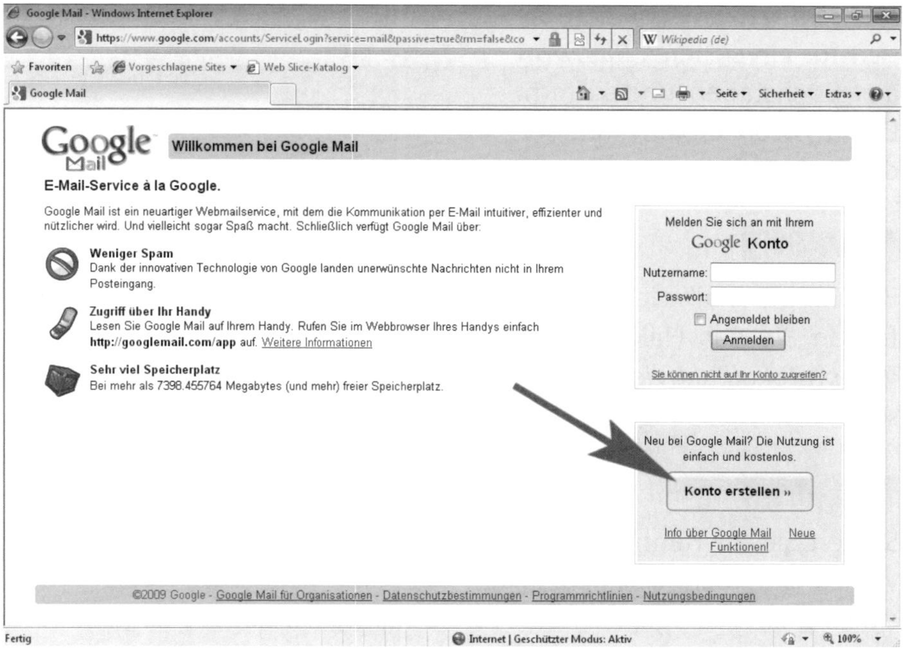

E-Mail verpflichtet!

Wichtig: Wenn Sie eine E-Mail-Adresse einrichten und für die Kommunikation mit anderen Nutzern verwenden, sollten Sie Ihren „Posteingang" regelmäßig prüfen. Ein- oder zweimal pro Woche mindestens sollten Sie nachsehen, ob Sie neue E-Mails erhalten haben!

2

Geben Sie zunächst Ihren Namen ein und wählen Sie die gewünschte E-Mail-Adresse. Üblich ist z. B. *vorname.zuname@googlemail.com*. Genauso gut können Sie für die E-Mail-Adresse aber auch einen Fantasienamen verwenden.

Wunschadresse bereits vergeben?

Ergänzen Sie in diesem Fall den Wunschnamen einfach um eine Nummer, etwa *vorname.zuname52*.

3

Jetzt folgt die Eingabe eines Passworts, das Ihr E-Mail-Konto vor ungewünschten Zugriffen schützt. Entscheiden Sie sich für ein sicheres Passwort aus Buchstaben und Ziffern. Die Passwortstärke wird Ihnen durch einen Balken angezeigt.

4

Bei Google Mail wichtig: Entfernen Sie das Häkchen bei *Webprotokoll aktivieren* – ansonsten würde Google Ihre Suchanfragen und weitere Informationen aufzeichnen.

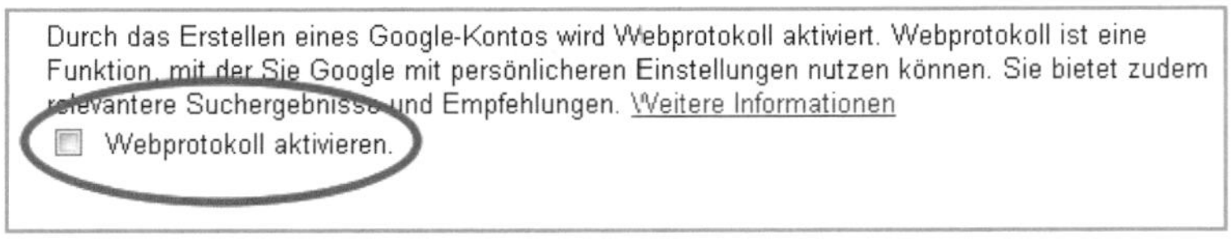

5

Sollten Sie Ihr Kennwort mal vergessen haben: Erstellen Sie eine Sicherheitsfrage, die Ihnen im Notfall wieder Zugang zu Ihrem Webmail-Konto verschafft.

Optional: Google als Startseite einrichten

Bei der Eröffnung des Google Mail-Kontos wird Ihnen angeboten, die Suchmaschine Google (siehe Kapitel 2) als Startseite einzurichten – keine schlechte Wahl, wie ich finde. Falls Sie beim Start des Browsers jedoch lieber eine andere Webseite sehen möchten, entfernen Sie das entsprechende Häkchen.

6

Zum Schluss geben Sie noch die abgebildete Zeichenfolge ein ❶ und bestätigen die Vertragsbedingungen ❷ – schon sind Sie stolzer Besitzer einer E-Mail-Adresse!

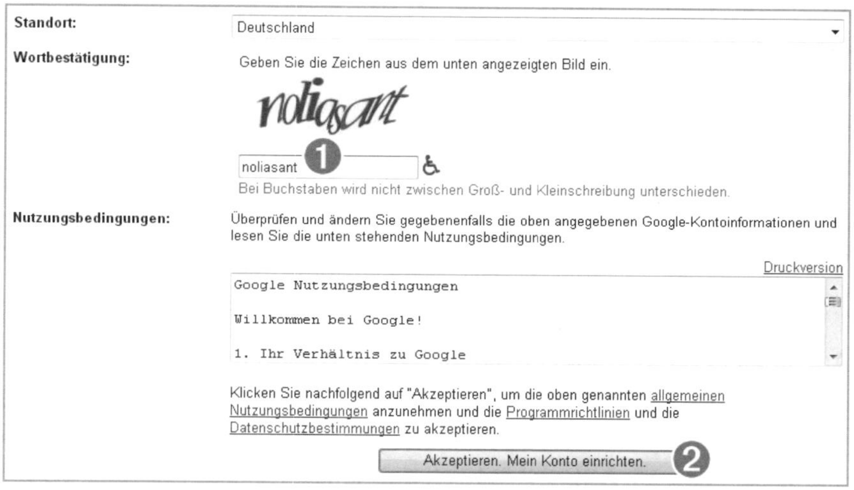

7

Nach dem Einrichten des Kontos wird Ihnen automatisch Ihr Posteingang angezeigt. Später loggen Sie sich unter *http://mail.google.com* mit Ihrem Benutzernamen sowie Ihrem Passwort ein.

Wie bilde ich eigentlich das @-Zeichen, das in jeder E-Mail-Adresse vorkommt?

Halten Sie hierzu die Taste [AltGr] gedrückt und drücken Sie auf der PC-Tastatur zusätzlich das [Q].

Woher weiß ich, ob ich elektronische Post empfangen habe, und wie kann ich eine empfangene E-Mail lesen?

Nichts leichter als das! Sobald Sie sich mit Ihren Zugangsdaten einloggen, wird Ihnen automatisch der Posteingang angezeigt. Neue E-Mails werden mit Absender und einem kurzen Betreff in Fettdruck aufgelistet und können durch Anklicken geöffnet und gelesen werden.

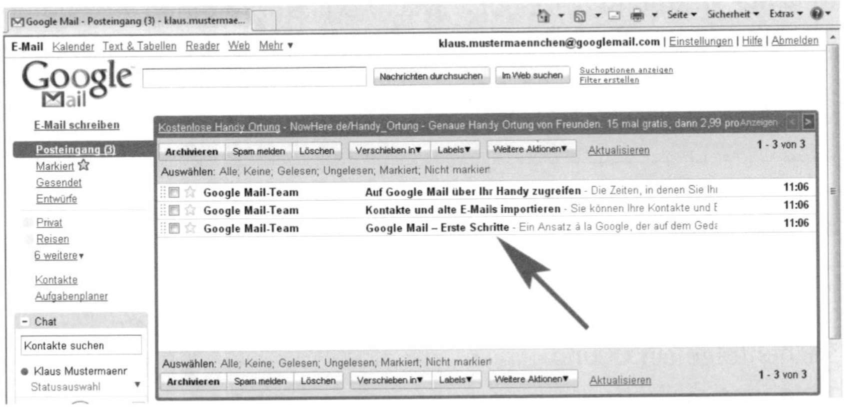

Und wie kann ich selbst eine E-Mail versenden?

Auch das bereitet keinerlei Schwierigkeiten: Klicken Sie dazu links auf *E-Mail schreiben* ❶. Geben Sie dann die E-Mail-Adresse des Empfängers ein ❷, versehen Sie die E-Mail mit einem kurzen Betreff ❸ und schreiben Sie dann Ihre Mitteilung ❹. Mit einem Klick auf *Senden* ❺ geht die elektronische Post auf die Reise.

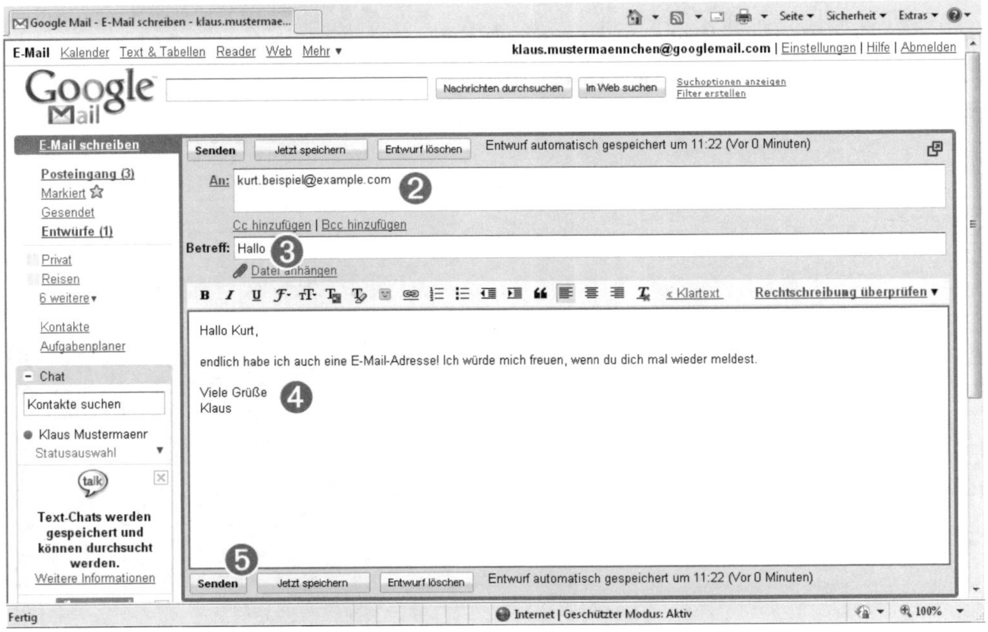

2

Spannende Webportale – für Sie entdeckt

Nach der kurzen Einführung im ersten Kapitel kann es mit Ihrer Erkundung des World Wide Web nun endlich richtig losgehen. Lassen Sie mich Ihnen zunächst die besten Webportale vorstellen – Webseiten, die viele Informationen, Funktionen und weiterführende Links unter einer Webadresse vereinen. Für einen guten und sicheren Start ins buchstäblich grenzenlose Internetvergnügen!

Allgemeine Webportale als Startbasis für Ihre Surfaktivitäten

Sie wollen nicht lange suchen, sondern möglichst viele Informationen und Funktionen auf einen Blick erhalten? In diesem Zusammenhang bieten allgemeine Webportale eine gute Anlaufmöglichkeit.

Webportal – was bedeutet das?

Nun, das Wort Portal leitet sich vom lateinischen Wort „porta" ab und bedeutet so viel wie Pforte oder Tor. Das Webportal stellt demzufolge ein Tor ins World Wide Web dar und bietet neben eigenen Inhalten meist auch Links zu anderen Webseiten an.

Bitte an einem Beispiel: Wie funktioniert ein Webportal?

Die einzelnen Webportale sind natürlich nicht exakt gleich aufgebaut, jedoch weisen die meisten allgemeinen Webportale Ähnlichkeiten im Aufbau auf. Sie finden – die Abbildung zeigt das Beispiel *http://de.yahoo.com* – hier:

- Nachrichten verschiedenster Art ❶.
- Kategorien, um Informationen und Links zu bestimmten Themen zu finden ❷.
- Ein Suchfeld, um nach Webseiten sowie weiteren Webinhalten zu suchen, auf die bestimmte Begriffe zutreffen ❸.
- Verschiedene Funktionen wie z. B. einen E-Mail-Dienst ❹.

Muss ich mich für die Nutzung des Webportals anmelden?

Um Nachrichten zu lesen oder sich zu einem bestimmten Thema zu informieren, ist keine Registrierung erforderlich – sie wird nur dann verlangt, wenn Sie einen speziellen Dienst nutzen möchten (E-Mail, Partnerbörse etc.).

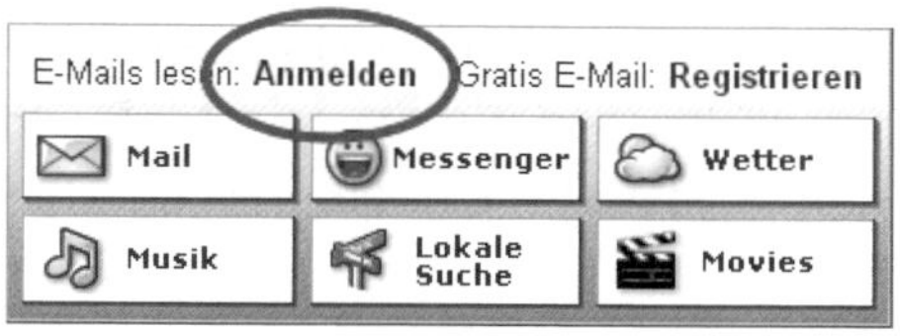

Und das Ganze ist wirklich kostenlos?

Ja, die meisten Angebote im World Wide Web gibt es immer noch zum Nulltarif, wobei allerdings immer mehr Anbieter auch den einen oder anderen kostenpflichtigen Dienst bereitstellen. Wenn etwas Geld kostet, müssen Sie als Nutzer aber explizit darauf hingewiesen werden!

Welche allgemeinen Webportale sind besonders empfehlenswert?

Die folgende Tabelle zeigt Ihnen die besten Webportale im Internet – dort können Sie sich bei Ihren ersten Schritten im World Wide Web so richtig austoben!

Webadresse	**Was ist hier zu finden?**
http://de.yahoo.com	Mit rund 500 Millionen Nutzern weltweit zählt Yahoo! zu den größten Webportalen. Der deutsche Ableger bietet Ihnen viele nützliche Informationen und kostenlose Dienste.
http://www.web.de	Eine wirklich gute Startbasis für Ihre Erkundungstouren durchs World Wide Web bietet auch das deutsche Webportal Web.de, das bereits 1995 gegründet wurde und sich großer Beliebtheit erfreut.
http://www.t-online.de	Ein sehr umfangreiches Webportal des Internetanbieters T-Online. Es hat in Deutschland die größte Reichweite, und das nicht unverdient! Allerdings werden sehr viele Informationen präsentiert, was auch verwirrend wirken kann.
http://www.bluewin.ch	Ein sehr beliebtes Webportal aus der Schweiz – neben Google und der Webseite der Schweizerischen Bundesbahnen handelt es sich um die von Eidgenossen am dritthäufigsten besuchte Webseite.
http://www.excite.at	Ein empfehlenswertes Webportal, das Ihnen einen bequemen Einstieg ins World Wide Web ermöglicht. Neben der österreichischen sind auch deutsche (*.de*) und schweizerische Ausgaben (*.ch*) verfügbar.

Seniorenportale mit vielen nützlichen Informationen für Silversurfer

Ältere Menschen sind auch im World Wide Web längst als „Zielgruppe" entdeckt worden. Das bedeutet für Sie: immer mehr maßgeschneiderte Angebote, die Ihren Bedürfnissen entsprechen!

Wie funktioniert ein Seniorenportal?

Die einzelnen Portale sind sehr unterschiedlich aufgebaut – das Prinzip ist aber stets das gleiche: Sie klicken ein Thema an, das Sie interessiert, und finden nähere Informationen sowie gegebenenfalls Links dazu. Die Abbildung zeigt das Seniorenportal *http://www.herbstzeit.de*.

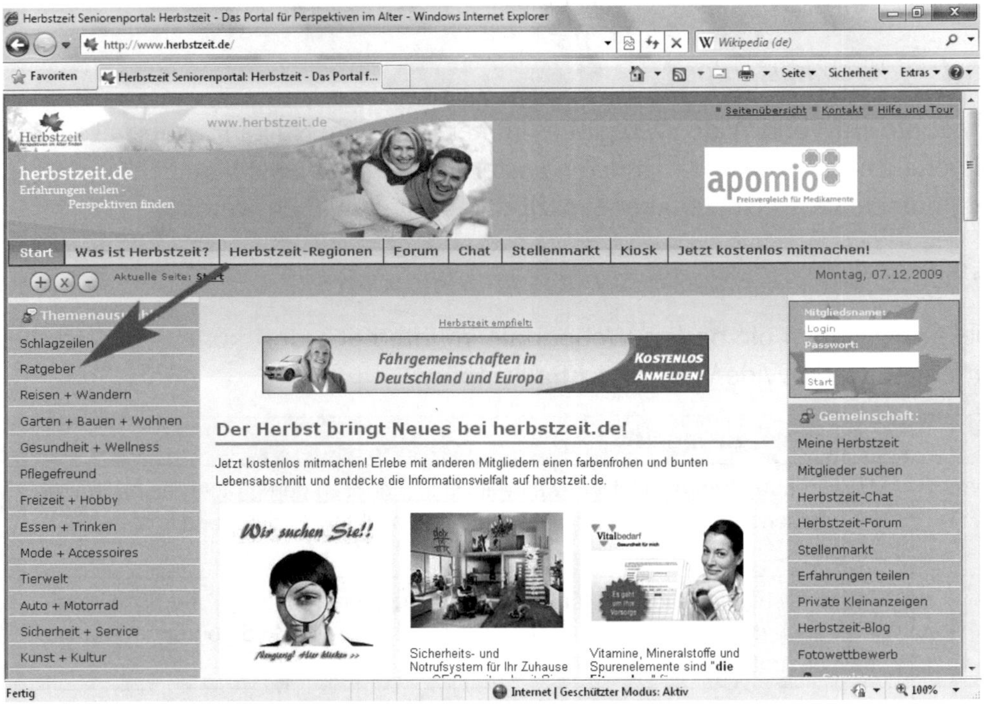

Unter der Webadresse http://www.herbstzeit.de finden Sie eine buchstäblich bunte Themenvielfalt – klicken Sie für weitere Informationen einfach ein Thema an, das Sie interessiert.

Muss ich bei der Nutzung von Seniorenportalen etwas beachten?

Ja. Privat geführte Seniorenportale sind häufig auf Einnahmen durch Werbung angewiesen – daher werden Sie auf vielen Webseiten sogenannte Werbebanner finden. Klicken Sie so einen Werbebanner an, wird eine andere Webseite geöffnet. Kein Problem für Sie, denn Sie wissen ja nach dem Lesen von Kapitel 1, wie Sie zur vorherigen Webseite zurückfinden.

Also werden einfach Informationen angeboten, die ich lesen kann wie eine Zeitschrift?

Auch, aber nicht nur! Die Webseite *http://www.senioreninfothek.de* beispielsweise bietet Ihnen unter der Rubrik „Adressen" eine Datenbank für die Suche nach verschiedenen Adressen an:

1

Wählen Sie im Menü aus, wonach Sie suchen ❶, und bestimmen Sie den Ort, an dem gesucht werden soll ❷. Klicken Sie auf *Suchen* ❸.

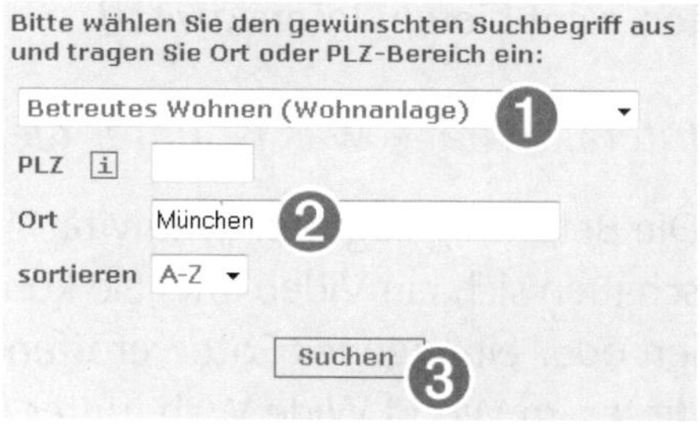

2

Schon werden Ihnen die passenden Adressen angezeigt – in diesem Fall hat die Suche immerhin 17 Treffer ergeben.

Auf welchen Webseiten finde ich Informationen, die speziell für ältere Menschen interessant sind?

Die Tabelle enthält Webadressen von Seniorenportalen, die einen Besuch in jedem Fall wert sind. Mein Tipp: Schauen Sie sich alle Angebote an und entscheiden Sie sich für dasjenige, das Ihnen am meisten zusagt!

Webadresse	Was ist hier zu finden?
http://www.senioren-ratgeber.de	Dieses Seniorenportal empfehle ich allen, die sich zu Themen informieren möchten, die für ein glückliches Leben auch im Alter relevant sind.
http://www.senioren infothek.de	Toll: Hier werden nützliche Adressen, Webadressen und mehr für Sie gesammelt. Sie suchen nach einer Anlage für betreutes Wohnen oder nach einem Seniorentreff in Ihrer Nähe? Hier werden Sie fündig!
http://www.herbstzeit.de	Schön, wenn eine Webadresse ohne das Wort „Senioren" auskommt. „Herbstzeit" ist ein sehr schön gestaltetes Seniorenportal mit vielen verschiedenen Themen.
http://www.ab5zig.at	Unter dieser Webadresse finden Sie das nach eigenen Angaben größte Seniorenportal Österreichs, das vom Wiener Seniorenbund betrieben wird.
http://www.senioren.ch	Dieses Seniorenportal wird in der Schweiz betrieben und bietet viele Informationen zu Themen, die Senioren bewegen, etwa Gesundheit, Reisen und vieles mehr!

Seniorenportale mit interaktiven Möglichkeiten

Wahrscheinlich wollen Sie im World Wide Web nicht nur lesen – sonst könnten Sie es sich ja auch mit einer Zeitschrift im Sessel gemütlich machen. Das Internet bietet jedoch etwas, das Zeitschriften nicht bieten: Interaktivität!

Interaktivität – was ist unter diesem Begriff zu verstehen?

Die Betonung liegt auf „Aktivität"! Sie lesen im Internet nicht nur Texte, betrachten Bilder oder schauen sich ein Video an – Sie können sich auch selbst beteiligen, z. B. indem Sie ein Spiel spielen oder ein eigenes Foto veröffentlichen. Haben Sie vielleicht Lust auf ein Sudoku? Lösen Sie dieses im World Wide Web, unter *http://www.ahano.de* werden Sie unter der Rubrik „Gehirnjogging" schnell fündig.

Das mit dem Sudoku würde ich gern machen – doch wie funktioniert es?

Es ist ganz einfach: Nachdem Sie den Schwierigkeitsgrad Ihres Sudokus ausgewählt haben, wird das Spiel geladen. Wählen Sie nun per Mausklick ein Feld aus, das Sie ausfüllen wollen ❶, und klicken Sie rechts die gewünschte Ziffer an ❷.

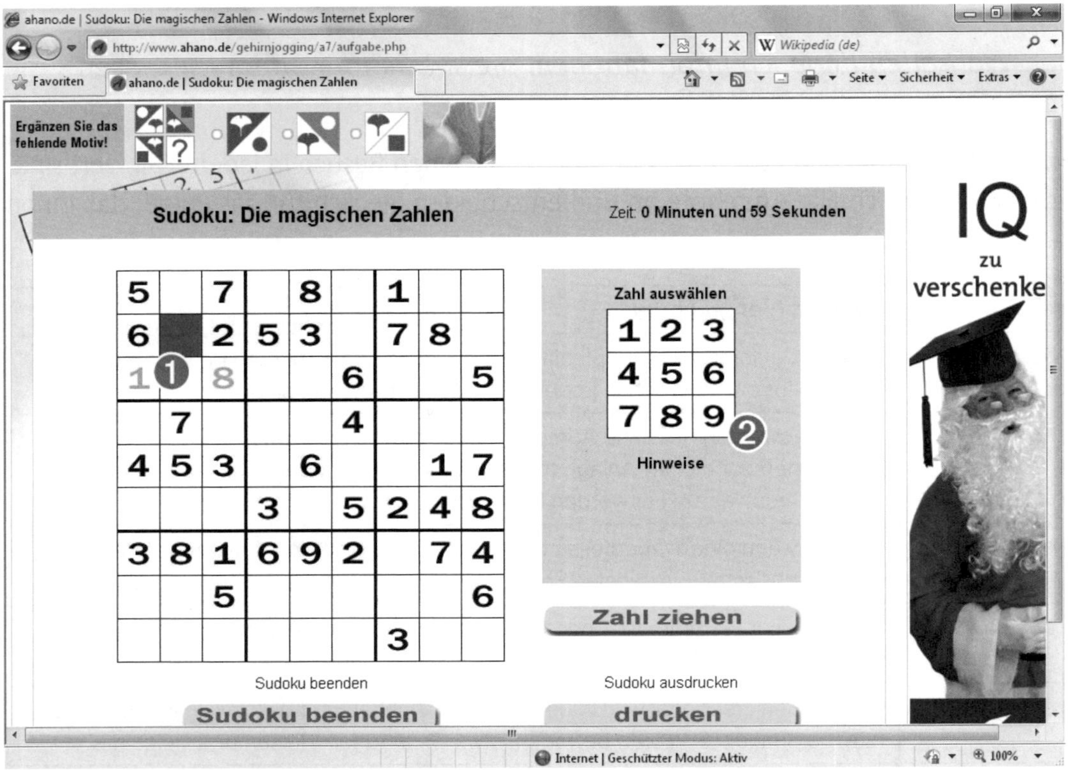

Das ist ja wirklich einfach! Ist das Hochladen eines Fotos ebenso leicht?

Prinzipiell ja, jedoch ist hierfür in der Regel eine Registrierung erforderlich. Unter *http://www.seniorenportal.de* etwa entscheiden Sie sich dann für die Kategorie *Fotogalerie*, wählen *Bild hochladen* und geben an, wo Sie das Bild auf dem Computer abgespeichert haben. Bereitet Ihnen das beim ersten Mal vielleicht noch Probleme – beim zweiten Mal ist es bereits ein Kinderspiel!

Im World Wide Web heißt die Devise: nicht nur anschauen, sondern auch selbst Inhalte bieten, z. B. indem Sie unter http://www.seniorenportal.de ein Foto veröffentlichen.

Welche Seniorenportale zeichnen sich durch besonders interessante interaktive Möglichkeiten aus?

Die folgende Tabelle listet Seniorenportale auf, bei denen Sie sich einbringen können – ob Sie nun ein selbst aufgenommenes Foto veröffentlichen oder Ihr Gedächtnis trainieren wollen.

Webadresse	Was ist hier zu finden?
http://www.ahano.de	Ein tolles Webangebot für Senioren: Neben zahlreichen Texten gibt es auch eine Rubrik „Gehirnjogging" mit Übungen für Ihre grauen Zellen. Interessant ist auch der Versand elektronischer Grußkarten.
http://www.feierabend.de	Dieses Seniorenportal müssen Sie einfach kennen, denn hier finden Sie alles auf einmal: viele nützliche Informationen, Interaktion sowie auch die Möglichkeit, mit anderen Nutzern zu kommunizieren.
http://www.seniorweb.ch	Ein tolles Seniorenportal, das in der Schweiz betrieben wird: Neben Informationen für ältere Menschen gibt es auch zahlreiche interaktive Möglichkeiten, etwa den Versand elektronischer Grußkarten.
http://www.forum-fuer-senioren.de	Ein umfangreiches Webportal speziell für Senioren. Neben vielen Informationen zu Gesundheit, Reisen und weiteren Themen gibt es auch eine Menge interaktiver Möglichkeiten.
http://www.seniorenportal.de	Hier finden Sie viele Texte zu unterschiedlichen Themen, aber z. B. auch die Möglichkeit, eigene Fotos ins World Wide Web hochzuladen, um sie anderen Nutzern zugänglich zu machen.

Seniorenportale zum Austausch mit Gleichgesinnten

Keine Kommilitonen, keine Arbeitskollegen – im Alter fällt es deutlich schwerer, Anschluss zu finden, als in jungen Jahren. Doch auch hier schafft das World Wide Web Abhilfe. Eine ganze Reihe von Seniorenportalen widmen sich der Kontaktanbahnung.

Welche Möglichkeiten gibt es, mit anderen Personen im World Wide Web Kontakt aufzunehmen?

In Kapitel 4 dieses Buchs mache ich Sie mit diesem Thema noch näher vertraut. Hier deshalb nur ein kurzer Überblick über die wichtigsten Kommunikationsmöglichkeiten:

- Forum: Eine Art Schwarzes Brett, an das jeder beliebige Beiträge anheften kann, etwa um eine nette Begleitung für die nächste Teneriffareise zu finden.
- Chat (sprich: tschätt): Eine Kommunikationsform, bei der in Echtzeit kurze Nachrichten mit anderen Personen ausgetauscht werden können. Hierfür stehen spezielle „Chaträume" bereit.
- Partnerbörse: Bei Partnerbörsen im Internet erstellt jeder Nutzer ein Profil. Entdecken Sie ein Profil, das Ihnen zusagt, können Sie eine kurze Nachricht an die betreffende Person versenden.

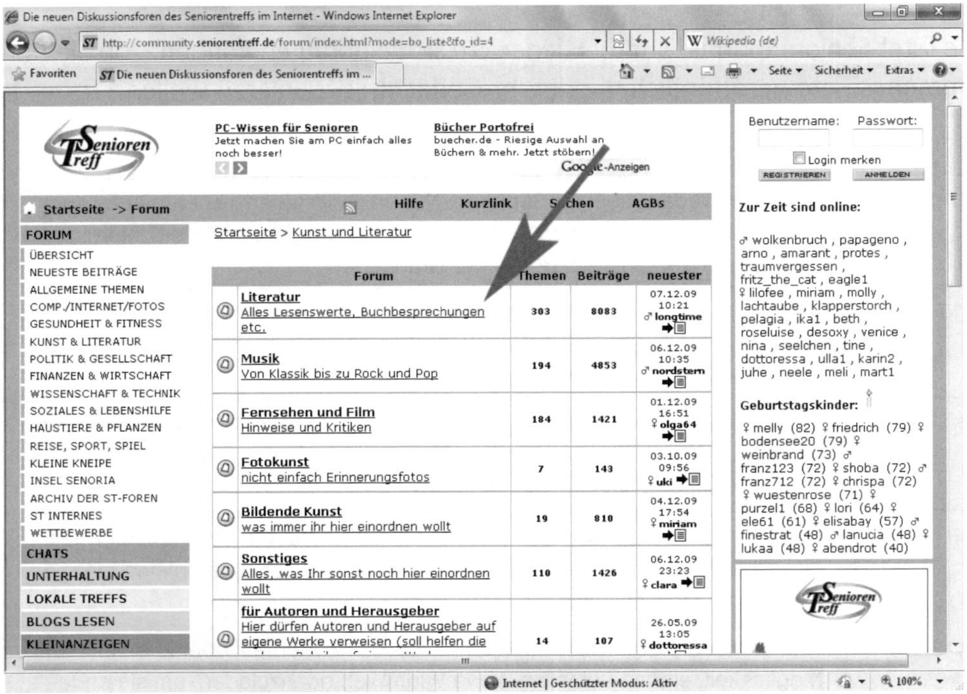

Reger Austausch zu den unterschiedlichsten Themen im Forum von http://www.seniorentreff.de.

Und wie steht's mit E-Mails?

E-Mails verwenden Sie erst, wenn Sie Ihr Gegenüber bereits kennen. Mit Ihrer E-Mail-Adresse verraten Sie ja in der Regel bereits Ihren Namen – und anfangs ist grundsätzlich Anonymität angesagt!

Aufgepasst: schwarze Schafe im World Wide Web!

Heiratsschwindler, Prostituierte, Betrüger etc. – leider haben auch Kriminelle bzw. Personen aus Randbereichen der Gesellschaft das World Wide Web längst für sich entdeckt. Für Sie selbst ist das keinerlei Grund zu Panik, aber Grund zur Vorsicht! Seien Sie anfangs nicht allzu vertrauensselig – das kann dann geschehen, wenn Sie Ihr Gegenüber besser einschätzen können.

Welche Seniorenportale bieten mir die Möglichkeit, mit anderen Mitgliedern Kontakt aufzunehmen?

Die Tabelle zeigt empfehlenswerte Seniorenportale, bei denen der gegenseitige Austausch im Vordergrund steht. Auch auf den in den vorigen Kapiteln genannten Webseiten, etwa *http://www.feierabend.de*, finden sich zum Teil solche Möglichkeiten!

Webadresse	Was ist hier zu finden?
http://www.valvere.de	Diese Webseite bietet einen beliebten Treffpunkt für Senioren mit mehreren Hunderttausend Beiträgen. Suchen Sie eine Reisebegleitung oder einen Seniorentreff in Ihrer Nähe? Erstellen Sie einen entsprechenden Beitrag.
http://www.seniorkom.at	Ein österreichisches Seniorenportal mit einem „Klub", der ein gut besuchtes Forum und einen Chat beinhaltet sowie die Möglichkeit, Bekanntschaftsinserate zu schalten.
http://www.charmage.de	Hier finden Sie eine Partnerbörse speziell für ältere Menschen. Dabei können Sie selbstverständlich nicht nur nach Lebens-, sondern auch nach Freizeitpartnern suchen.
http://www.iquarius.de	Plaudern, flirten, sich austauschen – das steht in diesem Seniorenportal im Vordergrund. Das Motto dieser Webseite: „Lebenserfahrung, die verbindet".
http://www.seniorentreff.de	Ein weiteres Seniorenportal mit verschiedenen Möglichkeiten des gegenseitigen Austauschs. Besonders zu empfehlen ist, wie ich finde, das gut sortierte Forum.

Alle Webseiten zu Ihrem Wunschthema: die besten Suchmaschinen

Die Webportale bieten einen guten Einstieg ins World Wide Web. Wenn Sie nach Webseiten zu ganz bestimmen Themen suchen, verwenden Sie jedoch besser sogenannte Suchmaschinen.

Was ist unter einer Suchmaschine zu verstehen?

Bei Suchmaschinen handelt es sich, grob gesagt, um Webseiten, die es Ihnen ermöglichen, andere Webseiten im World Wide Web nach bestimmten Begriffen zu durchforsten – je nach Umfang der Suchmaschine können dies Tausende, Millionen oder sogar Milliarden Webseiten sein.

Wie funktioniert das konkret?

Das ist wirklich kinderleicht: Um Webseiten zu suchen, die einen bestimmten Begriff enthalten, tippen Sie den gewünschten Begriff in das Suchfeld ein und drücken die [Enter]-Taste, z. B. unter *http://www.google.de* – die passenden Ergebnisse werden Ihnen daraufhin angezeigt.

Das Getippte erscheint nicht im Suchfeld?

Klicken Sie dann zunächst mit der Maus ins Suchfeld, um es zu aktivieren.

In welcher Form werden die Suchergebnisse aufgelistet?

Sie erhalten jeweils einen Link zur entsprechenden Webseite und einen kurzen Informationstext dazu. Klicken Sie einen Link an, um die entsprechende Webseite zu laden.

Google (sprich: guhgel) bietet unter *http://www.google.de* (bzw. *http://www.google.ch* oder *http://www.google.at*) die beste und umfangreichste Suchmaschine weltweit – mit ein wenig Übung finden Sie hier schnell Webseiten zu sämtlichen Themen, die Sie interessieren.

Ich erhalte viel zu viele Treffer – wie kann ich die Suche einschränken?

Die beste Methode ist gleichzeitig die simpelste: Reihen Sie mehrere Suchbegriffe aneinander, um Ihre Suche zu spezifizieren. Die Begriffe werden von den großen Suchmaschinen automatisch durch ein unsichtbares „und" verknüpft.

Wie kann ich nach Begriffen suchen, die aus mehreren Wörtern bestehen?

Setzen Sie die Wörter hierzu in Anführungszeichen – es werden dann nur Webseiten angezeigt, auf denen die Wörter in genau dieser Reihenfolge vorkommen.

Welche Suchmaschine soll ich verwenden?

Die mit Abstand beste Suchmaschine ist Google, jedoch wurde sie in der Vergangenheit mehrfach in Hinblick auf Datenschutzaspekte kritisiert. Die Tabelle zeigt deshalb auch Alternativen.

Webadresse	Was ist hier zu finden?
http://www.google.de	Google gibt es erst seit dem Jahr 1998, jedoch beherrscht die weltweit beste Suchmaschine längst den Markt. Der Begriff „googeln" hat 2004 sogar Aufnahme in den Duden gefunden.
http://www.bing.com	Bing ist eine vom Unternehmen Microsoft betriebene Suchmaschine. Sie hat im Jahr 2009 die „Live Search" des Betreibers abgelöst und soll zu einer ernsten Google-Konkurrenz avancieren.
http://www.altavista.de	Diese Suchmaschine gehört zum Unternehmen Yahoo! und zeigt die gleichen Webseiten, die auch bei einer Suchanfrage unter der Webadresse *http://www.yahoo.de* aufgelistet werden.
http://www.metager.de	Mit dieser sogenannten Metasuchmaschine können Sie gleich mehrere Suchmaschinen auf einmal nach Ihren Begriffen durchforsten - leider ist die Handhabung etwas umständlich.
http://dmoz.org	Unter dieser Webadresse finden Sie einen Katalog von Webseiten, die vor der Aufnahme redaktionell geprüft wurden. Vielleicht ist hier das Gesuchte dabei?

Pinnwand

Interessante Webadressen:

Sie sind nicht allein: Bereits 45 Prozent der deutschen Senioren zwischen 55 und 74 Jahren nutzen das Internet!

Der Internet Explorer 8 bietet einen „InPrivate-Modus", in dem verhindert wird, dass Daten zu den besuchten Webseiten auf dem PC gespeichert werden. Ein entsprechendes Fenster rufen Sie unter *Sicherheit/InPrivate-Browsen* auf.

Platz für Ihre Passwörter:

Sonstige Notizen:

Google hat noch viel mehr zu bieten als eine bloße Suchmaschine. Weitere kostenlose Angebote, die Google bereitstellt, finden Sie unter dieser Webadresse: *http://www.google.de/intl/de/options.*

3

So sind Sie stets gut informiert – interessante Nachrichten und News finden

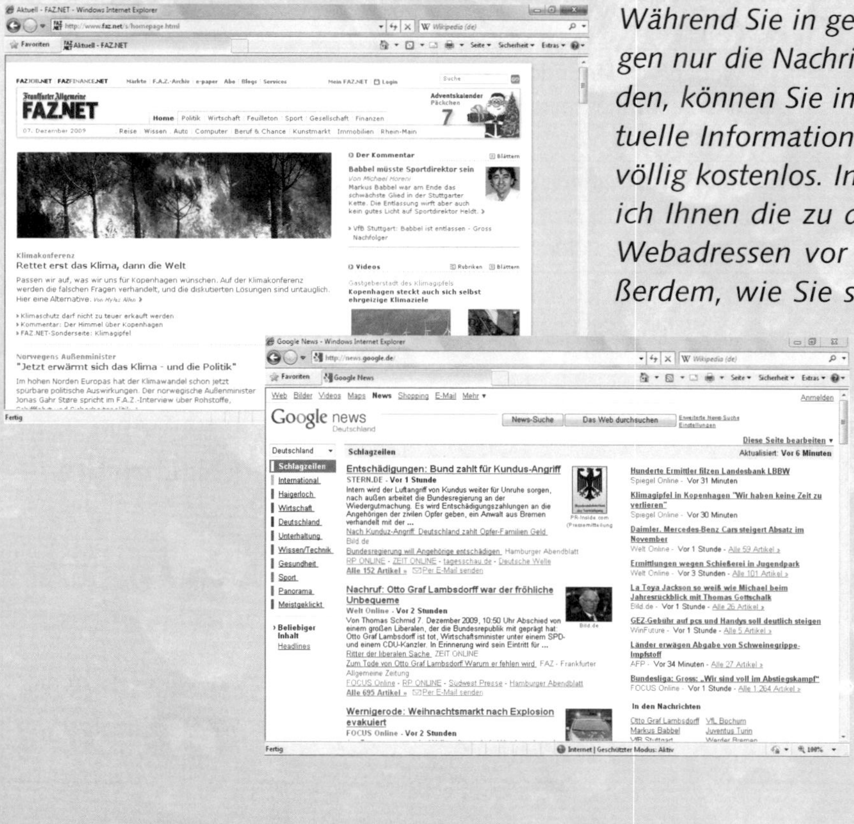

Während Sie in gedruckten Tageszeitungen nur die Nachrichten von gestern finden, können Sie im Internet wirklich aktuelle Informationen abrufen – und das völlig kostenlos. In diesem Kapitel stelle ich Ihnen die zu diesem Thema besten Webadressen vor und zeige Ihnen außerdem, wie Sie sich über Nachrichten zu bestimmten Themen per E-Mail auf dem Laufenden halten lassen können. Dass im Internet echte Meinungsfreiheit herrscht, zeigt schließlich das Phänomen „Blog“.

Die wichtigsten Onlinezeitungen und -magazine für Sie im Überblick

Fast alle Zeitungen und andere Printmedien haben inzwischen auch einen Auftritt im World Wide Web. Einige der wichtigsten Adressen habe ich in den folgenden Tabellen für Sie zusammengestellt.

Deutsche Zeitungen

Sicher ist auch Ihre favorisierte Tageszeitung im Internet vertreten. Häufig genügt die Eingabe des Namens mit dem Anhang *.de*. Falls nicht, werden Sie bei Google schnell fündig.

Webadresse	Was ist hier zu finden?
http://www.bild.de	Ein Revolverblatt, das nicht gerade für 100-prozentig seriöse Berichterstattung steht. Wenn es irgendwo kracht, werden Sie hier allerdings häufig als Erstes in Kenntnis gesetzt.
http://www.faz.net	Wichtige Artikel der Frankfurter Allgemeinen lesen Sie zum Nulltarif im Internet. Auch ein Archiv mit Zeitungsartikeln ab 1993 können Sie hier durchsuchen.
http://www.sueddeutsche.de	Der Webauftritt der Süddeutschen Zeitung – der größten überregionalen Abonnement-Tageszeitung in Deutschland. Auch hier werden Sie gut informiert!
http://www.welt.de	Was mir am Webauftritt der Welt besonders gut gefällt, ist die rege Diskussionskultur: Die Artikel können mit eigenen Kommentaren versehen werden – eine Funktion, von der viele Nutzer Gebrauch machen.
http://www.zeit.de	Die Zeit ist eigentlich eine Wochenzeitung – bei Zeit Online werden Sie aber natürlich auch über die Nachrichten des Tages informiert.

Gibt es eine Liste mit sämtlichen verfügbaren Zeitungen und Nachrichtenmagazinen?

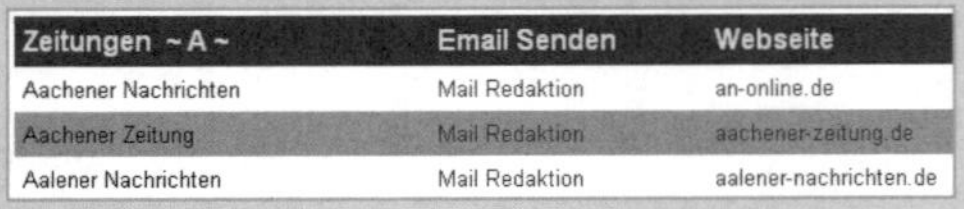

Zeitungen ~ A ~	Email Senden	Webseite
Aachener Nachrichten	Mail Redaktion	an-online.de
Aachener Zeitung	Mail Redaktion	aachener-zeitung.de
Aalener Nachrichten	Mail Redaktion	aalener-nachrichten.de

Es gibt solche Listen, inwieweit diese vollständig sind, vermag ich allerdings nicht zu beurteilen. Hier etwa finden Sie Links zu Zeitungen und Zeitschriften in ganz Deutschland: *http://www.glist.com*. Sind Sie auf der Suche speziell nach deutschen Tageszeitungen, werden Sie auch unter *http://www.netzwelt.com/presse* fündig.

Weitere Nachrichtenangebote

Die großen Nachrichtenmagazine und -sendungen verfügen über eigene Webauftritte. Gewinnen Sie eine wirklich unabhängige Meinung durch das Lesen von Artikeln in verschiedenen Medien!

Webadresse	Was ist hier zu finden?
http://www.spiegel.de	Der Spiegel ist ebenfalls im World Wide Web vertreten. Lesen Sie hier aktuelle Nachrichten zu Politik, Wirtschaft, Sport und mehr. Zu einzelnen Artikeln lassen sich auch kurze Videos abrufen.
http://www.stern.de	Eine angenehme Mischung aus seriöser Berichterstattung und Boulevard bietet der Stern mit seinem Webauftritt. Besonders spannend sind die zahlreichen „Fotostrecken".
http://www.focus.de	Aktuelle Nachrichten, Videos, Fotos, eine Kommentarfunktion und viele weitere Funktionen machen den Webauftritt des Focus zu einem abgerundeten Informationsangebot.
http://www.tagesschau.de	Hier lesen Sie nicht nur die neusten Nachrichten – Sie können sich auch die letzte Tagesschau als Video anzeigen lassen sowie weitere Videos betrachten.
http://www.heute.de	Die ZDF-Sendung Heute hat ebenfalls einen eigenen Webauftritt, der Sie über aktuelle Themen auf dem Laufenden hält. Auch hier finden Sie neben Texten und Bildern viele Nachrichtenvideos.

Zeitungen aus Österreich und der Schweiz

Sie suchen Nachrichten aus Österreich und der Schweiz? Das kann durchaus auch für Deutsche interessant sein, um Vergleiche zur hiesigen Berichterstattung ziehen zu können!

Webadresse	Was ist hier zu finden?
http://www.nzz.ch	Die Neue Zürcher Zeitung ist eine renommierte überregionale Tageszeitung mit fundierten Artikeln zu Politik, Wirtschaft und Zeitgeschehen. Nicht nur für Eidgenossen empfehlenswert!
http://www.20min.ch	„20 Minuten" ist eine Pendlerzeitung, aber nichtsdestotrotz das auflagenstärkste Blatt der Schweiz. Auch der Onlineableger der Zeitung bietet aktuelle Nachrichten und beste Unterhaltung.
http://www.derstandard.at	Eine große österreichische Tageszeitung, deren Webauftritt über politische Entwicklungen und aktuelle Ereignisse auf erstklassige Weise auf dem Laufenden hält.
http://www.diepresse.com	Der Webauftritt der österreichischen Tageszeitung Die Presse. Im Vergleich zum eher linksliberal ausgerichteten Standard gilt Die Presse als bürgerlich-konservativ.
http://www.krone.at	Die KronenZeitung ist die österreichische Form der BILD-Zeitung und erreicht mit einer Auflage von über 800.000 verkauften Exemplaren viele Bewohner der Alpenrepublik.

Mehrere Zeitungen gleichzeitig durchstöbern auf einem Nachrichtenportal

Warum sollten Sie sich eigentlich auf eine einzige Zeitung beschränken? Sie finden im World Wide Web auch Webseiten, die Nachrichten aus zahlreichen Quellen für Sie sammeln und bereitstellen.

Wie kann ich im World Wide Web nach Nachrichten zu bestimmten Themen suchen?

Hierfür stehen im World Wide Web verschiedene Nachrichtenportale zur Verfügung. Sehr empfehlenswert ist beispielsweise Google News unter *http://news.google.de*: Klicken Sie eine Kategorie an, um sich entsprechende Nachrichten auflisten zu lassen ❶, oder verwenden Sie das eingebaute Suchfeld ❷, um die Nachrichten nach einem beliebigen Begriff zu durchsuchen.

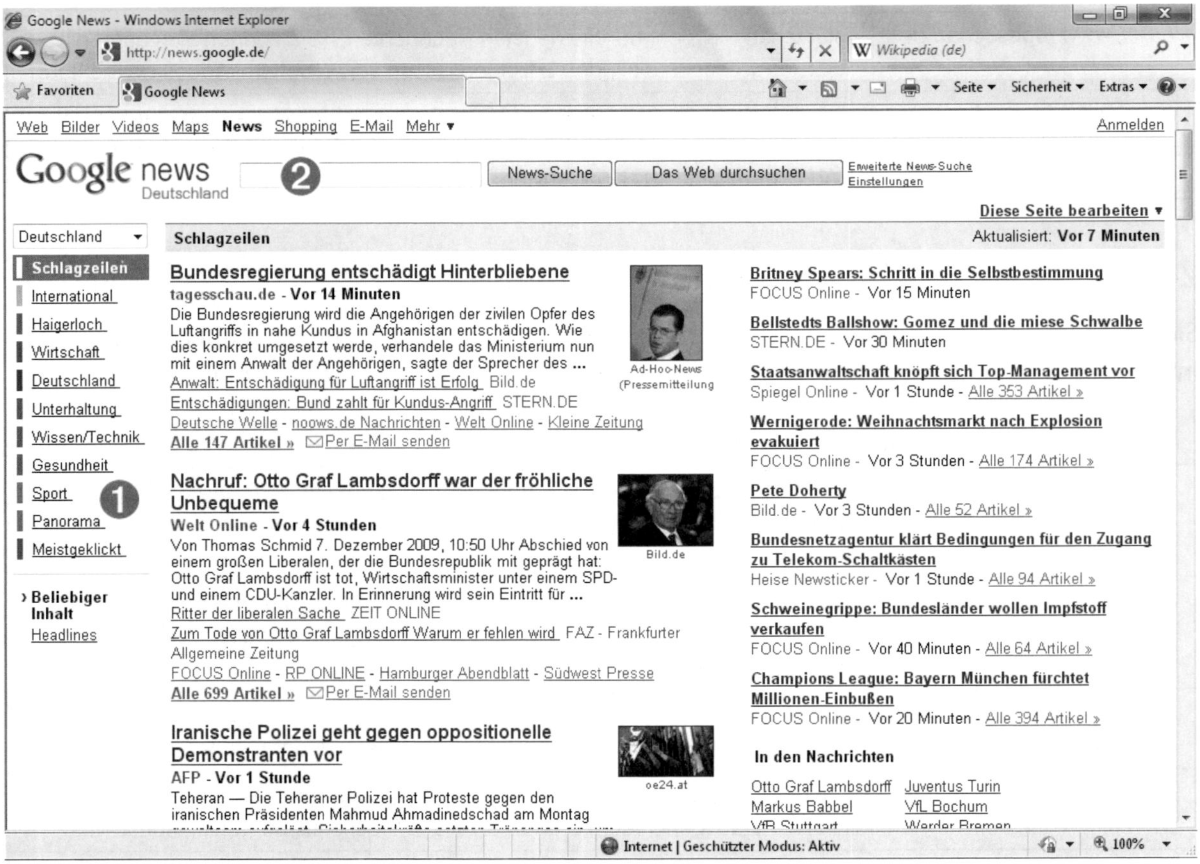

Google News bietet nicht nur deutsche Nachrichten – im Menü oberhalb der Kategorienliste links können Sie auch ausländische Nachrichtenquellen auswählen.

Das ist ja toll! Und wie kann ich einen Artikel, der gefunden wurde, lesen?

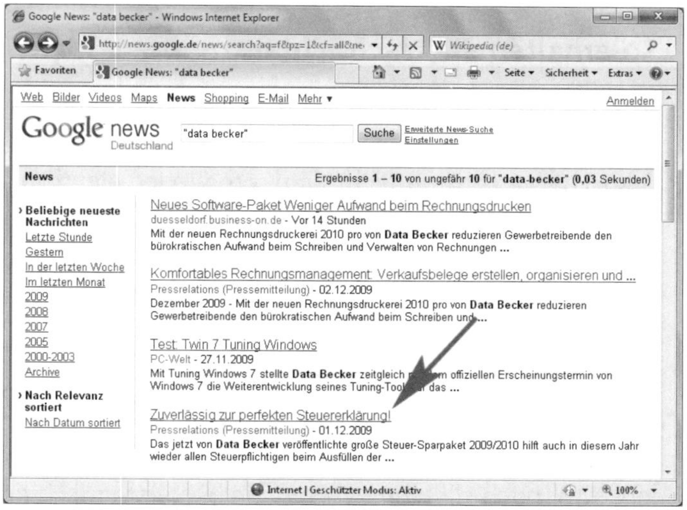

Die Nachrichten werden wie bei der Suche nach Webseiten in Form eines Links mit kurzem Infotext aufgelistet. Klicken Sie einen Link an, um die entsprechende Nachricht aufzurufen.

Habe ich die Möglichkeit, mir nur solche Nachrichten anzeigen zu lassen, die mich auch wirklich interessieren?

Ja. Bei Google News klicken Sie hierzu rechts oben auf den Link *Diese Seite bearbeiten*. Es öffnet sich ein entsprechendes Auswahlfenster zum Entfernen bzw. Hinzufügen von Nachrichtenthemen.

Unter welchen Webadressen kann ich Nachrichten aus verschiedenen Quellen abrufen?

Die Tabelle zeigt Ihnen verschiedene Nachrichtenportale, die deutschsprachige Nachrichten aus mehreren Quellen sammeln.

Webadresse	Was ist hier zu finden?
http://news.google.de	Die Google News sammeln Nachrichtenartikel aus vielen Quellen, sodass Sie gewissermaßen mehrere Zeitungen gleichzeitig lesen und durchsuchen können. Toll: Auch ausländische Nachrichtenquellen sind im Angebot!
http://www.paperball.de	Wie bei Google News werden auch hier Nachrichten aus verschiedenen Quellen gesammelt, die sich mithilfe des eingebauten Suchfelds nach beliebigen Begriffen durchsuchen lassen.
http://www.findo.de	Eine umfangreiche und bunte Nachrichtenmischung finden Sie auf dieser Webseite. Das Wichtigste steht hier allerdings nicht immer an erster Stelle – da hilft das eingebaute Suchfeld weiter.
http://www.jurnalo.de	Im jurnalo finden Sie, übersichtlich gegliedert, die wichtigsten Nachrichten des Tages mit der Möglichkeit, die Artikel nach bestimmten Begriffen zu durchsuchen.
http://www.gebaerdenwelt.at	Auf dieser Webseite aus Österreich erhalten Sie Nachrichten in Gebärdensprache, die dort als Video abgespielt werden. Sie können sogar eigene Nachrichten einsenden!

So erhalten Sie Nachrichten zu Ihren Stichwörtern per E-Mail zugesandt

Wovon ich persönlich besonders gern Gebrauch mache: Ich lasse mich über Themen, die mich sehr interessieren, per E-Mail informieren – das heißt, sobald ein neuer Artikel zu meinem Thema veröffentlicht wird, erhalte ich elektronische Post mit entsprechenden Mitteilungen. Es geht ganz einfach:

1

Suchen Sie unter der Webadresse *http://news.google.de* nach einem beliebigen Begriff, zu dem Sie benachrichtigt werden wollen, z. B. nach *schweinegrippe*. Selbstverständlich können auch mehrere Suchwörter gleichzeitig verwendet werden.

2

Sie erhalten eine Auflistung entsprechender Nachrichten. Unterhalb dieser Nachrichtenliste finden Sie den Link *E-Mail-Benachrichtigung für <suchbegriff> einrichten*, den Sie anklicken.

3

So geht's weiter: Wählen Sie im nächsten Fenster aus, wie häufig Sie über neue Themen informiert werden wollen (*bei Veröffentlichung*, *einmal täglich* oder *wöchentlich*) ❶, geben Sie Ihre E-Mail-Adresse an ❷ und klicken Sie anschließend auf *Alert erstellen* ❸. Eine Registrierung ist nicht erforderlich – lediglich wenn Sie Ihre Benachrichtigungen ändern wollen, ist eine Anmeldung bei Google News erforderlich.

4

Sie erhalten nun eine Bestätigungs-E-Mail zugeschickt, in der Sie auf den Link unter *Folgende News-Alert-Anforderung bestätigen* klicken. Schon erhalten Sie regelmäßig Benachrichtigungen zu Ihrem Wunschthema!

5

Und wenn Sie irgendwann keine Benachrichtigungen mehr erhalten wollen? Kein Problem: In jeder E-Mail, die Sie in diesem Zusammenhang bekommen, ist auch ein Link enthalten, über den Sie die Benachrichtigungen per Mausklick abbrechen können.

Blogs zu Ihren Wunschthemen finden oder ein eigenes Onlinetagebuch führen

Im Internet wird nicht nur gelesen, was einem vorgesetzt wird – hier ist auch die eigene Meinung gefragt, sei es durch das Kommentieren von Zeitungsartikeln oder durch eigene Beiträge, die sich besonders einfach in Form eines Blogs veröffentlichen lassen.

Ein Blog – was bitte schön ist das?

Blog ist die Abkürzung für „Weblog". Mit dem Begriff werden Tagebücher bezeichnet, die öffentlich im Internet geführt werden. Inzwischen gibt es Blogs zu allen möglichen Themen: Sie dienen der Verbreitung von persönlichen Gedanken genauso wie der Veröffentlichung von Informationen. Übrigens führen nicht nur Privatpersonen Blogs – es gibt auch Blogs von Unternehmen und Organisationen.

Auch Blogs extra für Senioren finden Sie im World Wide Web, beispielsweise unter der Webadresse http://www.senioren-blogger.de.

Wie finde ich Blogs zu Themen, die mich interessieren?

Ich kann Ihnen in diesem Zusammenhang zwei Webadressen empfehlen: eine Blog-Suchmaschine unter *http://blogsearch.google.de* sowie einen Blog-Katalog unter *http://www.bloggerei.de* – auf diesen Webseiten finden Sie Blogs auch zu Ihrem Wunschthema.

Blogs gibt es zu vielen verschiedenen Themen, z. B. zu Kunst und Kultur, Hobbys oder Tieren – unter der Webadresse http://www.bloggerei.de finden Sie ein umfangreiches Blog-Verzeichnis.

Und wie kann ich selbst ein Blog führen?

Am einfachsten ist es, wenn Sie sich bei einem Blog-Anbieter wie z. B. *http://www.blogger.com* registrieren: Ein Assistent führt Sie hier durch das Erstellen des Blogs – völlig kostenlos und ohne dass Sie eine eigene Webseite benötigen würden.

Blogs anderer Nutzer finden oder eigene Blogs erstellen – welche Webadressen sind in diesem Zusammenhang empfehlenswert?

Die Tabelle listet für Sie die empfehlenswertesten Blog-Angebote auf. Wenn Sie selbst ein Blog führen, denken Sie immer daran: Aktualität ist Trumpf!

Webadresse	**Was ist hier zu finden?**
http://blogsearch.google.de	Durchsuchen Sie auf dieser Webseite eine Vielzahl von Blogs nach Ihren Begriffen – auch zu Themen, die in den herkömmlichen Medien kaum Erwähnung finden.
http://www.bloggerei.de	Hier werden Tausende von Blogs nach Themen sortiert aufgelistet – auf diese Weise finden Sie schnell Blogs mit Inhalten, die Sie interessieren.
http://www.blogger.com	Ein kostenloser Blog-Anbieter: Sie müssen sich nur anmelden – schon können Sie ein eigenes Blog führen, in dem Sie anderen Nutzern Ihre Gedanken mitteilen.
http://www.blog.de	Auch unter dieser Webadresse finden Sie einen kostenlosen Blog-Anbieter; darüber hinaus werden Ihnen die Blogs anderer Nutzer angezeigt.
http://de.wordpress.com	Ein großer Blog-Anbieter – Sie können hier ebenfalls auf einfache Weise eigene Beiträge erstellen und im World Wide Web veröffentlichen. Teilen Sie sich mit!

Pinnwand

Interessante Webadressen

Mit dem Internet Explorer 8 können Sie auch RSS-Feeds abonnieren und verwalten. Wird auf einer Webseite ein RSS-Feed angeboten, klicken Sie auf das entsprechende Symbol.

Schon gewusst? Die in Deutschland am meisten besuchten Webangebote sind – in dieser Reihenfolge – Google, YouTube, eBay, Facebook und Wikipedia.

Platz für Ihre Passwörter

Sonstige Notizen

Sie interessieren sich für Nachrichten speziell aus der Welt der Computer? In diesem Zusammenhang empfehle ich *http://www.heise.de*.

4

Nette Bekanntschaften schließen und alte Freunde wiederfinden

Sich austauschen, Menschen kennenlernen oder Klassenkameraden von früher wiederfinden – im Internet ist das ganz leicht. In diesem Kapitel zeige ich Ihnen auf, wie Sie sich an Foren und Chats beteiligen, in einer Partnerbörse Ihr Partnerglück finden oder erfolgreich nach Personen recherchieren, die Sie vor langer Zeit aus den Augen verloren haben. Ein Kapitel, das Ihnen hoffentlich viel Freude bereiten wird!

Tauschen Sie sich zu Hobby, Gesundheit & Co. in einem Internetforum aus

Das Schwarze Brett im Supermarkt kennen Sie bereits – kaum jemand schaut darauf. Anders hingegen sieht es bei den Schwarzen Brettern im Internet aus, den Internetforen: Hier herrscht ein reger Austausch!

Ein Forum – wie muss ich mir das vorstellen?

Das Prinzip ist simpel: Wenn auf einer Webseite ein Forum angeboten wird, bedeutet dies, dass die Nutzer selbst Beiträge veröffentlichen oder auf die Beiträge anderer Nutzer antworten können. Die Texte müssen hierzu lediglich in ein Formular getippt und abgeschickt werden.

Hierzu bitte ein Beispiel!

Sehr gern. Schauen Sie doch mal unter *http://www.talkteria.de* vorbei. Dort finden Sie eine Reihe von Forenkategorien. Klicken Sie eine Kategorie an, die Sie interessiert – schon werden Ihnen die dazugehörigen Beiträge angezeigt, die Sie wiederum durch Anklicken öffnen und lesen können.

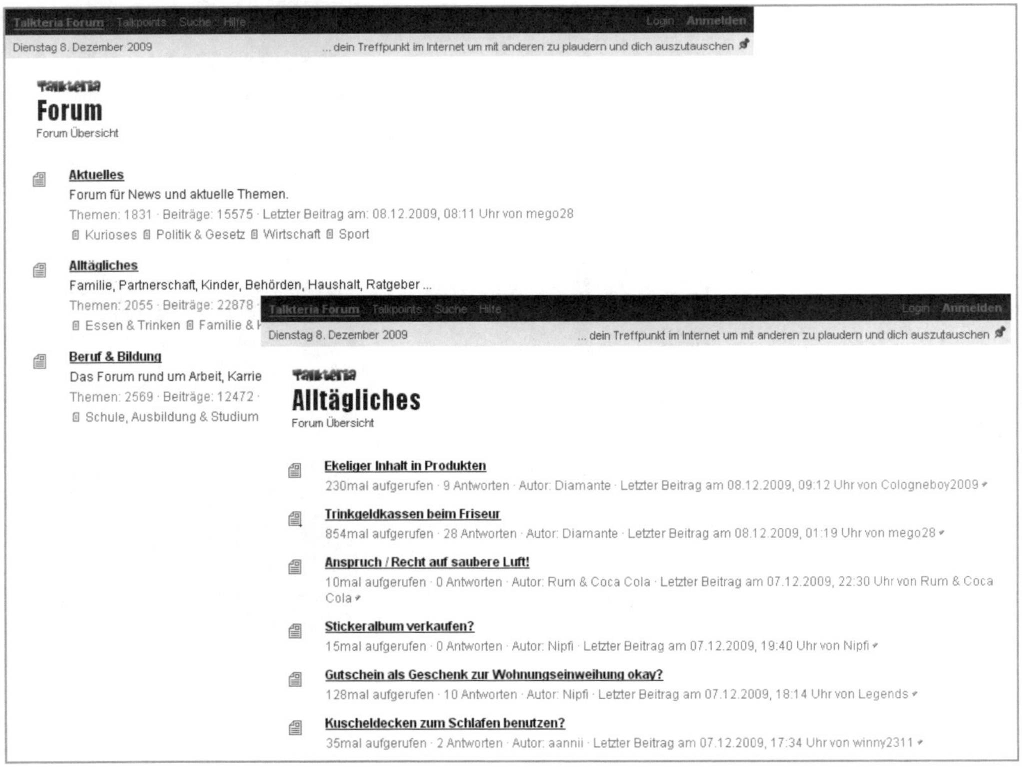

Und wenn ich einen Beitrag nicht nur lesen will, sondern auch eigene Antworten oder Themen erstellen möchte?

Zu diesem Zweck stehen unterhalb der Beiträge entsprechende Schaltflächen zur Verfügung, die Sie anklicken müssen (*Antwort erstellen* bzw. *Neues Thema*).

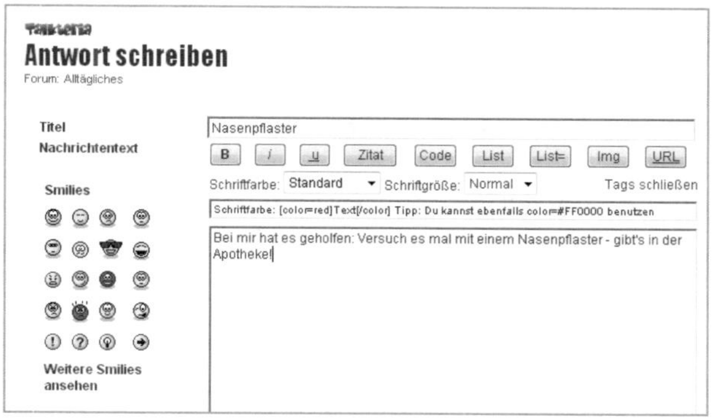

Ist für die Teilnahme an einem Internetforum eine Registrierung erforderlich?

In der Regel ja, eine kostenlose Registrierung wird erforderlich sein. Das ist auch durchaus sinnvoll, um störende Inhalte (Beleidigungen, Werbung etc.) weitestgehend auszuschließen. Unter *http://www.talkteria.de* klicken Sie hierzu auf *Anmelden* und geben die erforderlichen Angaben ein.

Welche Foren sind für mich besonders empfehlenswert?

Eine Reihe interessanter Foren finden Sie auch auf den Seniorenportalen, die ich Ihnen in Kapitel 2 vorgestellt habe. Die folgende Tabelle listet weitere empfehlenswerte Webadressen auf.

Webadresse	**Was ist hier zu finden?**
http://forum.frag-mutti.de	Ein gut besuchtes Forum, das Rat in Alltagsfragen bietet: Tipps zum Kochen, dem Entfernen von Flecken etc. Hier finden Sie Hilfe zu Ihren Fragen oder helfen anderen Nutzern mit Ihrem eigenen Wissen weiter.
http://forum.freenet.de	Dieses Forum zeichnet sich durch eine kunterbunte Themenvielfalt aus. Beteiligen Sie sich mit Beiträgen zu Themen, die Sie ganz persönlich interessieren.
http://www.talkteria.de	In diesem Forum finden sich ebenfalls Beiträge zu den unterschiedlichsten Themen. Das Besondere: Durch eigene Beiträge können Sie „Talkpoints" verdienen.
http://www.foren.net	Auf dieser Webseite werden Links zu vielen verschiedenen Foren gelistet. Die Sortierung erfolgt nach Themen, sodass Sie Ihr Wunschforum schnell finden werden.
http://www.foren-city.de	Sie wollen ein eigenes Internetforum ins Leben rufen? Kein Problem: Auch hierfür gibt es kostenlose Anbieter, beispielsweise unter dieser Webadresse.

Für die Kommunikation in Echtzeit: Chaträume für Senioren

Chat ist das englische Wort für „Plauderei". Bei einem Chat werden Kurznachrichten in Echtzeit ausgetauscht – Sie werden feststellen, dass das richtig Spaß macht!

Gibt es Voraussetzungen, um an einem Chat teilzunehmen?

Eine wichtige Voraussetzung ist, dass Sie auf der PC-Tastatur schnell schreiben können. Wenn Sie zum Schreiben einer Nachricht sehr lange brauchen, könnte es Ihren Chatpartnern ansonsten langweilig werden. Des Weiteren müssen Sie einen geeigneten Chatraum betreten.

Einen Chatraum – wo finde ich so etwas?

Es gibt zahlreiche Webseiten, die Chaträume bereitstellen. Unter der Webadresse *http://www.webchat.de* finden Sie eine umfangreiche Auflistung von Chats zu den unterschiedlichsten Themen.

Unter der Webadresse http://www.webchat.de finden Sie eine Auflistung der unterschiedlichsten Chats, z. B. zu Freizeit und Hobby, Städten und Regionen, Gesundheit und vielen weiteren Themen.

Wie kann ich einen Chatraum betreten und eine Nachricht senden?

Das ist ganz einfach. Unter *http://www.feierabend.de* läuft es so: Sie registrieren sich zunächst, um einen Benutzernamen zu erhalten. Anschließend können Sie unter der Webadresse *http://chat.feierabend.com* den Chatraum betreten. Oben im Chatraum finden Sie ein Eingabefeld ❶, in das Sie Ihre Nachricht eintippen und mit einem Klick auf *Abschicken* veröffentlichen. Ihre eigenen Nachrichten und die Nachrichten der anderen Nutzer werden im Feld unten angezeigt ❷. Ist im Chatraum nichts los? Rechts oben steht ein Menü zur Verfügung, um von einem Chatraum in den nächsten zu wechseln ❸.

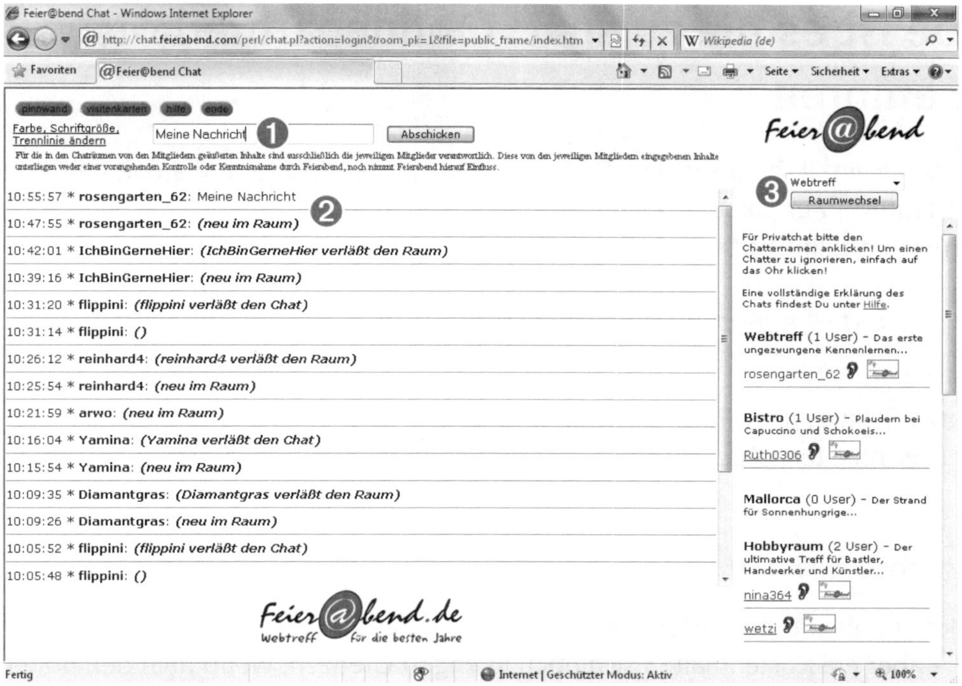

Welche Chaträume sind für mich am besten geeignet?

Die folgende Tabelle hilft Ihnen dabei, Chaträume zu finden, in denen Sie sich pudelwohl fühlen werden. Probieren Sie verschiedene Chats aus und bleiben Sie demjenigen treu, der Ihnen am besten gefällt.

Webadresse	Was ist hier zu finden?
http://www.webchat.de	Das wohl beste deutsche Chatportal mit Links zu zahlreichen Chaträumen. Unterhalten Sie sich mit anderen Nutzern über Ihre Lieblingsthemen!
http//chat.feierabend.com	Dieser Chat wird vom Seniorenportal Feierabend.de angeboten, das Sie bereits im zweiten Kapitel dieses Buchs kennengelernt haben. Sehr empfehlenswert!
http://community.seniorentreff.de/chats	Das Seniorenportal Seniorentreff.de wurde Ihnen ebenfalls bereits im zweiten Kapitel kurz vorgestellt. Auch hier gibt es einen Chat, der Ihren Besuch in jedem Fall wert ist.
http://www.seniorenchatring.de	Auf dieser Webseite werden Chaträume von und für Senioren gesammelt. Vielleicht ist ein Chat dabei, der Ihnen gefällt? Probieren Sie es aus!
http://www.knuddels.de	Knuddels vereint über 1.000 Chaträume in sieben verschiedenen Kategorien – unter den rund fünf Millionen registrierten Mitgliedern ist sicher auch der passende Chatpartner für Sie.

Für die Liebe ist es nie zu spät: Onlinepartnerbörsen (auch) für Senioren

Erinnern Sie sich an den Heinz-Erhardt-Schlager aus dem Film „Vater, Mutter und neun Kinder"? Der Titel des Liedes lautet: „Zur Liebe ist es nie zu spät", und es stimmt – auch in Ihrem Alter können Sie noch an eine erfüllte Partnerschaft glauben!

Einen Partner übers Internet kennenlernen – das kommt mir komisch vor. Ist das denn seriös?

Es gibt zwar schwarze Schafe, aber Partnerbörsen im Internet sind durchaus seriös. Sie bieten heutzutage eine der wichtigsten Möglichkeiten der Kontaktanbahnung. Es funktioniert und ist ganz einfach!

Aber das Ganze ist doch sicherlich mit hohen Kosten verbunden?

Um die Angebote der großen Partnerbörsen vollumfänglich nutzen zu können, muss man zwar in der Regel bezahlen – aber die Kosten halten sich doch in engen Grenzen, wenn man den hohen Nutzen der Onlinepartnerbörsen bedenkt. Für 20 Euro monatlich oder noch weniger können Sie bereits loslegen.

Womit fange ich an?

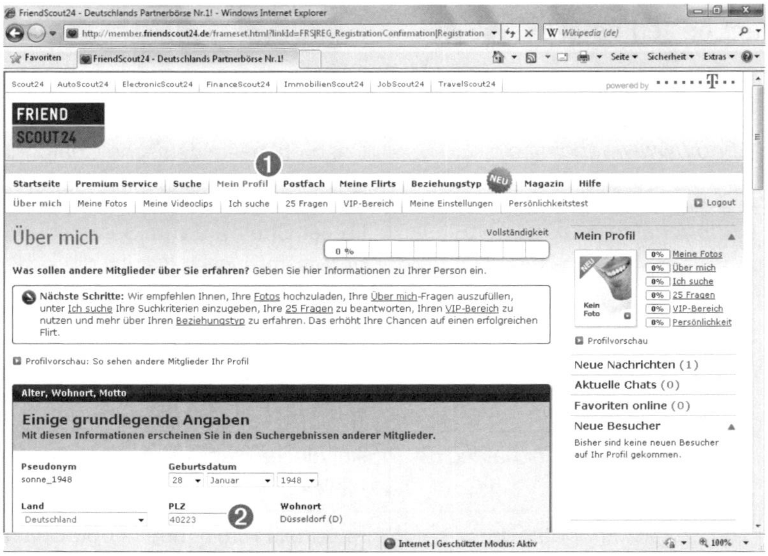

Wenn Sie sich bei einer Onlinepartnerbörse anmelden, besteht der erste Schritt – nach der Registrierung – darin, ein Profil zu erstellen, also Informationen und gegebenenfalls Fotos zur eigenen Person zu veröffentlichen. Unter *http://www.friendscout24.de* (Österreicher wählen bitte *http://www.friendscout24.at*, Schweizer *http://www.friendscout24.ch*) steht hierfür beispielsweise der Menüpunkt *Mein Profil* ❶ zur Verfügung; füllen Sie hier die entsprechenden Felder und Kästchen aus ❷.

Ist ein Foto Pflicht?

Sie können selbst entscheiden, ob Sie ein Foto von sich in Ihrem Profil veröffentlichen wollen. Ein ansprechendes Foto erhöht einerseits Ihre Erfolgschancen erheblich, auf der anderen Seite könnten Sie durch ein Foto natürlich auch Leuten, die Sie kennen, erkannt werden. Wenn Ihnen das nichts ausmacht, empfehle ich, ein Foto einzustellen.

Das Profil habe ich erstellt. Wie finde ich nun interessante Menschen in meiner Nähe?

Verwenden Sie die Suchfunktion der Onlinepartnerbörse – ich stelle den Vorgang für Sie hier anhand von FriendScout24 dar:

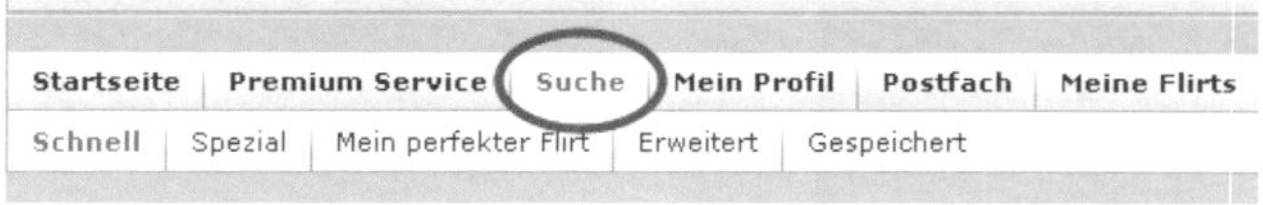

1

Klicken Sie in der Menüleiste auf *Suche*.

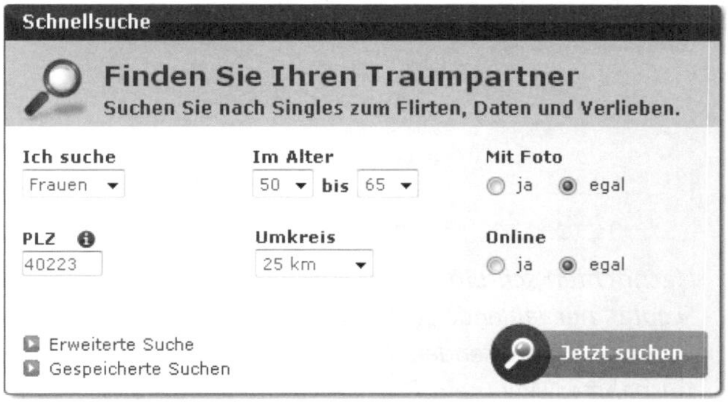

2

Im Suchformular bestimmen Sie nun Geschlecht, Alter und Entfernung der gesuchten Personen. Mit einem Klick auf *Jetzt suchen* starten Sie die Suche.

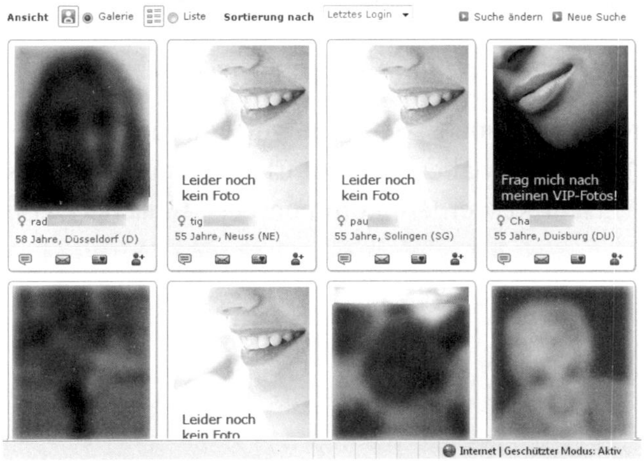

3

Die Treffer werden aufgelistet. Klicken Sie einen Mitgliedsnamen an, um nähere Informationen zur betreffenden Person zu erhalten.

Wirklich kinderleicht. Nun habe ich ein Profil entdeckt, das mir sehr zusagt: Wie kann ich Kontakt aufnehmen?

Einfache Kurznachrichten können Sie oft kostenlos austauschen. Um mit einem anderen Mitglied richtig kommunizieren zu können, wird der Dienst ab diesem Punkt aber meist kostenpflichtig. Bei FriendScout24 klicken Sie die gewünschte Kommunikationsform im Profil an, um ein entsprechendes Formular aufzurufen.

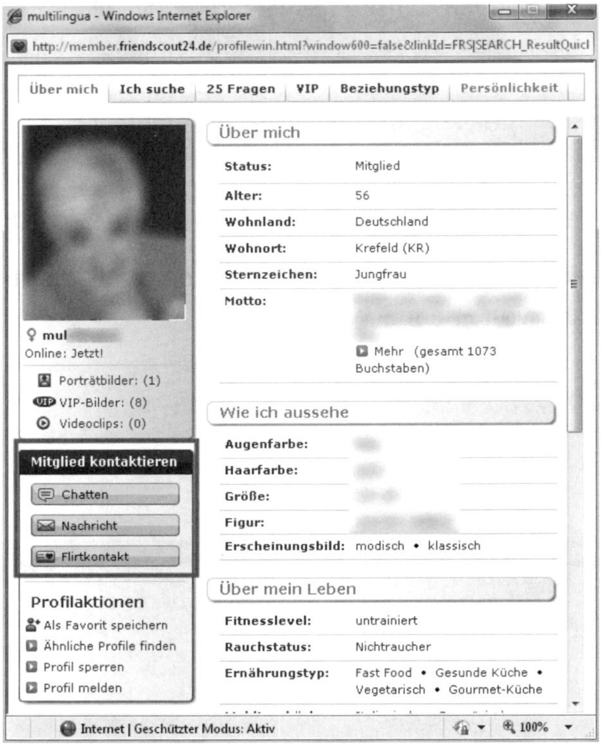

Nachrichten schreiben und chatten können bei FriendScout24 nur zahlende „Premium-Mitglieder"; Flirtkontakte lassen sich so versenden, bleiben aber häufig wirkungslos. Ausnahme: Wenn ein Premium-Mitglied Sie anschreibt, können Sie auch als Gratisnutzer darauf antworten.

Erfährt die Person, die ich anschreibe, meinen Namen?

Die angeschriebene Person erfährt lediglich Ihren Benutzernamen. Bevor Sie Ihren richtigen Namen bekannt geben, sollte sichergestellt sein, dass es sich um einen seriösen Kontakt handelt.

Bekomme ich denn ganz sicher eine Antwort, wenn ich eine Person anschreibe?

Das richtet sich in erster Linie nach der Art Ihres Anschreibens. Seien Sie nett und originell, gehen Sie auf das Profil der betreffenden Person ein – dann haben Sie gute Chancen auf eine Antwort. Lieblose Botschaften, die massenweise verschickt werden, kommen verständlicherweise nicht so gut an.

Wann kommt es zu einem Treffen?

Normalerweise werden Sie erst einige Nachrichten wechseln, mit denen Sie das gegenseitige Interesse wecken. Schließlich könnte ein Telefonat und dann ein Treffen in einem netten Café folgen. Bleibt die Sympathie erhalten, verabreden Sie sich beim Abschied zu einem zweiten Treffen – falls nicht, seien Sie nicht allzu enttäuscht, sondern suchen einfach weiter.

Muss ich sonst noch etwas beachten?

Nein, eigentlich nicht. Hier folgt nur noch einmal der Hinweis, unbedingt Ihren gesunden Menschenverstand eingeschaltet zu lassen. Dass Sie fremden Menschen keinen Einlass in Ihre Wohnung gewähren oder ihnen – vielleicht auf Nimmerwiedersehen – Geld borgen, sollte wohl selbstverständlich sein.

Bei welcher Onlinepartnerbörse soll ich am besten mein Glück versuchen?

In der folgenden Tabelle stelle ich Ihnen fünf wichtige Onlinepartnerbörsen vor, die auch für Senioren sehr gut geeignet sind. Eine Probemitgliedschaft ist jeweils kostenlos – probieren Sie also einfach aus, welche Partnerbörse Ihnen am besten gefällt! PS: Die ersten vier Anbieter in der Tabelle haben auch Ableger in Österreich und in der Schweiz – einfach statt *.de* die Endung *.at* bzw. *.ch* verwenden.

Webadresse	Was ist hier zu finden?
http://www.friendscout24.de	FriendScout24 ist die größte deutschsprachige Onlinepartnerbörse. Nehmen Sie hier Kontakt zu Personen jedes Alters auf – auch viele ältere Menschen haben unter dieser Webadresse ein Profil erstellt.
http://www.parship.de	Eine ebenfalls sehr beliebte Partnerbörse, die klar auf langfristige Beziehungen ausgerichtet ist. Das ausgeglichene Geschlechterverhältnis darf auch Sie hoffen lassen!
http://www.elitepartner.de	Der Partnersuche für Personen mit gehobenen Ansprüchen widmet sich diese Onlinepartnerbörse, die in erster Linie Akademiker und besser Betuchte vermitteln will.
http://www.50plus-treff.de	Diese Onlinepartnerbörse hat speziell die Zielgruppe der älteren Kundschaft ins Auge gefasst. Vielleicht ist bei über 100.000 registrierten Mitgliedern auch für Sie der passende Partner dabei?
http://www.lebensfreude50.de	Eine nette Plattform, um Personen älterer Semester kennenzulernen. Die Anzahl der Mitglieder ist im Vergleich zu den anderen genannten Partnerbörsen geringer – aber schließlich zählt Qualität und nicht Quantität, nicht wahr?

Klassentreffen auch älterer Jahrgänge übers Internet organisieren

Die Schulzeit ist schon lange her, aber viele Erinnerungen daran bleiben fürs ganze Leben. Möglicherweise interessiert es Sie, was aus Ihren ehemaligen Klassenkameraden geworden ist? Oder vielleicht möchten Sie ein Klassentreffen organisieren? Das Internet hilft Ihnen auch hierbei!

Kann ich jeden meiner früheren Klassenkameraden im World Wide Web aufspüren?

Nein, das leider nicht. Aber Sie werden sicherlich einige Ihrer Klassenkameraden wiederfinden, und von denen weiß sicher wiederum einer, was aus anderen geworden ist – da kommt der Stein schnell ins Rollen!

Wie läuft die Suche nach Klassenkameraden ab?

Besuchen Sie eine Webseite, die Kontaktdaten von ehemaligen Schülern sammelt. Unter *http://www.stayfriends.de* (bzw. *http://www.stayfriends.at* oder *http://www.stayfriends.ch*) wählen Sie hierzu zunächst das Bundesland aus, dann die Stadt und schließlich die Schule, auf die Sie gegangen sind.

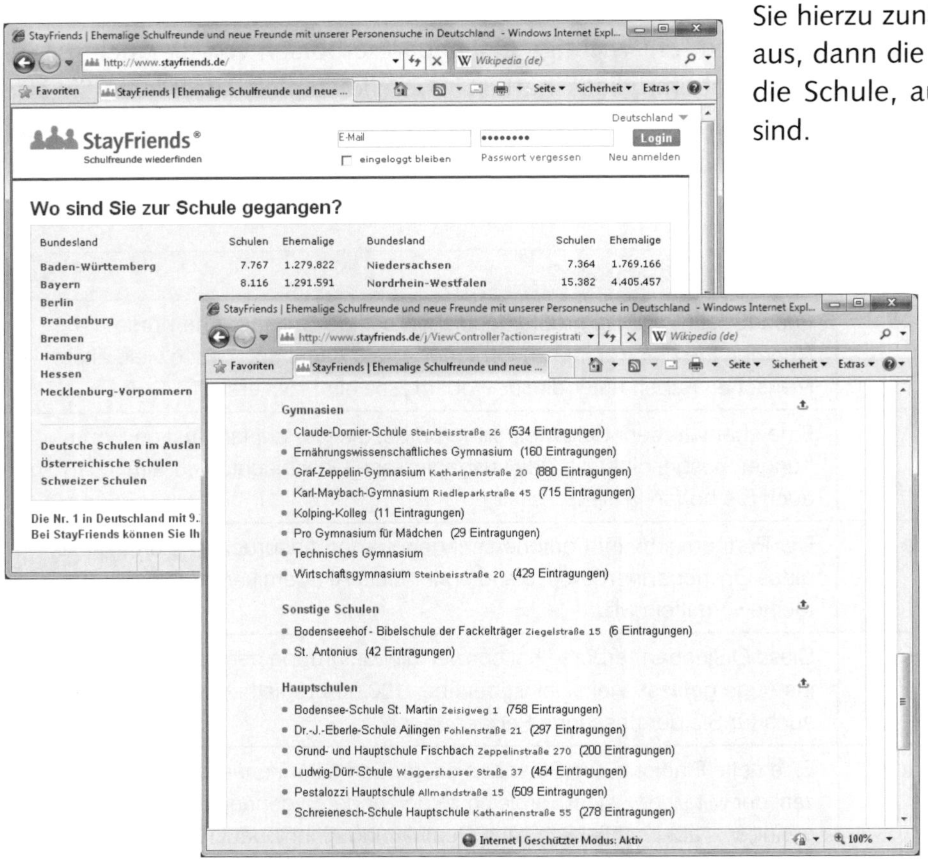

Unter http://www.stayfriends.de ist fast jede Schule vertreten – mit etwas Glück finden Sie dort auch ehemalige Schüler Ihres eigenen Jahrgangs. Was sich natürlich ebenfalls anbietet: Registrieren Sie sich, um von anderen Nutzern gefunden zu werden!

Die Schule habe ich gefunden – und nun?

Nun ist bei StayFriends eine Registrierung erforderlich, um sich die in den einzelnen Jahrgängen gelisteten Nutzer anzeigen zu lassen – und sich selbst als Schüler einzutragen. Keine Sorge: Diese Registrierung ist noch nicht kostenpflichtig. Im Anschluss an die Registrierung haben Sie Zugriff auf die Mitglieder-Datenbank. Erst für die Kontaktaufnahme mit eventuell gefundenen Mitgliedern müssen Sie Ihr Portemonnaie zücken.

Bei StayFriends ohne Registrierung Zugriff auf die Datenbank erhalten

Vielleicht wollen Sie sich erst mal nicht bei StayFriends registrieren, da Sie noch gar nicht wissen, ob dort überhaupt ehemalige Klassenkameraden gelistet sind. Um die Registrierung zu umgehen, starten Sie eine Google-Suche nach *<name der schule> site:stayfriends.de*. Häufig liefert bereits der erste Ergebnis-Link die gewünschten Informationen.

Webadresse	Was ist hier zu finden?
http://www.stayfriends.de	StayFriends der absolute Marktführer in Sachen Auffinden von Schulfreunden. Der Dienst ist zwar kostenpflichtig, bei über neun Millionen Einträgen jedoch auch äußerst erfolgversprechend. Österreicher verwenden die Endung *.at*, Schweizer *.ch*.
http://de.wasabi.com	Auch unter dieser Webadresse finden Sie alte Schulfreunde wieder. Wählen Sie dazu Bundesland, Stadt und Schule aus – mit ein wenig Glück werden auch von Ihnen gesuchte Personen gelistet.
http://www.schulfreundfinder.de	Diese kostenlose Alternative zu StayFriends kann Sie einem möglichst vollzähligen Klassentreffen ebenfalls näher bringen. Die Kontaktaufnahme zu den Mitgliedern ist kinderleicht.
http://www.wer-kennt-wen.de	In dieser Gemeinschaft geht es nicht explizit um Schulfreunde, sondern darum, welche Person jemanden kennt, die jemanden kennt etc. Auch hier können Sie auf alte Klassenkameraden stoßen.
http://www.facebook.de	Facebook (sprich: feißbuck) ist ein äußerst beliebtes Webangebot zum Bilden sozialer Netzwerke. Bei rund 350 Millionen aktiven Nutzern weltweit stoßen Sie sicher auch auf den einen oder anderen Bekannten.

Ob alte Freunde oder verwünschte Mietnomaden: Personen übers Internet wiederfinden

Sie suchen nicht nur Schulfreunde, sondern auch andere Personen wie den früheren Nachbarn, ehemalige Mieter oder Mitglieder Ihres Vereins, die den Wohnort gewechselt haben? Hier erfahren Sie, wie Sie nach beliebigen Personen suchen.

Kann ich nicht einfach bei Google nach einer Person suchen?

Doch, natürlich. Und das ist keine schlechte Methode. Übrigens macht auch so mancher Personalchef davon Gebrauch, um sich vorab über einen Bewerber zu informieren. Suchen Sie bei Google nach dem in Anführungszeichen gesetzten Namen. Falls zu viele Treffer gelistet werden, fügen Sie weitere Begriffe hinzu, etwa einen Ortsnamen.

Häufig finden Sie über Google die gesuchte Person wieder – und was findet man bei Google über Sie selbst?

Bei Google werde ich nicht fündig. Gibt es Suchmaschinen, bei denen meine Personensuche erfolgreicher verlaufen könnte?

Es gibt spezielle Personensuchmaschinen, die verschiedene Quellen gezielt nach einem Namen durchforsten. Der Vorteil: Es werden meist nur wirklich relevante Ergebnisse angezeigt. Am Beispiel *http://www.yasni.de* zeige ich Ihnen, wie einfach eine Personensuchmaschine funktioniert:

1

Tippen Sie unter *http://www.yasni.de* den gewünschten Namen in das Suchfeld ein – Sie müssen ihn hier nicht mal in Anführungszeichen setzen. Starten Sie Ihre Suche durch Drücken der Enter-Taste.

2

Schon erhalten Sie eine Übersicht der verschiedenen Quellen. Praktisch: Diese lassen sich durch Registerkarten nach verschiedenen Kategorien filtern.

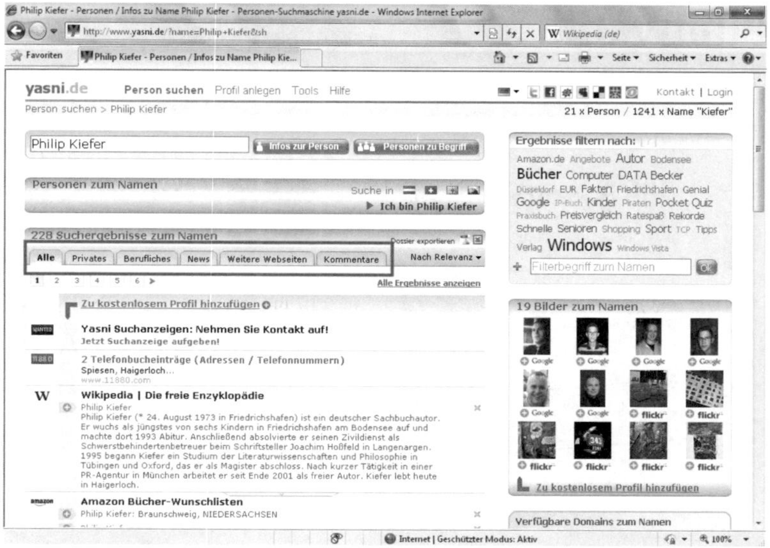

Auf welchen Webseiten kann ich nach Personen suchen, die ich aus den Augen verloren habe?

Die besten Personensuchmaschinen habe ich in der folgenden Tabelle für Sie zusammengestellt. Beachten Sie in diesem Zusammenhang auch das Kapitel 14 – dort erfahren Sie, wie Sie Rufnummern oder Adressen bundesweit und in anderen Ländern nachschlagen.

Webadresse	Was ist hier zu finden?
http://www.yasni.de	Eine deutschsprachige Personensuchmaschine, die zahlreiche Quellen nach dem Namen durchsucht, die Sie in das Suchfeld eintippen. Neben Webseiten werden auch Bilder, Blogs und mehr durchsucht. Das kennen Sie bereits: Endung *.at* für Österreich, Endung *.ch* für die Schweiz.
http://www.123people.de	Eine weitere sehr gute Personensuchmaschine in deutscher Sprache. Hier gibt es zu einem Namen passende Webseiten, Bilder, E-Mail-Adressen, Rufnummern und Weiteres. Es stehen wiederum eine österreichische und eine schweizerische Version bereit.
http://www.wink.com	Nach eigenen Angaben die weltgrößte Personensuchmaschine - allerdings in englischer Sprache. Die Suche hier ist für Sie vor allem dann interessant, wenn sich die gesuchte Person auch im Ausland aufhalten könnte.
http://www.personensucher.de	Auf dieser Webseite können Sie kostenlose Suchanzeigen veröffentlichen bzw. die Suchanzeigen anderer Nutzer durchforsten. Daneben gibt es eine Reihe hilfreicher Hinweise zur erfolgreichen Personensuche über Ämter & Co.
http://www.wobistdu.com	Auch diese Webseite bietet Ihnen die Möglichkeit, kostenlose Suchanzeigen im Internet zu veröffentlichen. Mit ein wenig Glück liest sie die gesuchte Person oder ein Bekannter, der die Person dann darauf hinweist.

Pinnwand

Sie benötigen Hilfe zum Internet Explorer 8? Drücken Sie einfach die [F1]-Taste, um ein Hilfefenster aufzurufen – das gilt übrigens auch für alle anderen Windows-Anwendungen.

Partnerbörsen im Internet unter die Lupe genommen: Fundierte Vergleiche werden unter dieser Webadresse angestellt: *http://www.singleboersen-vergleich.de*.

Das macht Hoffnung: Laut einer Studie haben bereits über sechs Millionen Menschen übers Internet einen Partner gefunden!

5

Unsere Webumschau: hilfreiche Angebote für Ihre Gesundheit

„Gesundheit ist nicht alles, aber ohne Gesundheit ist alles nichts“ – dieser Satz des Philosophen Arthur Schopenhauer ist längst zum geflügelten Wort geworden, und es stimmt: Gesundheit ist ein hohes Gut, das es zu verteidigen gilt. Das World Wide Web bietet Ihnen eine Vielzahl von Angeboten, die sich Gesundheitsthemen widmen. Die besten davon habe ich in diesem Kapitel für Sie zusammengetragen.

Nichtraucher werden, Diät halten & Co.: viel einfacher in einer Community

Häufig genügt es bereits, eine einzige negative Gewohntheit abzustellen, um der Gesundheit auf die Sprünge zu helfen. Hier stelle ich Ihnen empfehlenswerte Angebote zur Bekämpfung verschiedener „Süchte" vor, ganz nach dem Motto: In der Gemeinschaft ist alles leichter!

Community – was heißt das?

Community (sprich: kommjuniti) ist das englische Wort für „Gemeinschaft". Es bezeichnet Angebote im World Wide Web, bei denen der Austausch mit anderen Nutzern im Vordergrund steht. Wichtigste Kommunikationsform ist in diesem Zusammenhang das Forum.

Rank und schlank sein

Ein hohes Übergewicht ist definitiv schädlich für die Gesundheit. Nutzen Sie das Internet, um in der Gemeinschaft mit anderen rank und schlank zu werden – und zu bleiben!

Webadresse	Was ist hier zu finden?
http://www.abnehmen.com	Das Motto dieser gut besuchten Community lautet: „Gemeinsam abnehmen ist leichter". Führen Sie ein Diät-Tagebuch, unterhalten Sie sich mit anderen Nutzern oder tauschen Sie Diätrezepte aus.
http://www.weightwatchers.de	Die bekannten Weight Watchers sind auch im Internet vertreten. Die Onlinemitgliedschaft ist kostengünstiger als die herkömmliche, und auch im Internet können Sie „Leidensgenossen" treffen.
http://www.diaet.com	Ein umfangreiches Webangebot rund um das Thema Diät. Neben verschiedenen Diäten, Rezepten und Adressen finden Sie auch hier ein Diätforum zum Austausch mit anderen Nutzern.
http://www.meiga.de	Eine weitere Diät-Community, die allerdings einen Jahresbeitrag in Höhe von 18 Euro (Stand: Dezember 2009) erhebt. Dafür werden Rezepte, ein Forum, verschiedene Listen und sonstige Aktivitäten angeboten.
http://diaet.abnehmen-forum.com	Ein Diätforum, das in jedem Fall einen Besuch lohnt. Bei den Naschkatzen fühlen Sie sich schnell zu Hause und können sich mit anderen Menschen austauschen, die auch ihr Übergewicht verlieren wollen.

Endlich Nichtraucher werden

Der Genuss hält sich bei den meisten gerauchten Zigaretten in sehr engen Grenzen. Dem vermeintlichen Genuss stehen außerdem gravierende Nachteile gegenüber, allen voran die ruinierte Gesundheit. Zeit also, das Rauchen aufzugeben!

Webadresse	Was ist hier zu finden?
http://www.nichtraucher-blogs.de	Eine Nichtraucher-Community, in der die Mitglieder ihre Erfolge und Misserfolge in Form eines Blogs präsentieren; die Beiträge können dann von anderen Mitgliedern kommentiert werden.
http://www.nichtraucher.de	Nach eigenen Angaben das größte deutsche Nichtraucherportal mit sehr vielen Informationen und Methoden sowie einem Forum zum Austausch mit anderen Nutzern.
http://www.rauchfrei.de	Ein weiteres Nichtraucherportal, das ebenfalls mit sehr vielen Informationen sowie mit einem gut besuchten Forum rund ums Thema „Nichtraucher werden" aufwartet.
http://www.rauchertelefon.at	Österreicher können sich zum Thema Nichtrauchen telefonisch beraten lassen, Deutsche und Schweizer finden auf der Webseite nützliche Informationen sowie ein Nichtraucherforum.
http://www.stop-simply.de	Unter dieser Webadresse finden Sie ein kostenloses Programm, das dazu dienen soll, das Rauchen aufzugeben. Setzen Sie außerdem den Nichtraucher-Sparrechner ein – Sie werden staunen!

Nicht mehr trinken

Alkoholismus ist ein Problem, das gern verdrängt wird – von der Gesellschaft genauso wie vom Betroffenen. Dabei handelt es sich um eine Krankheit, die in den Griff zu bekommen ist. Das zeigt sich schnell, wenn man einige der zahlreichen Erfahrungsberichte im Internet liest.

Webadresse	Was ist hier zu finden?
http://www.forum-alkoholiker.de	Habe ich ein Alkoholproblem oder nicht? Und wenn ja, was kann ich dagegen unternehmen? In diesem Forum tauschen Sie sich anonym mit anderen Betroffenen aus.
http://www.anonyme-alkoholiker.de	Auf der Webseite der Anonymen Alkoholiker können Sie nicht nur herausfinden, wo in Ihrer Nähe (Deutschland, Österreich, Schweiz) Treffen abgehalten werden – auch anonyme Onlinetreffen werden angeboten.
http://www.alkoholforum.de	Neben einem Forum steht auf dieser Webseite einmal pro Woche auch ein Chat zur Verfügung. Darüber hinaus gibt es Links zu Webseiten mit weiterführenden Informationen.
http://www.selbsthilfe-alkoholiker.de	Ein weiteres Forum zum anonymen Austausch mit anderen Betroffenen und deren Angehörigen. Was tun, wenn mein Partner trinkt? Finden Sie heraus, wie andere Menschen in solchen und ähnlichen Fällen denken und handeln.
http://www.blaueskreuz.de	Das blaue Kreuz ist eine Suchtkrankenhilfe mit christlichem Hintergrund. Schweizer wählen die Webadresse *http://www.blaueskreuz.ch*, Österreicher *http://www.blaueskreuz.at*.

Infos, Kontaktdaten, Preise: die Webangebote der wichtigsten Krankenkassen

In der Gesundheitspolitik wird traditionell geflickt und gemurkst. Leidtragende sind regelmäßig die Versicherten und Patienten, die oft nicht wissen, was als Nächstes wieder auf sie zukommt. Da ist es wichtig, sich umfassend zu informieren – kein Problem dank Internet!

Infos zum Thema Krankenversicherung

Allgemeine Informationen zur gesetzlichen sowie privaten Krankenversicherung finden Sie auf den Webseiten, die ich Ihnen in der folgenden Tabelle vorstelle.

Webadresse	Was ist hier zu finden?
http://www.krankenkassen.de	Ein tolles Webangebot zum Vergleich der Krankenversicherungen und ihrer Angebote. Mit „Wechselservice", Krankenkassenurteilen und vielem mehr.
http://www.gkv.info	Die Webseite der gesetzlichen Krankenversicherung mit Informationen wie beispielsweise einer Liste zuzahlungsfreier Medikamente oder Hinweisen zur Pflegeversicherung.
http://www.gkv-spitzenverband.de	Die Webpräsenz des GKV-Spitzenverbands, der die zentrale Interessenvertretung der gesetzlichen Kranken- und Pflegekassen darstellt. Mit vielen Infos zum Thema.
http://www.pkv.de	Beim Verband der privaten Krankenversicherung gibt es Informationen für Privatversicherte; in diesem Zusammenhang besonders interessant ist das PKV-Angebot unter *http://www.derprivatpatient.de*.
http://www.krankenkassenratgeber.de	Ein übersichtliches Portal zum Thema gesetzliche und private Krankenversicherung. Das eingebaute Suchfeld erleichtert es Ihnen, Informationen zur eigenen Krankenkasse auszuspüren.

Welche Angebote gibt es für Menschen, die in Österreich oder der Schweiz leben?

Die Systeme der Krankenversicherung in Österreich und der Schweiz unterscheiden sich von denen in Deutschland. Alle Informationen und Links zur Krankenversicherung in Österreich finden Sie unter *http://www.sozialversicherung.at* (Rubrik „Krankenversicherung"). Schweizern empfehle ich die Webadresse *http://www.krankenversicherung.ch*, unter der Sie viele Informationen und Vergleichsmöglichkeiten zum Thema finden.

Gesetzliche Krankenkassen

Krankenkassen gibt es in Deutschland immer noch wie Sand am Meer. Die Webadressen der größten Krankenkassen habe ich der Tabelle für Sie zusammengestellt.

Webadresse	Was ist hier zu finden?
http://www.aok.de	Das Portal zu den einzelnen Allgemeinen Ortskrankenkassen im gesamten Bundesgebiet. Mit Hinweisen zu Beiträgen und Tarifen sowie den Kontaktdaten auch Ihrer Ortskrankenkasse.
http://www.tk-online.de	Unter dieser Webadresse finden Sie die Webpräsenz der Techniker Krankenkasse. In der „Onlinefiliale“ können Sie Ihre Daten selbst verwalten und sparen sich dadurch so manchen Weg zur TK-Filiale.
http://www.barmer.de	Die mitgliederstarke Barmer Ersatzkasse ist unter dieser Webadresse vertreten. Deren „Online-Servicecenter“ hat rund um die Uhr geöffnet, auch am Wochenende.
http://www.dak.de	Informationen zur Deutschen Angestellten-Krankenkasse gibt es unter dieser Webadresse. Auch hier steht der Service für die Versicherten klar im Vordergrund.
http://www.kkh-allianz.de	Die KKH-Allianz (früher Kaufmännische Krankenkasse) bietet unter dieser Webadresse Informationen, Angebote und Kontaktmöglichkeiten.

Private Krankenversicherungen

Privat versichert im Alter? Ein schwieriges Thema, über das Sie sich am besten bei den größten Anbietern einer privaten Krankenversicherung informieren. Die Tabelle stellt sie Ihnen vor!

Webadresse	Was ist hier zu finden?
http://www.debeka.de	Die Debeka ist mit über zwei Millionen Vollversicherten die größte private Krankenversicherung Deutschlands. Informieren Sie sich auf der Webseite über die Krankenversicherung sowie weitere Versicherungsangebote.
http://www.dkv.com	Unter dieser Webadresse firmiert die Deutsche Krankenversicherung mit Informationen zur Krankenversicherung, Kontaktmöglichkeiten sowie Ratschlägen rund um die Gesundheit.
https://www.allianz.de/produkte/krankenversicherung/index.html	Eine etwas längere Webadresse, die Sie zu den Angeboten in puncto Krankenversicherung des Allianz-Konzerns führt, dem drittgrößten privaten Krankenversicherer Deutschlands.
http://www.signal-iduna.de	Informationen zur privaten Krankenversicherung der Signal Iduna rufen Sie auf dieser Webseite unter der Rubrik „Gesundheit“ ab. Auch viele weitere Versicherungen sind im Angebot.
http://www.central.de	Die fünftgrößte private Krankenversicherung Deutschlands gehört zum Generali-Konzern. Auf der Webseite gibt es alle Infos zur Versicherung sowie vieles andere zu Gesundheitsthemen.

Die richtigen Ärzte und Krankenhäuser ermitteln

Wo finde ich einen HNO-Arzt in der Nähe? Welche Krankenhäuser kommen für eine anstehende Operation infrage? Ermitteln Sie geeignete Adressen übers Internet.

Ärzte und Krankenhäuser finden – geht das wirklich übers Internet?

Ja, und die Suche übers Internet ist wohl die beste vorstellbare Methode. Sie können selbst recherchieren, welcher Arzt oder welches Krankenhaus am besten geeignet ist, und müssen sich nicht mehr ausschließlich auf die Kenntnisse anderer Personen verlassen. Spätestens seit 2009 bekannt wurde, dass Krankenhäuser Ärzten manchmal Provisionen bezahlen, wenn diese Sie zu ihnen schicken, haben Sie sicher ein starkes Bedürfnis, selbst zu recherchieren.

Wie läuft so eine Suche ab?

Das Ganze funktioniert prinzipiell wie eine Suchmaschine, wobei statt Webseiten eben Ärzte oder Krankenhäuser gelistet werden. Ich zeige Ihnen den Vorgang am Beispiel der Seite *http://www.jameda.de*; gesucht ist ein HNO-Arzt in Tettnang am Bodensee:

1

Klicken Sie unter der Webadresse *http://www.jameda.de* zunächst auf das Feld *Welche Gruppe?*.

2

Wählen Sie im Fenster, das sich öffnet, unter *Gruppe* den Eintrag *Ärzte (niedergelassen)* aus ...

3

... und entscheiden Sie sich anschließend im Bereich rechts für die gewünschte Fachrichtung – in diesem Fall *HNO-Ärzte* ❶. Klicken Sie auf *Auswahl übernehmen* ❷.

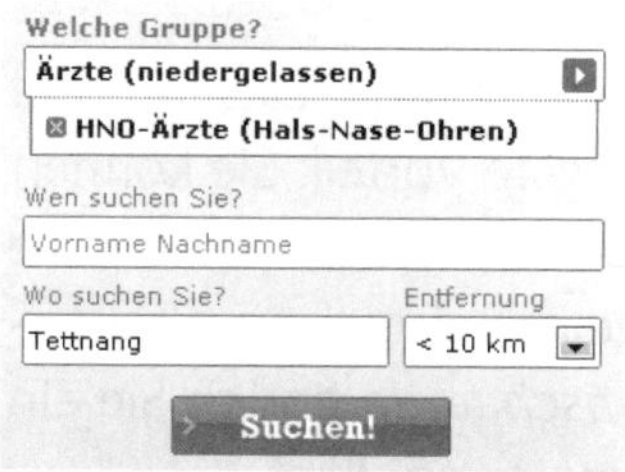

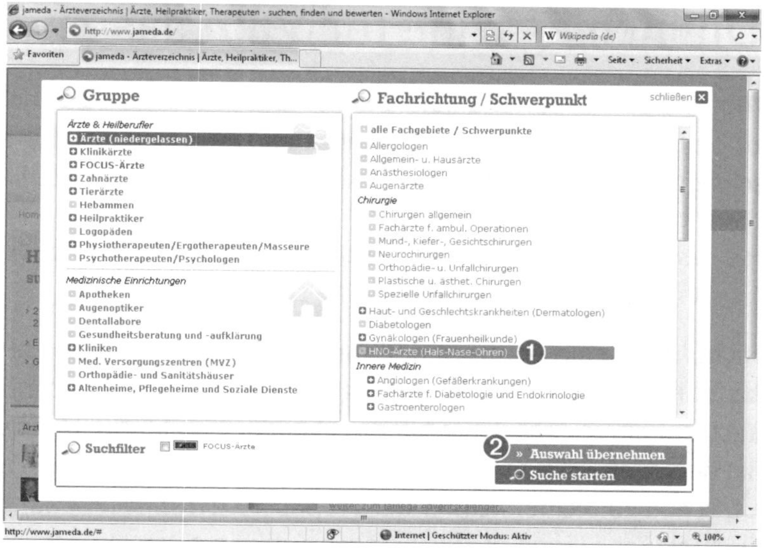

4

Tippen Sie nun noch in das Suchformular den gewünschten Ort ein und wählen Sie gegebenenfalls einen größeren Umkreis für die Suche. Mit einem Klick auf *Suche* lassen Sie sich die passenden Ärzte auflisten.

Welche Webseiten sind empfehlenswert, um Ärzte und Krankenhäuser aufzuspüren?

Die folgende Tabelle listet die in diesem Zusammenhang besten Angebote für Sie auf.

Webadresse	Was ist hier zu finden?
http://www.arzt-auskunft.de	Diese Arzt-Suchmaschine wird von der Stiftung Gesundheit betrieben. Verwenden Sie am besten die „Schritt-für-Schritt-Suche“, um einen geeigneten Facharzt zu finden.
http://www.mein-guter-arzt.de	Auf dieser Webseite können Sie Ärzte nicht nur suchen, sondern Ihren Arzt auch nach verschiedenen Kriterien bewerten, um anderen Patienten die Auswahl zu erleichtern.
http://www.jameda.de	Hier finden Sie nicht nur Ärzte, sondern auch Heilpraktiker, die mit ihren sanften Methoden bei leichteren Erkrankungen häufig eine empfehlenswerte Alternative darstellen.
http://www.arztverzeichnis.at	Ärzte finden in Österreich: kein Problem unter dieser Webadresse. Die Webadresse *http://www.arztverzeichnis.ch* leitet zu einem Verzeichnis von Ärzten in der Schweiz weiter.
http://www.kliniken.de	Auf dieser Webseite suchen Sie erfolgreich nach geeigneten Krankenhäusern sowie Pflegeheimen. Ein pfiffiges Extra: Per elektronischer Postkarte lassen sich Genesungswünsche versenden.

Onlinemagazine rund um das Thema Gesundheit

Nun war so viel von Krankheiten die Rede, dabei geht es doch vor allen Dingen um eins: gesund zu bleiben und Körper und Geist auch im Alter leistungsfähig zu erhalten. Informationen und Ratschläge finden Sie in Gesundheitsmagazinen, die Sie kostenlos im World Wide Web abrufen.

Ich kann mir doch die neue Apotheken-Umschau holen – wozu brauche ich Gesundheitsmagazine im Internet?

Nichts gegen die Apotheken-Umschau, die ich auch selbst gern in die Hand nehme. Das Internet bietet Ihnen jedoch viel mehr Möglichkeiten als eine Zeitschrift. Der wichtigste Vorteil: Sie können auch auf ältere Artikel zugreifen und dadurch mit Sicherheit Informationen zu Themen finden, die Sie bewegen – bei einer Zeitschrift wäre das doch eher ein Zufall. Um beim Beispiel Apotheken-Umschau zu bleiben: Unter der Webadresse *http://www.apotheken-umschau.de* finden Sie ein Suchfeld, das Ihnen die Suche nach Artikeln zu einem bestimmten Thema ermöglicht.

Damit kann keine gedruckte Zeitschrift aufwarten: ein nützliches Suchfeld unter der Webadresse http://www.apotheken-umschau.de.

Und die Artikel kann ich kostenlos lesen?

In den meisten Fällen wird das der Fall sein. Sollte ein Artikel kostenpflichtig sein, werden Sie in jedem Fall darauf hingewiesen. Beim Webauftritt der Apotheken-Umschau gibt es die Artikel in jedem Fall zum Nulltarif. Darüber hinaus gibt es in den Onlinemagazinen meist noch weitere nützliche Funktionen, die eine gedruckte Zeitschrift Ihnen nicht bieten kann.

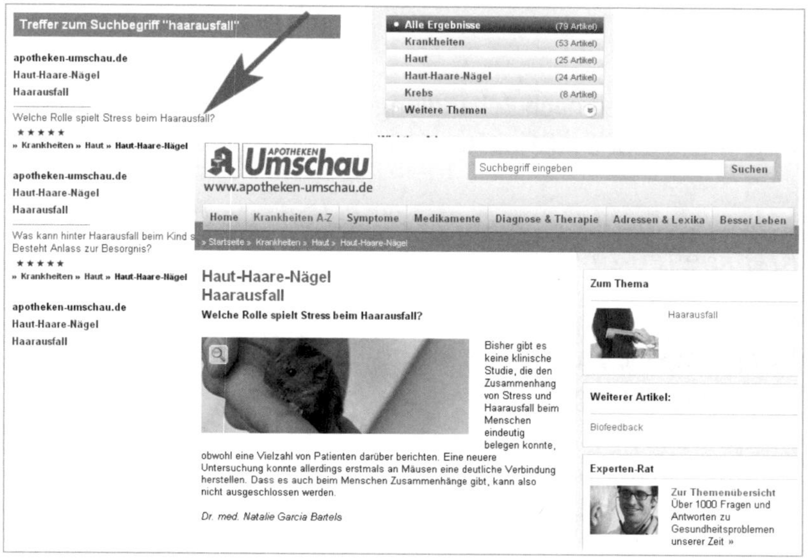

Welche Onlinemagazine zum Thema Gesundheit sind besonders empfehlenswert?

In der Tabelle stelle ich Ihnen Gesundheitsmagazine im Internet vor, die Sie kennen sollten. Hier finden Sie viele Informationen und Hinweise, die einem helfen, auch im Alter gesund und fit zu bleiben.

Webadresse	**Was ist hier zu finden?**
http://www.apotheken-umschau.de	Auf der Webseite der Apotheken-Umschau gibt es nicht nur interessante Artikel rund um das Thema Gesundheit, sondern auch nützliche Funktionen wie den „Medikamentenfinder".
http://www.onmeda.de	Auch in diesem Onlinemagazin wird Gesundheit großgeschrieben. Mit interessanten Specials zu Gesundheitsthemen wie Haarausfall, Schweinegrippe oder Schwerhörigkeit.
http://www.gesundheit.de	Dieses Gesundheitsmagazin wird von einem Pharmagroßhändler herausgegeben und bringt Nachrichten, Artikel sowie weitere Inhalte rund um Ihre Gesundheit.
http://www.lifeline.de	Dieses Gesundheitsmagazin wird von Springer Medizin betrieben und wartet mit zahlreichen fundierten Artikeln auf. Auch eine Community sowie Videos zu verschiedenen Gesundheitsthemen stehen zur Verfügung.
http://www.enjoyliving.at	Ein weiteres sehr empfehlenswertes Gesundheitsmagazin, das in Österreich betrieben wird und viele Informationen rund um Gesundheit, Entspannung und Wohlbefinden bietet.

Informationen zu allen Krankheiten und Beschwerden finden

Sie suchen gezielt nach Behandlungsmöglichkeiten für verschiedene Krankheiten und Beschwerden? Auch dazu gibt es die passenden Angebote im World Wide Web. Ich stelle Sie Ihnen gern vor!

Sollte ich nicht lieber zum Arzt gehen, statt mich im Internet über mögliche Krankheiten zu informieren?

Das kommt ganz darauf an, ob es Ihnen richtig schlecht geht oder ob es für ein geringfügigeres Symptom eine ganz einfache Ursache geben kann. Im Internet nachzuschlagen, kostet zumindest keine Praxisgebühr!

Wie gehe ich zum Nachschlagen vor?

Das richtet sich nach der Webseite, für deren Besuch Sie sich entscheiden. In der Regel steht neben einer Kategorienliste auch ein Suchfeld zur Verfügung, mit dessen Hilfe Sie bestimmte Krankheiten nachschlagen können.

Krankheiten per Suchfeld nachschlagen oder in der Themenliste blättern – z. B. unter der Webadresse http://www.netdoktor.de.

Ich suche Informationen zur Schweinegrippe. Wie gehe ich dazu vor?

Wenn Sie – beispielsweise unter *http://www.netdoktor.de* – die Krankheit Schweinegrippe nachschlagen, werden Sie zunächst mit einer Fülle von Informationen bombardiert. Lassen Sie sich davon nicht entmutigen, sondern lesen Sie sich Schritt für Schritt in das Thema ein – hierzu finden Sie im Artikel Links wie *Grundlagen*, *Symptome*, *Vorbeugen* etc., die Sie jeweils anklicken. Keine Bange: Nicht zu jeder Krankheit werden so viele Informationen geliefert.

Wo finde ich Rat zu Krankheiten und Gebrechen aller Art?

Die folgende Tabelle listet Webseiten auf, die Ihnen Rat und Informationen zu allen wichtigen Krankheiten bieten. Natürlich kann diese erste Information aber keinen Arztbesuch ersetzen!

Webadresse	Was ist hier zu finden?
http://www.netdoktor.de	Hier finden Sie umfangreiche Informationen zu allen möglichen Krankheiten. Als sehr nützlich kann sich der Symptom-Finder erweisen, in dem Sie die betreffenden Körperpartien markieren, um entsprechende Krankheiten aufgelistet zu bekommen.
http://www.medhost.de	Auch unter dieser Webadresse gibt es zahlreiche Informationen zu Krankheiten und Gebrechen aller Art, und zwar praktisch nach Kategorien sortiert.
http://www.medizinfo.de	Krankheiten nach Themen nachschlagen oder Informationen mithilfe des eingebauten Suchfelds finden – kein Problem auf dieser Webseite.
http://www.sprechzimmer.ch	Eine schweizerische Webseite, auf der viele Informationen zu Krankheiten und deren Behandlung für Sie gesammelt wurden. Sehr empfehlenswert!
http://www.qualimedic.de	Unter dieser Webadresse können Sie sich von richtigen Ärzten kostenlos Ihre Fragen beantworten lassen. Es werden „Sprechstunden" in verschiedenen medizinischen Bereichen angeboten.

Empfehlenswerte Webseiten zum Austausch mit anderen Betroffenen

Wie gehen andere Betroffene mit einer gesundheitlichen Beeinträchtigung um? Welche Behandlungsmöglichkeiten gibt es? Tauschen Sie sich aus – im Internet geht das ganz leicht!

Wie kann ich mich übers Internet über eine Erkrankung austauschen?

In den meisten Fällen wird das über ein Forum ablaufen; diese Kommunikationsform haben Sie ja bereits kennengelernt: Sie veröffentlichen einen Beitrag und warten auf die Antworten anderer Nutzer – oder Sie antworten selbst auf Fragen, die von anderen gestellt wurden. Unter der Webadresse *http://www.med1.de/Forum* beispielsweise finden Sie eine gut besuchte Community zu allen denkbaren Gesundheitsthemen.

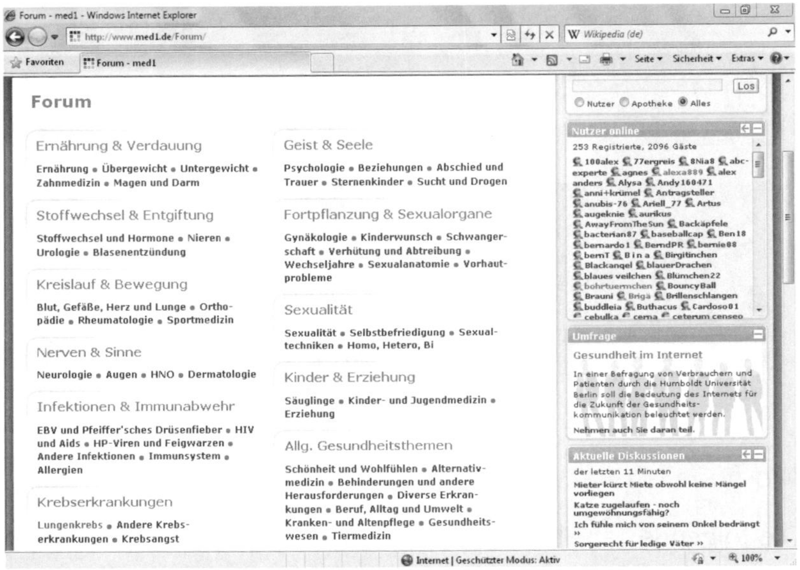

Übersichtlich nach Kategorien sortiert: Unter http://www.med1.de/Forum tauschen sich Betroffene über Gesundheitsthemen aller Art aus.

Welche Art Fragen kann ich stellen?

Prinzipiell können Sie jede Frage stellen, die Ihnen unter den Nägeln brennt. Fragen Sie etwa nach alternativen Behandlungsmöglichkeiten oder nach den Erfahrungen anderer mit einer bestimmten Krankheit. Sie bleiben ja anonym, darum ist keinerlei Scham notwendig.

Gibt es neben dem Forum weitere Möglichkeiten des Austauschs?

Nun, es wird auf der einen oder anderen Webseite auch ein Chat angeboten – dass sich dort jemand einfindet, der sich über das gleiche Gebrechen austauschen möchte wie Sie, wäre aber eher Zufall. Eine weitere Möglichkeit bietet eine Ratgeber-Community – sie ähnelt einem Forum, ist mit diesem aber nicht identisch. Unter *http://www.gesundheitsfrage.net* stellen Sie gezielt Fragen zu Gesundheitsthemen und dürfen auf rasche Antwort hoffen.

Ein Ableger der großen Ratgeber-Community gutefrage.net: Unter der Webadresse http://www.gesundheitsfrage.net können Sie alle Fragen zu Gesundheitsthemen stellen – und zwar völlig kostenlos.

Welche Webseiten bieten mir die Möglichkeit, mich mit anderen Betroffenen über Krankheiten auszutauschen?

In der Tabelle habe ich die besten Seiten für eine Kommunikation über Krankheiten und Gesundheitsfragen für Sie zusammengestellt. Dort finden Sie Rat, Hilfe und Austausch.

Webadresse	Was ist hier zu finden?
http://www.med1.de/Forum	Die nach eigenen Angaben aktivste deutschsprachige Community zum Thema Gesundheit. Hier gibt es jeden Tag Tausende neuer Beiträge zu Krankheiten bzw. Gesundheitsthemen.
http://www.optikur.de/community	Eine Community mit vielen verschiedenen Gruppen zu Gesundheits- und Wellnessthemen. Ist keine Gruppe für das gesuchte Gebrechen vorhanden, starten Sie doch einfach selbst eine!
http://www.symptome.ch	Bei diesem Webangebot aus der Schweiz stehen die Symptome verschiedener gesundheitlicher Probleme im Vordergrund - insbesondere für diejenigen, die deren Ursache noch nicht kennen.
http://www.seelenkummer.de	Unter dieser Webadresse finden Sie ein Forum zum Austausch über psychische Störungen, etwa Depressionen, Psychosen, Phobien oder Essstörungen.
http://www.gesundheitsfrage.net	Auf dieser Webseite können Sie beliebige Fragen zu allen Gesundheitsthemen stellen - mit ein wenig Glück erhalten Sie sehr schnell die gewünschte Antwort darauf.

Übers Internet die preisgünstigste Apotheke ausfindig machen

Sie brauchen Tabletten, Salben oder Ähnliches? In vielen Fällen lohnt sich der Kauf übers Internet! Hier zeige ich Ihnen, wie Sie die preisgünstigste Onlineapotheke ausfindig machen.

> **Pillen kaufen übers Internet – davor wird doch immer gewarnt. Warum wird es hier empfohlen?**
>
> Die Preisvergleiche hier betreffen ausschließlich „richtige“ Apotheken, bei denen Sie ganz normale Medikamente kaufen und sogar Rezepte einlösen können. Ich habe selbst bereits bei einer Onlineapotheke eingekauft und kann sagen: Es hat hervorragend funktioniert. Die Warnungen betreffen lediglich unseriöse Anbieter, beispielsweise im Ausland ansässige, die Ihnen gefälschte Medikamente andrehen wollen – da heißt es aufpassen!

Medikamente übers Internet kaufen: Wie läuft das ab?

Prinzipiell ist es der gleiche Ablauf wie beim Kauf eines Buchs, das heißt, Sie legen ein Medikament in den Warenkorb, schicken die Bestellung ab und erhalten es kurze Zeit später per Post oder einen alternativen Paketdienstleister.

Wie funktioniert der Preisvergleich von Medikamenten?

Sie rufen dazu einfach eine entsprechende Webseite auf, etwa unter der Webadresse *http://www.apomio.de*. Geben Sie das gewünschte Medikament ins Suchfeld ein ❶ und drücken Sie die [Enter]-Taste. Schon erhalten Sie eine Übersicht der entsprechenden Angebote. Klicken Sie auf *Preisvergleich* ❷, um sich den günstigsten Anbieter anzeigen zu lassen.

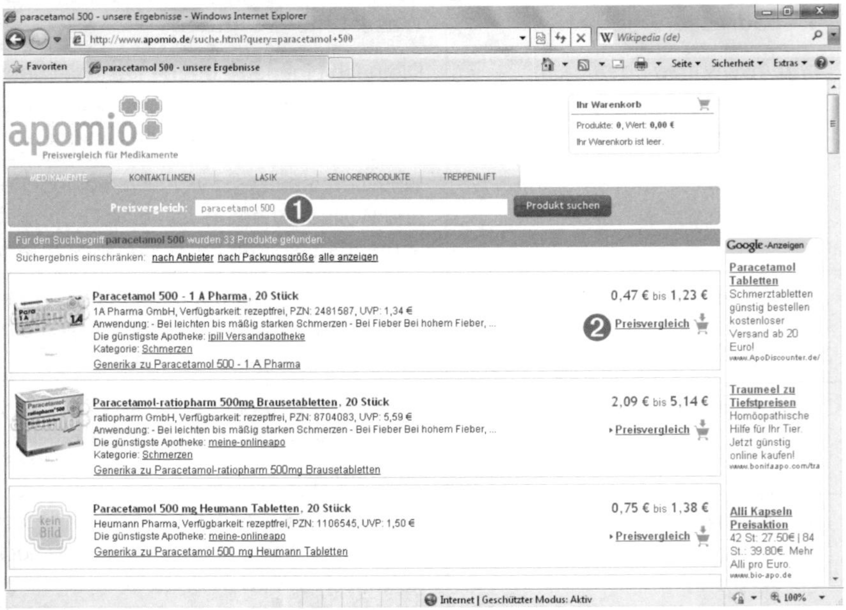

Und dann? Wie geht es weiter?

Unter *http://www.apomio.de* klicken Sie beim günstigsten Angebot auf *Jetzt bestellen* und werden dadurch zur entsprechenden Onlineapotheke weitergeleitet. Dort können Sie das Medikament kaufen und bei rezeptpflichtigen Medikamenten gegebenenfalls auch ein Rezept einlösen.

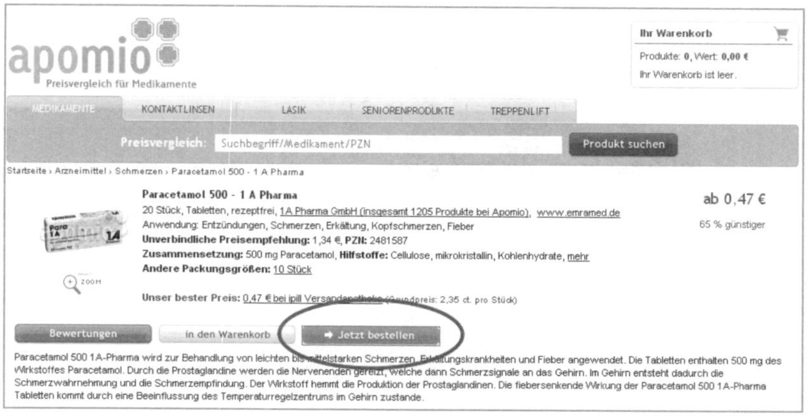

Welche Webseiten helfen mir dabei, eine Medikament dort zu kaufen, wo es am preisgünstigsten ist?

In der Tabelle habe ich in diesem Zusammenhang sehr empfehlenswerte Anbieter für Sie zusammengestellt. Übrigens können sich auch die Preise der Apotheken vor Ort unterscheiden – prüfen Sie genau nach! In der Regel liefern deutsche Apotheken auch nach Österreich und in die Schweiz.

> **Der Gesamtpreis zählt!**
>
> Wichtig: Rechnen Sie stets auch die Versandkosten mit ein – nur so können Sie wirkliche Schnäppchen machen!

Webadresse	Was ist hier zu finden?
http://www.apomio.de	Tippen Sie den Namen des Medikaments ins Suchfeld ein, drücken Sie die Enter-Taste und starten Sie einen Preisvergleich. Auch eine spezielle Kategorie für Seniorenprodukte steht zur Verfügung.
http://www.medizinfuchs.de	Auch diesen Anbieter für Preisvergleiche von Medikamenten kann ich sehr empfehlen. Eine Ersparnis von 70 Prozent oder sogar noch mehr ist keine Seltenheit!
http://www.medvergleich.de	Diese Webseite vergleicht ebenfalls die Preise von Medikamenten. Besonders praktisch finde ich hier die Aufteilung nach verschiedenen Produktkategorien.
http://www.mopleg.de	Ein Medikamenten-Preisvergleich, der auf jeglichen Schnickschnack verzichtet. Sie finden hier ein Suchfeld, mit dessen Hilfe Sie nach dem gewünschten Medikament suchen – fertig!
http://www.apotheken.de	Auf dieser Webseite finden Sie stationäre Apotheken in Ihrer Nähe –hier kann sich ebenfalls ein Preisvergleich lohnen! Auch die aktuellen Notdienste sowie eine Reihe weiterer Informationen rufen Sie hier ab.

Pinnwand

Interessante Webadressen

____

____

____

____

Eine Webseite lässt sich im Internet Explorer 8 nicht anzeigen. Versuchen Sie es mit der Kompatibilitätsansicht, die Sie mit einem Klick auf aktivieren.

Wussten Sie das schon? Der Versandhandel von Arzneimitteln über das Internet ist erst seit dem 1. Januar 2004 erlaubt – und zwar ausschließlich für Apotheken.

Platz für Ihre Passwörter

____

____

____

____

Sonstige Notizen

____

____

____

____

Sie waren in einem Krankenhaus und wollen anderen Nutzern mitteilen, wie zufrieden bzw. unzufrieden Sie waren? Das geht unter dieser Webadresse: *http://www.klinikbewertungen.de*.

6

Mit Sport und Wellness zu mehr Lebensfreude

Um bis ins hohe Alter gesund und fit zu bleiben, müssen Sie etwas tun! Bleiben Sie körperlich und vom Kopf her beweglich, um Ihren Alltag auch in einigen Jahrzehnten noch selbst meistern zu können. Sport und Wellness helfen Ihnen dabei, und das Beste: Es tut gut und gibt ein gutes Gefühl! In diesem Kapitel stelle ich Ihnen die besten Angebote zum Thema vor: verschiedene Sportarten, Gehirnjogging und mehr!

Tennis, Golf und mehr: Webangebote zu Ihren beliebtesten Sportarten

Sport hält jung! Trainieren Sie regelmäßig, um Ihre Muskulatur, Ihr Herz und die Kondition zu stärken. Hier zeige ich Ihnen Webseiten, auf denen Sie Informationen auch zu Ihrer Lieblingssportart finden.

Allgemeine Webseiten zum Thema Sport

Wie ist das Tennismatch gestern ausgegangen? Wie sieht die aktuelle Bundesligatabelle aus? Wie kann ich mich selbst fit halten? In der Tabelle habe ich empfehlenswerte Seiten rund um den Sport für Sie zusammengestellt.

Webadresse	Was ist hier zu finden?
http://www.sportschau.de	Der Webauftritt der ARD-Sportschau bietet Ihnen aktuelle Nachrichten aus der Welt des Sports sowie zahlreiche Videos und Programmhinweise.
http://www.sport1.de	Ein umfangreiches Sportportal mit Nachrichten, Tabellen und allem, was Sportinteressierte sonst noch wissen wollen. Hier finden Sie sicher auch Informationen zu Ihrem Lieblingssport.
http://www.kicker.de	Der Ableger der Fußballzeitschrift Kicker bietet Nachrichten und Tabellen nicht nur rund um den Fußball, sondern auch zu anderen Sportarten, wie Radsport, Formel 1, Tennis etc.
http://www.sport.ch	Unter dieser Webadresse finden Sie Sportnachrichten, -videos und -bilder nicht nur aus der Schweiz! Bei vielen Sportereignissen sind Sie hier außerdem live dabei.
http://www.richtigfit-ab50.de	Unter dieser Webadresse finden Sie ein Angebot des Deutschen Olympischen Sportbunds, das speziell auf die Bedürfnisse älterer Menschen ausgerichtet ist.

Hier können Sie Ihre Fragen rund um den Sport stellen

Gibt es eine Laufgruppe in Ihrer Nähe? Welchen Sport treiben andere Senioren? Wer gewinnt die nächste Fußballweltmeisterschaft? Die Ratgeber-Community gutefrage.net bietet einen Ableger für Sportinteressierte, und zwar unter der Webadresse *http://www.sportlerfrage.net* – lassen Sie Ihre individuellen Fragen hier von anderen Nutzern kostenlos beantworten.

Webseiten zu Ihren beliebtesten Sportarten

Sie suchen Informationen zu einer speziellen Sportart? Dann schauen Sie sich doch mal die Webseiten an, die ich Ihnen in der folgenden Tabelle zu besonders beliebten Sportarten vorstelle, nämlich Tennis, Schwimmen, Golf, Radsport und Leichtathletik.

Webadresse	Was ist hier zu finden?
http://www.dtb.de	Unter dieser Webadresse finden Sie den Webauftritt des deutschen Tennisbunds mit vielen Nachrichten und Listen zum Thema, aber auch weiterführenden Links.
http://www.dsv.de	Schwimmen Sie gern? Über entsprechende Angebote informieren Sie sich am besten auf den Webseiten des deutschen Schwimmverbands.
http://www.golf.de	Ein Golfportal des deutschen Golf-Verbands. Wer sich für den Golfsport interessiert, findet hier alle möglichen Informationen und Nachrichten.
http://www.rad-net.de	Dieses Portal rund um den Radsport wird vom Bund deutscher Radfahrer betrieben. Die Webseite macht Lust, sich mal wieder auf den Drahtesel zu schwingen!
http://www.leichtathletik.de	Ein Angebot des deutschen Leichtathletikverbands mit vielen Informationen auch zum Seniorensport sowie zu beliebten Sportarten wie beispielsweise Nordic Walking.

Vereine und Sportpartner finden

Gemeinsam macht Sport einfach mehr Spaß; darüber hinaus kann Sie ein Sportpartner zusätzlich motivieren – und er gibt mehr Sicherheit. Warum suchen Sie Sportpartner nicht einfach übers Internet?

Webadresse	Was ist hier zu finden?
http://www.sports-meeting.de	Suchen Sie einen Partner zum Walken oder Tennisspielen? Unter dieser Webadresse können Sie Ihre Suchanzeige kostenlos eintragen bzw. die Einträge anderer Nutzer durchstöbern.
http://www.meinsport.de	Hierbei handelt es sich um eine Sport-Community, bei der jedes Mitglied – wie bei einer Partnerbörse – ein Profil erstellt, um andere Nutzer kennenlernen zu können.
http://www.sportlich.at	Auch dieses Webangebot dient dazu, mit anderen Sportinteressierten Kontakt aufzunehmen – und zwar sowohl in Österreich als auch in der Schweiz und in Deutschland.
http://www.sportvereinsuche.de	Eine unscheinbare Suchmaschine, die aber erstaunlich gute Treffer liefert. Hier finden Sie einen passenden Sportverein sicher auch in Ihrer Nähe!
http://www.meinverein.de	Nach eigenen Angaben die größte Vereins-Community Deutschlands. Hier finden Sie Vereine aller Art – natürlich auch jede Menge Sportvereine.

Wellness und sanftes Heilen: Hier werden Sie zu diesen Themen fündig

Um gesund zu bleiben oder die Genesung zu unterstützen, gibt es eine Menge alternativer Möglichkeiten, die den Besuch bei Ihrem Arzt ergänzen können. Ich stelle Ihnen in diesem Zusammenhang besonders empfehlenswerte Webangebote vor.

Alles zur Naturheilkunde

Muss es immer gleich Chemie sein? Nein, sicher nicht. Welche Alternativen es gibt, erfahren Sie unter den Webadressen, die ich in der folgenden Tabelle für Sie zusammengestellt habe.

Webadresse	Was ist hier zu finden?
http://www.yamedo.de	Dieses „Portal für alternative Medizin, Naturheilkunde und Wellness" bietet eine Menge Informationen zum Thema. Als sehr nützlich können sich auch die Hinweise zum barrierefreien Wohnen erweisen.
http://www.naturheilkunde24.com	Diese Webseite enthält Nachrichten und vieles Wissenswerte zur Naturheilkunde. Abgerundet wird das Ganze durch Rezepte sowie nützliche Tipps und Tricks.
http://www.naturheilkundelexikon.de	Dieses umfangreiche Lexikon zur Naturheilkunde wird von einem Heilpraktiker betrieben. Klicken Sie einfach einen Buchstaben und dann einen Begriff an – schon erhalten Sie Informationen dazu.
http://www.forum-naturheilkunde.de	Eine gut aufgemachte Webseite rund um die Naturheilkunde – mit vielen interessanten Artikeln sowie einem Forum zum Austausch mit anderen Nutzern.
http://www.gesundheitsnetz-deutschland.de	Sie suchen nach einem Heilpraktiker, nach alternativen Therapien, Beratung oder auch regulären Ärzten? Auf dieser Webseite werden Sie ganz bestimmt fündig.

Wellnessangebote im World Wide Web

Sauna, Entspannung, Massage, gesunde Ernährung und noch viel mehr – alles was gesund ist, wohltut und glücklich macht, firmiert unter dem Begriff Wellness. Ein Besuch der folgenden Webseiten lohnt sich!

Webadresse	Was ist hier zu finden?
http://www.wellnessverband.de	Hier erfahren Sie, was Ihnen guttut! Neben ausführlichen Informationen zu den verschiedensten Wellnessangeboten gibt es auch wichtige Verbrauchertipps.
http://www.das-wellness-lexikon.de	Informieren Sie sich über die verschiedensten Begriffe aus dem Wellnessbereich, ohne dass Ihnen jemand gleich ein Produkt dazu andrehen möchte.
http://www.wellness-gesund.info	Hier finden Sie jede Menge nützlicher Informationen und Nachrichten zu verschiedenen Wellnessthemen. Darüber hinaus sind gleich mehrere Onlinelexika im Angebot.
http://www.baederkalender.de	Heilbäder, Kurorte und sonstige Wellnessanbieter finden – kein Problem im Onlinebäderkalender, den Sie unter dieser Webadresse aufrufen.
http://www.baeder-fuehrer.ch	Ein in der Schweiz betriebener Bäderführer mit vielen Wellnessadressen in Deutschland, Österreich und der Schweiz sowie nützlichen Informationen zum Thema.

Onlinemagazine zu Wellness und sanftem Heilen

Gerade im Bereich Naturheilkunde und Wellness werden gute Geschäfte gemacht! Damit Sie nicht über den Tisch gezogen werden, informieren Sie sich unbedingt, welche Behandlungen wirklich sinnvoll sind. Die folgenden Onlinemagazine können Ihnen dabei eine wichtige Hilfe sein!

Webadresse	Was ist hier zu finden?
http://www.paradisi.de	Ein attraktiv aufgemachtes Informationsportal „rund um Wellness, Beauty, Gesundheit, Ernährung, Fitness und Lifestyle" – hier finden Sie viele Artikel, die auch Sie interessieren!
http://www.wellness-magazin.at	Der Webauftritt des österreichischen Wellnessmagazins mit vielen interessanten Artikeln und Tipps zum Thema sowie der Möglichkeit, das umfangreiche Archiv zu durchsuchen.
http://www.wellnessing.de	Ein Onlinemagazin zum Thema Wellness mit vielen Nachrichten und Artikeln. Im umfangreichen Archiv der Webseite können auch ältere Beiträge nachgelesen werden.
http://www.ihr-wellness-magazin.de	Ein weiteres umfangreiches Onlinemagazin rund um die Themen Wellness und Gesundheit. Toll: Die einzelnen Magazine lassen sich auf den Computer herunterladen, um sie auch ohne Internetverbindung lesen zu können.
http://www.vital.de	Der Onlineableger der Zeitschrift Vital bietet ebenfalls viele Informationen, Nachrichten, Tipps, Rezepte und mehr rund um Gesundheit, Wellness und Wohlgefühl.

Geistig fit bis ins hohe Alter: Gehirnjogging im World Wide Web

Sie wollen Gehirnjogging betreiben? Kein Problem: Das Internet bietet hierzu einige hervorragende Möglichkeiten. Die empfehlenswertesten Webseiten dazu stelle ich Ihnen vor.

Gehirnjogging – was heißt das?

Unter Gehirnjogging versteht man schlicht, das eigene Gehirn durch verschiedene Übungen zu trainieren. Das können kleine mathematische Aufgaben sein, Rätsel oder sonstige Übungen.

Wie kann ich mein Gehirn im Internet trainieren?

Sie finden im World Wide Web eine ganze Reihe von Webseiten, die entsprechende Übungen für Sie bereitstellen, empfehlenswert ist etwa die Seite *http://www.mental-aktiv.de* mit interaktiven Übungen, die noch dazu eine Menge Spaß bereiten!

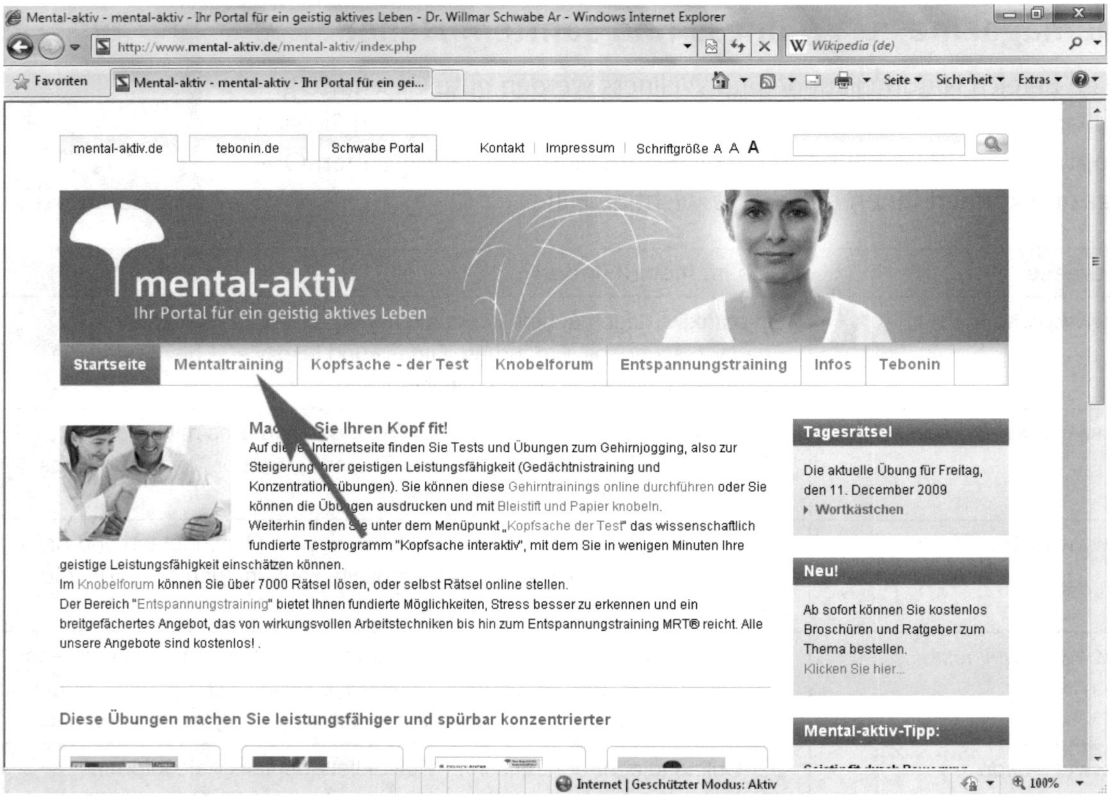

Nützliches Gehirnjogging zum Nulltarif – wirkungsvolle Übungen finden Sie beispielsweise unter der Webadresse http://www.mental-aktiv.de.

Wie läuft eine Gehirnjogging-Übung ab?

Das richtet sich ganz nach dem Anbieter und der Übung. Bei einem Sudoku werden Sie in der Regel in ein Zahlenfeld klicken und es dann mit der entsprechenden Ziffer füllen; manche Rätsel beantworten Sie für sich selbst; bei einigen Übungen beweisen Sie Gehirn und Geschick in einem interaktiven Element, das in eine Webseite eingebaut wurde.

Ein Beispiel für eine Gehirnjogging-Übung unter http://www.mental-aktiv.de: Die einzelnen Buchstaben müssen mit der Maus ins passende Feld gezogen werden, um die Frage zu beantworten.

Welche Webseiten bieten mir Möglichkeiten, mein Gehirn zu trainieren?

Einige der Seniorenportale, die ich Ihnen in Kapitel 2 vorgestellt habe, bieten entsprechende Möglichkeiten, etwa *http://www.ahano.de*. Darüber hinaus gibt es weitere empfehlenswerte Webadressen, die Sie der folgenden Tabelle entnehmen.

Webadresse	Was ist hier zu finden?
http://www.mental-aktiv.de	Diese Webseite wird von einem Hersteller pflanzlicher Arzneimittel betrieben. Die hier angebotenen Gehirnjogging-Übungen sind leicht verständlich und machen sogar richtig Spaß!
http://www.denksport.de	Hier finden Sie jede Menge Rätsel, mit denen Sie Ihre Gehirnwindungen trainieren; auch ein Sudoku steht täglich neu bereit, um regelmäßig Ihre Denkfähigkeiten zu trainieren.
http://www.hirnsport.de	Unter dieser Webadresse finden Sie neben vielen Aufgaben und Rätseln auch Techniken, um Ihr Gedächtnis oder die Kreativität zu verbessern.
http://www.janko.at	Auf dieser von zwei Österreichern betriebenen Webseite finden Sie jede Menge pfiffiger Rätsel und Gehirnjogging-Spiele, von denen die meisten direkt online gelöst werden können.
http://www.uebi.de	Diese Webseite beinhaltet eine Sammlung von Denkspielen und Rätseln, mit denen Sie Ihre Gehirnwindungen schnell zum Glühen bringen werden.

Zeit zu leben: Webangebote für noch mehr Lebensfreude

Zur Lebensfreude gehört nicht nur die körperliche Gesundheit – auch psychisches Wohlbefinden ist gefragt. Gern zeige ich Ihnen die in diesem Bereich besten Webangebote.

Haben solche Angebote mit Religion oder Kirche zu tun?

Nein, nicht unbedingt. Alle Interessierten finden aber auch auf den Webseiten der großen Kirchen Hinweise zu Seelsorge, Beratung etc. Katholiken rufen dazu die Webseite ihrer Kirche unter *http//www.katholische-kirche.de* (bzw. *http://www.kath-kirche.at* oder *http://www.kath.ch*) auf, Protestanten wählen *http://www.ekd.de* (bzw. *http://www.evang.at* oder *http://www.ref.ch*).

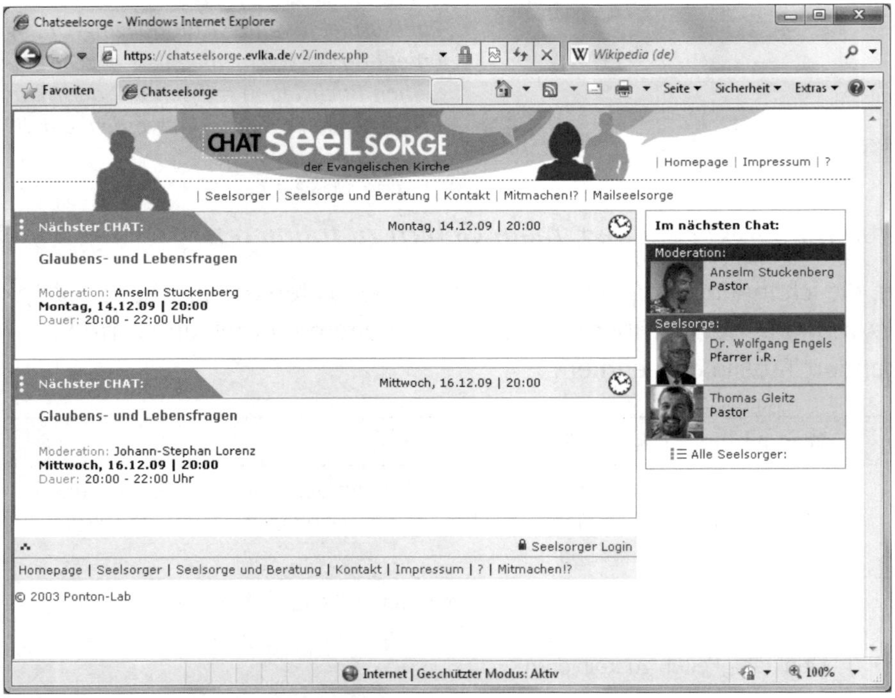

Kirchen können zu mehr seelischem Wohlbefinden verhelfen, z. B. durch die Chatseelsorge der evangelischen Kirche unter http://www.chatseelsorge.de.

Welche weiteren Angebote stehen zur Verfügung?

Es gibt eine ganze Reihe von Webseiten, die sich Angeboten zur Lebenshilfe im weitesten Sinne widmen. Diese werden häufig von Psychologen, Autoren oder anderen Interessierten betrieben und können Ihnen viele nützliche Anregungen geben. Unter *http://www.zeitzuleben.de* beispielsweise können Sie sich stundenlang aufhalten: Sie finden viele Artikel, aber auch ein Forum zum Austausch mit anderen Nutzern, Blogs sowie Formulare zum kostenlosen Herunterladen.

Zeitzuleben.de gibt es bereits seit 1998; die Webseite wird von einem Ehepaar in Deutschland betrieben und wartet mit vielen Informationen und Tipps zu Zeitplanung, Lebensführung, gesundem Denken und Weiterem auf.

Welche Webseiten geben mir Tipps und Hinweise, wie ich glücklicher und zufriedener leben kann?

Ich habe eine Reihe verschiedener Webadressen gesammelt und hoffe, dass etwas Passendes für Sie dabei ist – jeder geht im Leben schließlich andere Wege.

Webadresse	Was ist hier zu finden?
http://www.zeitzuleben.de	Auf dieser Webseite finden Sie jede Menge Artikel, Tipps und Listen zu den Themen Persönlichkeitsentwicklung, Psychologie, Partnerschaft und zu vielem mehr. Absolut lesenswert!
http://www.gehirn-und-geist.de	Eine Webseite rund um den Geist und das Denken - mit Themen wie „Wege zur Weisheit" oder „Schlafforschung" sowie aktuellen Nachrichten zum Thema.
http://www.simplify.de	Unter dieser Webadresse wird fleißig für die bekannten Bücher der „Simplify"-Reihe geworben, aber es gibt doch auch zahlreiche Tipps dazu, wie das Leben einfacher und zufriedener gestaltet werden kann.
http://www.leben-mit-lust.de	Eine nett gestaltete Webseite, die zahlreiche Weisheiten zu Alltagsfragen versammelt. Hier findet jedermann Anregungen, im eigenen Leben noch glücklicher zu werden.
http://www.telefonseelsorge.de	Wenn Sie bei Problemen mal einen persönlichen Ansprechpartner brauchen: Wählen Sie die kostenlose Rufnummer der Telefonseelsorge - alle Infos dazu unter dieser Webadresse.

Pinnwand

Den Browserverlauf im Internet Explorer 8 beseitigen: Am schnellsten geht das mit der Tastenkombination [Strg]+[Umschalt]+[Entf].

Europameister bei der Internetnutzung ist übrigens Island: Dort nutzen 86 Prozent der Bevölkerung das Internet – in Deutschland sind es nur rund 60 Prozent.

Deutsche Nachwuchssportler fördern: Diesem Anliegen widmet sich die Stiftung Deutsche Sporthilfe, die Sie unter *http://www.sporthilfe.de* finden.

7

Kunst und Fotografie: fantastische Webangebote für Ihr Hobby

Das Alter bringt längst nicht nur Nachteile. Beispielsweise haben Sie jetzt endlich mehr Zeit für Ihre Hobbys! Im World Wide Web tummeln sich jede Menge Menschen, die Ihre Interessen teilen. Wer sich für bildende Kunst und Fotografie interessiert, greift auf eine schier unerschöpfliche Fundgrube zu, die jedes Museum in den Schatten stellt. Außerdem finden Sie blitzschnell jeden gesuchten Ausstellungstermin!

Halten Sie sich über Ausstellungs- und Veranstaltungstermine auf dem Laufenden

Normalerweise stoßen Sie eher zufällig auf Ausstellungs- und Veranstaltungstermine, etwa wenn im Fernsehen darüber berichtet wird. Doch Sie können auch gezielt nach interessanten Veranstaltungen suchen – via Internet!

Kann ich nach Veranstaltungen nicht einfach bei Google suchen?

Doch, selbstverständlich! Die Suche bei Google (siehe auch Kapitel 2) ist insbesondere dann nützlich, wenn Sie nach bestimmten Veranstaltungen an einem bestimmten Ort suchen. Dann helfen Suchanfragen wie *kunstausstellung fulda*, um – falls verfügbar – entsprechende Veranstaltungen ausfindig zu machen.

In welchen Fällen ist die Google-Suche nach Veranstaltungen nicht empfehlenswert?

Nun, Sie werden nicht immer nach konkreten Veranstaltungen suchen, sondern sich einfach darüber informieren wollen, was in der Nähe so alles angeboten wird. In solchen Fällen bieten sich Veranstaltungskalender im World Wide Web an – sie sind aktuell und können meist nach verschiedenen Kriterien durchsucht an.

Das hört sich gut an! Gibt es hierzu ein Beispiel?

Angenommen, Sie wohnen in Stuttgart und wollen sich darüber in Kenntnis setzen, welche Veranstaltungen dort in der nächsten Zeit stattfinden: Besuchen Sie dann eine Webseite wie *http://www.kulturserver.de* und gehen Sie folgendermaßen vor:

1

Klicken Sie im Menü links auf *Veranstaltungen*.

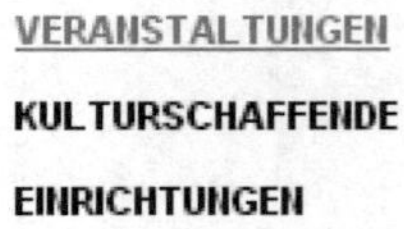

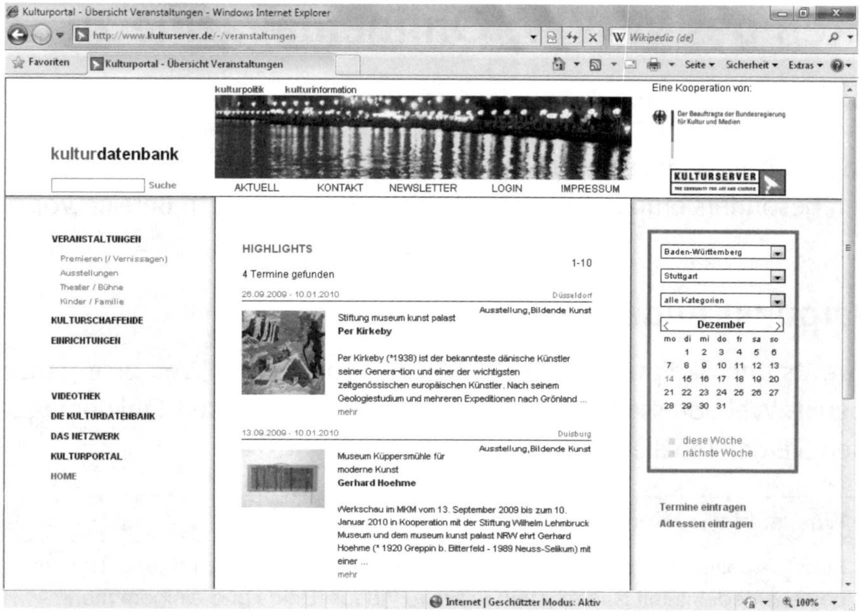

2

Mithilfe des Suchformulars wählen Sie nun die gewünschte Stadt sowie gegebenenfalls eine bestimmte Veranstaltungsart aus. Klicken Sie dann auf *diese Woche* bzw. *nächste Woche*, um sich die entsprechenden Termine anzeigen zu lassen.

Unter welchen Webadressen finde ich Ausstellungen und Veranstaltungen, die mich interessieren könnten?

In diesem Zusammenhang besonders empfehlenswerte Adressen habe ich in der Tabelle für Sie zusammengestellt. Es werden jeweils Veranstaltungen aus ganz Deutschland bzw. dem deutschsprachigen Raum gelistet.

Webadresse	Was ist hier zu finden?
http://www.kulturserver.de	Unter dieser Webadresse finden Sie eine „Kultur-Datenbank“ mit vielen Premieren, Vernissagen und Ausstellungen aus ganz Deutschland. Auch eine „Videothek“ für künstlerisch wertvolle Filme steht zur Verfügung.
http://www.ticketinformation.de	Auf dieser Webseite werden eigentlich Eintrittskarten verkauft, gleichzeitig können Sie aber auch Veranstaltungstermine aus den verschiedensten Bereichen abrufen.
http://veranstaltungen.spiegel.de	Unter dieser Webadresse bietet das Nachrichtenmagazin Spiegel einen umfangreichen Veranstaltungsterminkalender mit praktischem Suchformular an.
http://www.aktuelle-veranstaltungen .at	Ein erstklassiger Veranstaltungskalender für Österreich mit Tausenden von gelisteten Veranstaltungen aus allen möglichen Bereichen der Kultur.
http://www.events.ch	Ein riesiger Veranstaltungskalender für die Schweiz mit praktischer Suchfunktion: Wählen Sie aus, welche Veranstaltungen Sie in welcher Region suchen, und los geht's!

Die schönen Seiten des WWW: Onlinemagazine zu Kunst und Kultur

Kultur finden im World Wide Web – das fällt gar nicht schwer, wenn man danach sucht. Gern stelle ich Ihnen im Folgenden besonders empfehlenswerte Webseiten aus diesem Bereich vor.

Magazine mit Schwerpunkt bildende Kunst

Sie interessieren sich für Porträts und Skulpturen? Dazu hält das World Wide Web eine ganze Menge Webseiten für Sie bereit. Webadressen von besonders empfehlenswerten Onlinemagazinen zum Thema entnehmen Sie der Tabelle.

Webadresse	Was ist hier zu finden?
http://www.art-magazin.de	Kunst, Architektur, Design – auf dieser Webseite werden Sie zu diesen Themen bestens bedient: mit Nachrichten, Artikeln, Videos, Blogs und einigem mehr.
http://www.artnet.de	Unter dieser Webadresse gibt es neben Nachrichten und Artikeln auch umfangreiche Datenbanken mit Künstlern, Galerien, Preisen und Auktionen.
http://www.kultura-extra.de	Dieses Onlinemagazin zu allen Bereichen der Kultur ist aus einer studentischen Initiative hervorgegangen und wartet mit vielen interessanten Artikeln auf.
http://www.art-in.de	Neben Meldungen aus der Kunstszene finden Sie hier auch jede Menge Links zu Museen, Stiftungen, Auktionshäusern, Kunstvereinen und weiteren Institutionen.
http://www.artmagazine.cc	Ein Onlinemagazin für bildende Kunst. Auf dieser Webseite finden Kunstfreunde so ziemlich alles, was sie interessiert: Berichte, Bilder sowie zahlreiche weiterführende Informationen.

Wollen Sie selbst Texte veröffentlichen?

Muss es gleich ein Buch sein? Wer selbst schreibt, dem bietet das World Wide Web eine einfache Möglichkeit, seine Werke zu veröffentlichen und Kommentare dazu einzuholen, etwa unter der Webadresse *http://www.writeatext.de*. Falls Sie ein Buch veröffentlichen wollen, das in gedruckter Form erhältlich ist: Unter der Webadresse *http://www.lulu.com* können Sie dieses kostenlos veröffentlichen – die Exemplare werden dann jeweils „on demand" (bei Bedarf) gedruckt, sobald eine Bestellung eingeht. Sogenannte Zuschussverlage, bei denen Sie für die Veröffentlichung eines Buchs bezahlen müssen, werden dadurch überflüssig.

Magazine mit Schwerpunkt Musik

Auch zum Thema Musik gibt es viele Onlinemagazine im World Wide Web. In der Tabelle habe ich empfehlenswerte Magazine für Klassik, Jazz sowie populärer Musik für Sie gesammelt.

Webadresse	Was ist hier zu finden?
http://www.klassik.com	Die Webadresse verrät es bereits: In diesem Onlinemagazin dreht sich alles um die klassische Musik, also um Nachrichten, Kritiken und Premierentermine.
http://www.rondomagazin.de	Rondo widmet sich nicht nur der Klassik, sondern auch der Jazzmusik. Das Magazin bietet viele Rezensionen und Termine sowie ein Archiv zum Stöbern.
http://www.jazzdimensions.de	Freunde des Jazz kommen unter dieser Webadresse voll auf ihre Kosten. Mit deutschsprachigen Interviews, Reviews und Tourterminen zu „jazz, worldmusic, songwriting & more".
http://www.musikmarkt.de	Wer sich eher mit populärer Musik anfreunden kann, findet unter dieser Webadresse Nachrichten, Charts, Termine und vieles mehr vor allen Dingen zu Pop- und Rockmusik.
http://www.smago.net	Dieses „Online-Magazin für deutsche Musik" bietet Artikel rund um deutsche Musik an, egal ob es sich dabei um Volksmusik, Schlager oder aktuelle Popmusik handelt.

Magazine mit Schwerpunkt Literatur

Wer sich für Literatur interessiert, kommt im World Wide Web voll auf seine Kosten! In der Tabelle stelle ich Ihnen empfehlenswerte Webadressen zu diesem Thema vor.

Webadresse	Was ist hier zu finden?
http://www.perlentaucher.de	Der Schwerpunkt dieses „Kulturmagazins" liegt klar auf Büchern und Literatur. Sie finden hier Lesetipps sowie aktuelle Rezensionen, die Ihnen bei der Lektüreauswahl weiterhelfen.
http://www.lyrikwelt.de	Diese Webseite bietet Nachrichten und Rezensionen aus der Lyrikwelt und wartet darüber hinaus mit Informationen zu Wettbewerben und Terminen auf.
http://www.litrix.de	Dieses Onlinemagazin wird vom Goethe-Institut betrieben. Literaturfreunden werden hier Bücher und Autoren vorgestellt; darüber hinaus informieren verschiedene Artikel über Neues aus der Literaturszene.
http://www.titel-magazin.de	Auch hier gibt es Rezensionen und Termine rund um die Literatur; die übersichtliche Einteilung in Kategorien hilft Ihnen dabei, schnell die für Sie interessanten Themen zu finden.
http://www.krimi-couch.de	Diese Webseite ist ein Muss für alle Freunde der Kriminalliteratur! Es werden neue Krimis ausführlich vorgestellt; im gut besuchten Krimiforum können Sie mit anderen Lesern diskutieren.

Digitalfotografie als Hobby? – Diese Webangebote müssen Sie einfach kennen

Digitales Fotografieren ist eine tolle Freizeitbeschäftigung auch für ältere Menschen. Wenn Sie sich für dieses Thema interessieren, werden Ihnen die Webangebote, die ich Ihnen hier vorstelle, sicherlich gut gefallen!

Onlinemagazine zur Digitalfotografie

Für welche Kamera soll ich mich entscheiden? Wie kann ich noch bessere Aufnahmen machen? Holen Sie sich Tipps und Informationen in Onlinemagazinen rund um die Digitalfotografie!

Webadresse	Was ist hier zu finden?
http://www.digitalkamera.de	Ein sehr empfehlenswertes und umfangreiches Onlinemagazin zur Digitalfotografie mit Nachrichten und Informationen, Tests, Fototipps und mehr.
http://www.colorfoto.de	Auch dieses Onlinemagazin zum Thema Digitalfotografie lässt keine Wünsche offen und wartet mit jeder Menge nützlicher Informationen für Sie auf.
http://www.photographie.de	Der Webauftritt des Magazins „Photographie“ wartet mit aktuellen Informationen und Tests, aber auch imposanten Bildern auf. In jedem Fall einen Besuch wert!
http://www.fotointern.ch	Unter dieser Webadresse finden Sie ein Onlinemagazin zur Digitalfotografie, das in der Schweiz betrieben wird. Mit vielen interessanten Artikeln und schönen Bildern.
http://www.foto-links.com	Auf dieser Webseite wurde jede Menge Webadressen rund um die Fotografie für Sie zusammengetragen – da finden Sie bestimmt auch das für Sie Passende!

Digitalfotos für wenig Geld zu Papier bringen

Laden Sie Ihre Fotos ins Internet hoch und erhalten Sie nach kurzer Zeit Abzüge, Fotokalender, bedruckte Kaffeetassen und vieles Weitere. Empfehlenswerte Webadressen finden Sie hier.

Webadresse	Was ist hier zu finden?
http://www.aldifotos.de	Es gibt Fotoservices ohne Ende. Da gewinnt, wer Qualität und günstige Preise unter einen Hut zu bringen vermag. Beim Aldi-Fotoservice bestellen Sie nicht nur Abzüge, sondern auch Tassen, Fotobücher, Poster und noch mehr!
http://www.dm-digifoto.de	Auch die Drogeriemarktkette dm bietet einen erstklassigen Fotoservice. Praktisch: Sie können die Fotos auch direkt im Markt vor Ort ausdrucken bzw. abholen und so die Versandkosten sparen.

Webadresse	Was ist hier zu finden?
http://www.bessere-bilder.de	Es gibt sehr viele weitere Fotoservices – einen Preisvergleich können Sie unter dieser Webadresse anstellen: Einfach die gewünschte Fotoanzahl eingeben, und los geht's!
http://www.ifolor.ch	Ein schweizerischer Fotoservice, bei dem alle Eidgenossen gut aufgehoben sind. Auch hier stehen neben normalen Abzügen der Digitalfotos weitere Fotoprodukte zur Verfügung.
http://www.foto.at	Eine sehr gute Adresse für alle, die in Österreich Fotos, Fotokalender, Fotobücher und vieles Weitere übers Internet bestellen möchten.

Wie funktioniert ein Fotoservice?

Das Prinzip ist ganz einfach: Sie laden Ihre Bilder per Mausklick von der Festplatte ins Internet und wählen das gewünschte Format aus. Anschließend registrieren Sie sich, machen Angaben zu den Zahlungsmodalitäten und schicken die Bestellung ab – bereits nach kurzer Zeit erhalten Sie Ihre Bilder per Post zugesandt! Wichtig: Lassen Sie sich nicht allein von den Kosten pro Bild blenden, sondern beziehen Sie auch die Versandkosten in Ihre Kalkulationen mit ein!

Fotografen für jeden Anlass finden

Die Silberhochzeit steht an, und Sie würden diesen Ehrentag gern auf professionellen Fotos verewigen? Passende Fotografen finden Sie mithilfe der Webadressen in der folgenden Tabelle.

Webadresse	Was ist hier zu finden?
http://www.berufsfotografen.com	Eine umfangreiche Fotografen-Datenbank im World Wide Web. Die Fotografen sind übersichtlich nach verschiedenen Kategorien sortiert – so finden Sie schnell den gesuchten Fotoprofi, selbstverständlich auch in Österreich und der Schweiz!
http://www.get-foto.de	Auf dieser Webseite sind Fotografen aus ganz Deutschland sowie Österreich und der Schweiz eingetragen. Vielleicht werden Sie hier ja fündig?
http://www.fotografen-suche.com	Eine praktische Suchmaschine zur Suche nach Fotografen. Leider sind auf der relativ neuen Webseite noch nicht sehr viele Adressen gelistet, die Datenbank wird jedoch laufend aktualisiert.
http://www.freelancer-suche.com	Sie können Sie sich von einem Fotografen auch finden lassen: Machen Sie einfach Angaben zum gewünschten Projekt und warten Sie auf geeignete Angebote!
http://www.hochzeitsfotografen-deluxe.com	Vielleicht wollen Sie auch im gesetzteren Alter noch mal vor den Traualtar treten? Geeignete Hochzeitsfotografen aus dem deutschsprachigen Raum werden auf diesen Webseiten gelistet.

Bilder finden oder eigene Fotos kostenlos im Internet präsentieren

Nur für sich selbst zu fotografieren, macht zwar Spaß, ist aber noch nicht sehr befriedigend. Erst wenn Sie Ihre Bilder mit anderen Menschen teilen können, ist die Freude vollkommen. Ich empfehle die Nutzung einer Foto-Community.

Eine Foto-Community – was bedeutet das?

Die Foto-Community eignet sich bestens dafür, eigene Bilder ins World Wide Web hochzuladen sowie die Bilder anderer Nutzer zu betrachten und zu kommentieren. Natürlich gibt es auch die Möglichkeit, Bilder nur für Personen freizuschalten, denen Sie eine entsprechende Einladung zusenden, z. B. um Familienfotos auszutauschen.

Moment, bitte nicht so schnell: Wie finde ich Fotos zu einem bestimmten Thema?

Das funktioniert wie bei einer Suchmaschine: Sie tippen einfach einen Suchbegriff in das Suchfeld ein und drücken die [Enter]-Taste – schon werden Ihnen, etwa unter *http://www.flickr.com*, entsprechende Fotos angezeigt, die Sie durch Anklicken vergrößern.

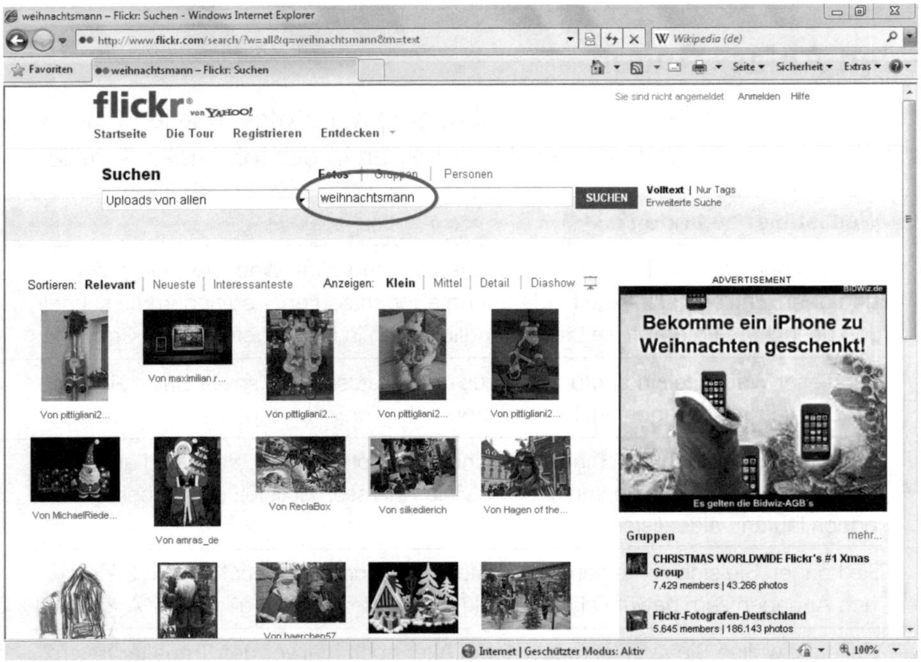

Flickr (http://www.flickr.com) ist die größte Foto-Community weltweit – sie gehört zum Unternehmen Yahoo! und wartet mit vielen Millionen Fotos auf.

Das mit der Suche nach Bildern ist ja kinderleicht! Doch wie kann ich eigene Fotos ins Internet hochladen?

Das ist ebenfalls kein Problem, erfordert aber zunächst eine Registrierung. Sobald diese erfolgt ist, läuft es bei Flickr so:

1

Sie klicken auf *Ihre ersten Fotos hochladen* ...

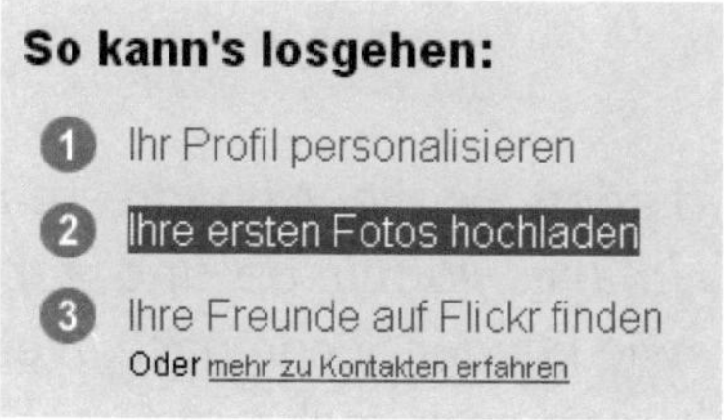

2

... und dann auf *Fotos und Videos auswählen* ➊. Suchen Sie aus, welches Bild, Sie veröffentlichen möchten ➋, und klicken Sie auf *Öffnen* ➌. Wählen Sie schließlich *Hochladen* und folgen Sie den weiteren Schritten des Assistenten ➍.

Welche Webseiten ermöglichen es mir, kostenlos eigene Bilder ins World Wide Web hochzuladen?

In der Tabelle finden Sie besonders empfehlenswerte Foto-Communitys. Entscheiden Sie selbst, welche Ihnen am meisten zusagt, und präsentieren Sie anderen Nutzern kostenlos Ihre eigenen Fotos.

Foto-Community	Webadresse des Anbieters
Flickr	*http://www.flickr.com*
Fotocommunity	*http://www.fotocommunity.de*
Sevenload	*http://de.sevenload.com*
Picasa	*http://picasaweb.google.de*
Zooomr	*http://de.zooomr.com*

Bilder aller Art finden mit der Google-Bildsuche

Eine tolle Suchmaschine für Fotos und andere Bilder bietet die Google-Bildsuche – allerdings können Sie damit keine eigenen Bilder hochladen, jedoch viele Millionen Bilder im World Wide Web finden. Und so einfach funktioniert es:

1

Laden Sie die Webadresse *http://images.google.de* und geben Sie wie bei der Suche nach Webseiten einen oder mehrere Suchbegriffe ein. Hier im Beispiel entscheide ich mich für eine Suche nach Bildern, auf die der Begriff *„gelbe tulpen"* zutrifft.

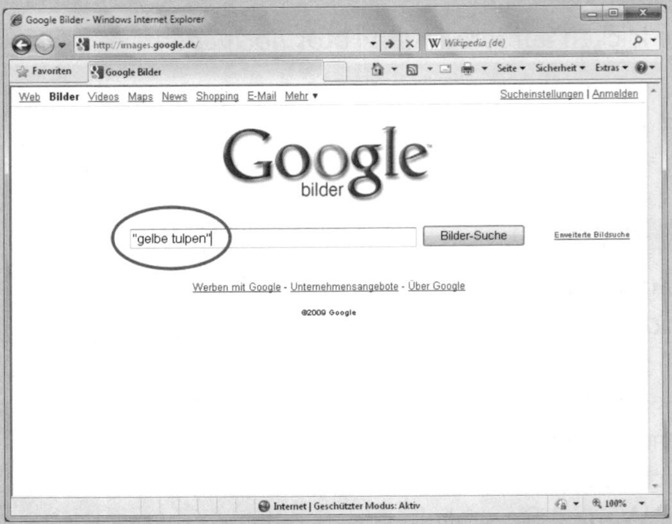

2

Schon werden die passenden Bilder aufgelistet. Zu jedem Bild erhalten Sie eine Angabe des Bildtitels, der Bildgröße sowie der Bildquelle. Um die Bildquelle zu laden, klicken Sie einfach das kleine Bild an – es lässt sich dann vergrößern.

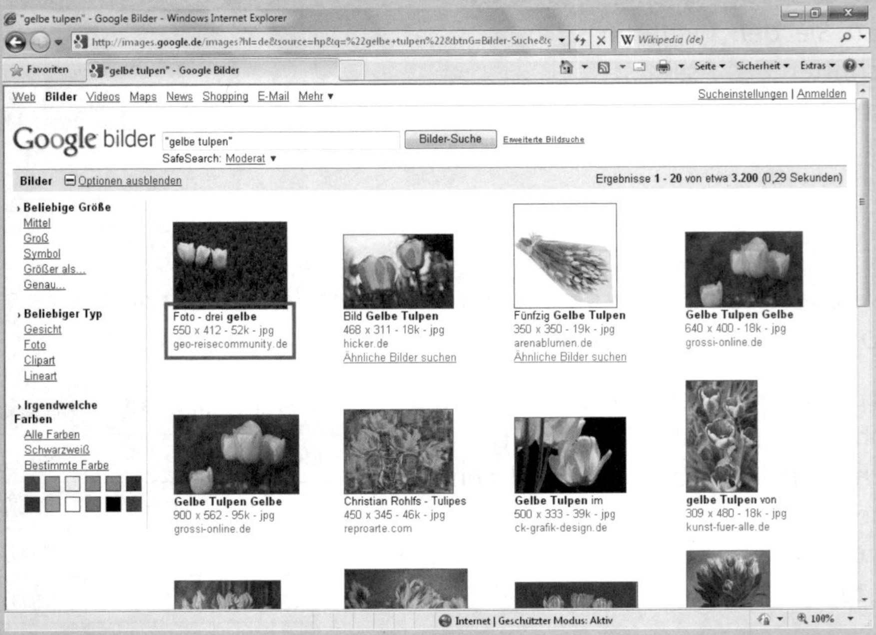

3

Aber das war es natürlich noch nicht mit der Google-Bildsuche! Links finden Sie ein Menü zum Verfeinern der Auswahl. Klicken Sie etwa auf *Groß*, um kleinere Bilder, die Sie sowieso nicht gebrauchen können, auszublenden.

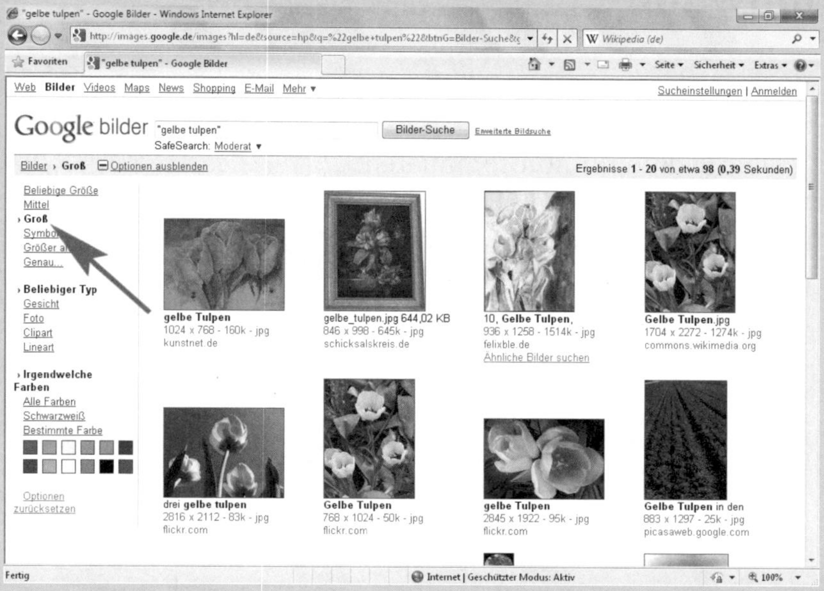

4

Soll im Bild eine bestimmte Farbe vorkommen? Selbst das können Sie festlegen: Klicken Sie dazu einfach links die gewünschte Farbe an.

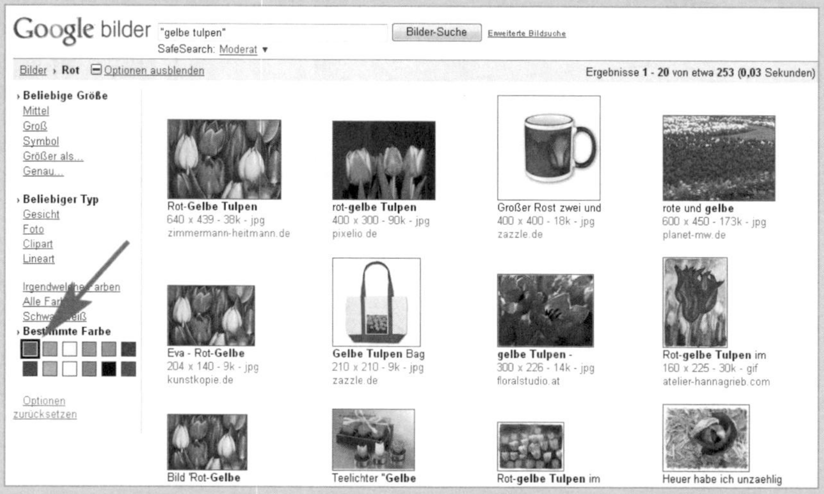

Die Google-Bildsuche bietet noch weitere Funktionen. Rufen Sie diese unter der Webadresse *http://images.google.de* ab, indem Sie rechts neben dem Suchfeld auf *Erweiterte Suche* klicken.

Zum Schluss noch ein wichtiger Hinweis: Selbstverständlich unterliegen auch Bilder im Internet dem Urheberrecht, d. h., Sie können sie zwar problemlos für den privaten Gebrauch einsetzen, für eine weitergehende Nutzung ist jedoch eine Erlaubnis des Urhebers einzuholen!

Pinnwand

Interessante Webadressen

Den Bildschirm abfotografieren: Drücken Sie hierzu die [Druck]-Taste und fügen Sie das so gewonnene Bildschirmfoto mit der Tastenkombination [Strg]+[V] in eine Anwendung wie z. B. Word ein.

Platz für Ihre Passwörter

Eine Information, die weniger erfreut: Für den Betrieb des Internets allein in Deutschland werden 2010 über 30 Milliarden Kilowattstunden Strom benötigt.

Sonstige Notizen

Möchten Sie ein Bild von einer Webseite herunterladen? Klicken Sie es dazu einfach mit der rechten Maustaste an und wählen Sie *Bild speichern unter*.

8

Nützliche Infos für Haustier und Garten

Sie haben ein Haustier oder lieben die Arbeit im Garten? Dann werden Ihnen die Webangebote, die ich Ihnen in diesem Kapitel vorstelle, besonders gut gefallen. Finden Sie im World Wide Web nützliche Informationen oder tauschen Sie sich mit anderen Nutzern über Haustierhaltung oder Gartenpflege aus. Das macht Freude und bringt allen Beteiligten etwas!

Webportale und Onlinemagazine für Haustierhalter

Im World Wide Web gibt es unglaublich viele Webseiten rund um unsere vierbeinigen Freunde. Um Ihnen da einen kleinen Überblick zu verschaffen, habe ich besonders empfehlenswerte Webadressen für Sie zusammengetragen.

Webangebote zu einzelnen Tierarten

Sie überlegen sich, ein Haustier anschaffen, oder suchen einfach nach Informationen darüber, wie Sie Ihr Haustier noch besser hegen und pflegen können? Unter den Webadressen, die ich Ihnen in der Tabelle vorstelle, werden Sie ganz bestimmt fündig!

Webadresse	Was ist hier zu finden?
http://www.hunde.de	Ein sehr empfehlenswertes Hundeportal mit vielen Informationen zu Rassen, Erziehung, Pflege, Rechtlichem und mehr, und das Ganze auch noch hübsch aufgemacht!
http://www.doggle.de	Hierbei handelt es sich um eine „Hunde-Suchmaschine", die Tausende spannender Links rund um den Vierbeiner für Sie gesammelt hat, aber auch mit eigenen Artikeln aufwartet.
http://www.katzen.de	Der Besuch dieser Webseite ist einfach ein Muss für alle Katzenfreunde, die sich hier über Haltung, Rassen und Weiteres ihres Lieblings informieren können.
http://www.tierseiten.net	Unter dieser Webadresse finden Sie eine umfangreiche Linksammlung zu Haustieren aller Art: Hunde, Katzen, Pferde, Nagetiere, Fische und andere.
http://www.haustiere-info.de	Ein Haustierverzeichnis, das zu den beliebtesten Tierarten unter anderem verschiedene Links sammelt, etwa von Züchtern, Tierpensionen, Salons oder Vereinen.

Tiervermittlung übers Internet

Wie finden Sie überhaupt ein Haustier, das zu Ihnen passt? Vielleicht ja übers Internet. In der folgenden Tabelle habe ich Webseiten für Sie gesammelt, die sich der Tiervermittlung widmen.

Webadresse	Was ist hier zu finden?
http://www.tiervermittlung.de	Eine große Webseite für die Vermittlung von Tieren aller Art. Hier finden sich auch Tiere mit Schicksalen, die betroffen machen – vielleicht haben ja Sie die Möglichkeit, eine Tierseele zu retten?
http://www.couch-gesucht.de	Auf dieser Webseite werden in erster Linie Hunde sowie Katzen vermittelt. Toll ist die Rubrik „Graue Schnauzen" zur Vermittlung speziell älterer Tiere.
http://www.tierschutz.ch	Wer in der Schweiz nach einem Haustier sucht, findet auf dieser Webseite eine Dankbank mit „heimatlosen Tieren", denen Sie ein neues Zuhause bieten können.
http://www.tiersuche.at	Auf dieser Webseite warten österreichische Haustiere auf neue Herrchen oder Frauchen; außerdem finden entlaufene Tiere zu ihren früheren Besitzern zurück.
http://www.tierheimlinks.de	Schauen Sie doch mal bei den Tierheimen in Ihrer Nähe vorbei. Unter dieser Webadresse werden sie nach Postleitzahlen sortiert aufgelistet – Sie werden staunen, wie viele es auch in Ihrem Umkreis gibt!

Onlineshops für den Tierbedarf

Vom Hundebettchen, das schwer zu transportieren ist, bis zum Tierfutter, das Sie in rauen Mengen benötigen – Sie können sich alles nach Hause liefern lassen und sparen bei einer Bestellung übers Internet häufig sogar noch Geld!

Webadresse	Was ist hier zu finden?
http://www.zooplus.de	Hier finden Sie einfach alles für Ihr Tier, und das häufig zu günstigeren Preisen als im Tierfachhandel um die Ecke. Die Lieferung Ihrer Bestellung erfolgt per Post.
http://www.schecker.de	Ein großer Anbieter speziell für Hundebedarf. Hier finden Sie so ziemlich alles für Ihren Vierbeiner: von Futter bis Halsband, von Spielzeug bis Bettchen.
http://www.petshop.de	In diesem Onlineshop gibt es über 10.000 Artikel für Ihre Haustiere, egal ob es sich um Hunde, Katzen, Fische, Kleintiere, Pferde oder gar Reptilien handeln mag.
http://www.zoobuy.net	Auch in diesem Onlineshop gibt es Tierbedarf für alle möglichen Haustierarten. Besonders praktisch ist das Angebot „Futterabo": Darüber bekommen Sie Tierfutter in regelmäßigen Abständen ins Haus geliefert.
http://www.fressnapf.de	Der Webauftritt der großen Fressnapfkette: Auch hier können Sie Tierbedarf übers Internet bestellen und sich über Fressnapfmärkte in Ihrer Nähe in Kenntnis setzen (auch .at und .ch).

Haustier-Communitys zum Austausch über Hunde, Katzen oder Vögel

Wenn Sie Fragen zu Haltung und Pflege Ihres Haustiers haben oder einfach ein wenig mit anderen Tierfreunden plauschen möchten: Haustier-Communitys bieten Ihnen ausgezeichnete Kommunikationsmöglichkeiten.

Wenn mein Haustier krank zu sein scheint – soll ich dann erst im Internet nachlesen oder sofort zum Tierarzt?

Wenn es Ihrem Haustier sehr schlecht geht, besuchen Sie natürlich sofort den Tierarzt. In weniger schlimmen Fällen können Sie aber erst mal das Internet um Rat fragen. Meine Hündin hatte beispielsweise vor Kurzem mehrere Tage lang Durchfall – im World Wide Web fand ich dann ein Hausmittel, das bereits am nächsten Tag gewirkt hat. Mein Tipp: Googeln Sie nach einem Problem – z. B. *hund durchfall* –, und Sie werden in der Regel schnell fündig.

Wie kann ich Fragen rund ums Haustier stellen?

Registrieren Sie sich bei einer der vielen Haustier-Communitys im World Wide Web. Ein gut besuchtes Forum, in dem Sie eigene Beiträge veröffentlichen können, gibt es beispielsweise unter der Webadresse *http://www.tiercommunity.com*.

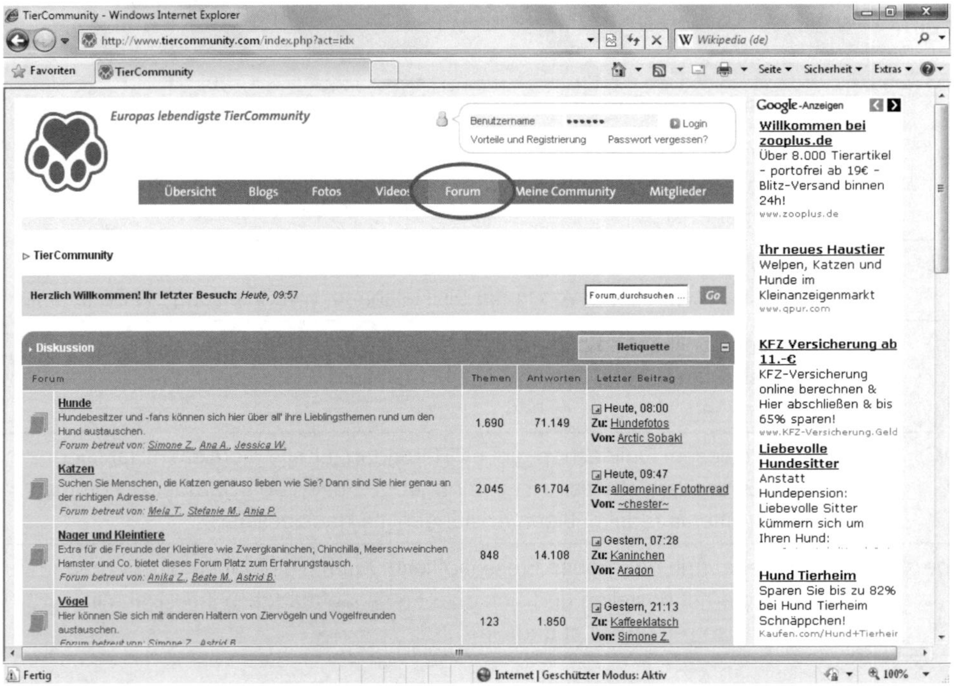

Antworten auf Fragen rund um Ihr Haustier finden, beispielsweise unter der Webadresse http://www.tiercommunity.com.

Gibt es neben einem Forum noch mehr Funktionen?

Selbstverständlich, eine Haustier-Community bietet oft noch weitere Kommunikationsformen. Sehr empfehlenswert ist in diesem Zusammenhang etwa *http://www.deine-tierwelt.de*. Hier können Sie sich nicht nur auf verschiedene Art und Weise mit anderen austauschen, sondern auch ein eigenes Profil für Ihr Haustier anlegen.

Eine empfehlenswerte Haustier-Community gibt es unter http://www.deine-tierwelt.de mit Kontaktmöglichkeiten zu anderen Mitgliedern und weiteren Funktionen wie das Veröffentlichen von Kleinanzeigen.

Auf welchen Webseiten kann ich mich mit anderen Haustierfreunden austauschen?

In der Tabelle habe ich empfehlenswerte Haustier-Communitys für Sie zusammengestellt. Dort finden Sie nicht nur Antworten auf Ihre Fragen, sondern schließen auch nette Bekanntschaften!

Webadresse	Was ist hier zu finden?
http://www.deine-tierwelt.de	Eine gut besuchte Haustier-Community mit vielfältigen Möglichkeiten der Kommunikation: Legen Sie ein Haustierprofil an, um mit anderen Nutzern zu mailen und zu chatten.
http://www.tiercommunity.com	Diese Haustier-Community wird vom Gong-Verlag betrieben und wartet mit vielen Blogs, Fotos und Videos sowie einem ausgezeichneten Haustierforum auf.
http://www.polar-chat.de	Diese Community ist speziell auf Hundehalter ausgerichtet, die sich hier mit anderen Hundefreunden austauschen können sowie eine Menge Nachrichten und Informationen rund um ihren Vierbeiner finden.
http://www.tierfreunde.de	Eine nette Haustier-Community mit Nachrichten, Geschichten, Ratgeber, Blogs, Fotos, Videos und einem Forum – vielleicht finden Sie hier Antworten auf Ihre Fragen?
http://www.haustiere.de	Und noch eine Haustier-Community, die Ihnen gefallen könnte: Nach der Registrierung können Sie sich auch hier mit anderen Tierfreunden über Ihre Haustiere unterhalten.

Die besten Webangebote für Gartenfreunde

Egal ob Sie Blumen oder Gemüse pflanzen wollen: Im World Wide Web finden Sie viele Tipps und Informationen dazu, wie es noch besser geht. Die nützlichsten Webangebote zum Thema Garten stelle ich Ihnen hier vor.

Portale und Magazine rund um den Garten

Interessante Webseiten rund um den Garten gibt es viele – besonders empfehlenswerte Webadressen habe ich in der folgenden Tabelle für Sie gesammelt.

Webadresse	Was ist hier zu finden?
http://www.gartenfreunde.de	Eine nette Webseite für alle Gartenfreunde mit interessanten Artikeln zum Thema, aber auch einem Marktplatz, einem Forum, Videos und weiteren Funktionen.
http://gaertnerblog.de/blog	Ein Garten-Blog, das von mehreren Personen betrieben wird und das ganze Gartenjahr hindurch mit vielen nützlichen Informationen über Garten und Pflanzen aufwartet.
http://www.gartenlinksammlung.de	Hier finden Sie zahlreiche Links zu Garten-Webseiten aller Art – leider ist die Sortierung etwas unübersichtlich. Wenn Sie sich jedoch eine Weile auf der Webseite aufgehalten haben, werden Sie schnell damit zurechtkommen.
http://www.garten.ch	Eine sehr empfehlenswerte Garten-Webseite aus der Schweiz: Der hübsch gestaltete Webauftritt bietet jede Menge Informationen und Bilder zu Gartenthemen.
http://www.garteneden.de	Interessante Artikel und wunderschöne Gartenfotos gibt es unter dieser Webadresse – dem Webauftritt des bekannten Gartenmagazins.

Informationen über alle Pflanzen finden

Verwenden Sie das World Wide Web als reichhaltiges Nachschlagewerk, um Ihren Pflanzen die bestmögliche Pflege zukommen zu lassen und Ihren Garten ansprechend zu gestalten. Die besten Webadressen dazu gibt es in der folgenden Tabelle.

Webadresse	Was ist hier zu finden?
http://www.gartendatenbank.de	Hier gibt es jede Menge Informationen über einzelne Pflanzenarten – verwenden Sie das eingebaute Suchfeld, um nachzuschlagen, oder klicken Sie einen Anfangsbuchstaben an.
http://www.gardora.at	Eine österreichische Garten-Webseite mit sehr vielen Artikeln. Das Besondere: Sie können selbst bestehende Artikel bearbeiten oder neue Artikel anlegen – in diesem Zusammenhang spricht man auch von einem „Wiki".
http://www.gartenwissen.com	Hier gibt es ein Gartenlexikon mit vielen nützlichen Informationen, etwa zur biologischen Bekämpfung bestimmter Schädlinge – schauen Sie sich ruhig mal um!
http://www.gartenpflege-tipps.de	Diese Gartenpflegetipps von echten Gärtnern haben es in sich: Neben ausführlichen Informationen gibt es auch praktische Tipps, die Sie direkt umsetzen können.
http://www.unsergarten.de	Ein hübsch gestaltetes Gartenlexikon, das Informationen sowie Tipps und Tricks zu allen wichtigen Pflanzenarten bietet. Zu jeder Pflanze gibt es auch ein Foto, was die Bestimmung erleichtert.

Communitys zum Austausch über Gartenthemen

Tauschen Sie sich mit anderen Gartenfreunden übers Internet aus, entweder um Rat und Hilfe zu finden oder einfach nur um Ihre Freude am Garten mit anderen zu teilen. Empfehlenswerte Webadressen entnehmen Sie der Tabelle.

Webadresse	Was ist hier zu finden?
http://www.mein-schoener-garten.de	Eine sehr beliebte Garten-Community, die von der bekannten Gartenzeitschrift „Mein schöner Garten" betrieben wird. Neben der Community gibt es jede Menge Artikel, Fotos und mehr!
http://www.hausgarten.net	Auch auf dieser Webseite wird der Austausch mit anderen Nutzern großgeschrieben: Tauschen Sie sich in einem Forum über Haus, Garten und Pflanzen aus.
http://www.green-24.de	Eine tolle Garten-Community, die auch Ihnen gefallen könnte! Sie können sich z. B. in einem Forum austoben, hübsche Gartenfotos betrachten oder ein eigenes Garten-Blog erstellen.
http://www.meinkleinergarten.de	Fragen und Antworten rund um den Garten stellen – dank dieser Garten-Community gar kein Problem! Darüber hinaus können Sie sich eine ganze Reihe nützlicher Gartentipps abholen.
http://www.garten-community.de	Und noch eine Community zum Austausch mit anderen Gartenfreunden. Durchstöbern Sie die Beiträge im Forum. Um selbst einen Beitrag schreiben zu können, müssen Sie sich zunächst registrieren.

Pinnwand

Möchten Sie im Internet Explorer 8 sehen, welche Webseiten Sie zuletzt besucht haben? Dazu drücken Sie einfach die [F4]-Taste.

Schon gewusst? In Deutschland, Österreich und der Schweiz sind Katzen die am häufigsten gehaltenen Haustiere, gefolgt von Hunden und Nagetieren.

Sie interessieren sich für Tiere und Pflanzen aller Art? Dann ist dieses Lexikon vielleicht etwas für Sie: *http://www.natur-lexikon.com*.

9

Machen Sie mehr aus Ihrem Hobby: Angebote für Briefmarken, Modelleisenbahn & Co.

Briefmarken, Münzen oder Sonstiges sammeln, Modelleisenbahnen betreiben, Handarbeiten, lesen – zu praktisch jedem Hobby gibt es im Internet Seiten, die mit Informationen, Ratschlägen und Gemeinschaft aufwarten. Wenn Sie selbst ein Hobby betreiben, wird dieses Kapitel eine lohnende Fundgrube für Sie darstellen, um zukünftig noch mehr Freude an Ihrem Steckenpferd zu erlangen.

Webangebote für Sammler von Briefmarken, Münzen oder Sonstigem

Wer sammelt, egal was, braucht viele Informationen, beispielsweise zum Wert oder zu Bezugsquellen von Sammlerstücken. Das alles und noch viel mehr finden Sie auch im World Wide Web!

Webadressen für Philatelisten

Briefmarkensammler kommen im World Wide Web voll auf ihre Kosten – in der Tabelle habe ich Webadressen für Sie zusammengestellt, die Ihr Sammlerherz höher schlagen lassen.

Webadresse	Was ist hier zu finden?
http://www.briefmarken.de	Unter dieser Webadresse bietet MICHEL viele Informationen sowie – für angemeldete Benutzer – weitergehende Funktionen wie etwa die Wertbestimmung der eigenen Briefmarkensammlung.
http://www.philalex.de	Ein Onlinenachschlagewerk rund um die Philatelie – wenn Sie bei einer Marke mal nicht weiterwissen, werden Sie unter Umständen auf dieser Webseite fündig.
http://www.philasearch.com	Endlich die lange gesuchte Briefmarke finden: Eine Philatelie-Suchmaschine, die auch in deutscher Sprache zur Verfügung steht, finden Sie unter dieser Webadresse.
http://www.philadb.com	Ein Onlinekatalog mit Briefmarken aus Deutschland, Österreich und der Schweiz, aber auch weltweit. Neben Fotos und Informationen zur Briefmarke gibt es jeweils auch Wertangaben. Topempfehlung!
http://www.bdph.de	Der Webauftritt des Bunds deutscher Philatelisten. Hier gibt es viele Neuigkeiten zum Thema, aber auch ein Forum sowie einen Chat zum Austausch mit anderen Briefmarkenfreunden.

Sammelobjekte übers Internet kaufen – geht das?

Selbstverständlich – wobei der Versandhandel in diesem Zusammenhang natürlich mit gewissen Risiken verbunden ist: Entspricht ein Objekt tatsächlich der Beschreibung, oder wurde der Zustand beschönigend dargestellt? Einen riesigen Markt für Sammler bietet das Internetauktionshaus eBay, das Sie in Kapitel 11 noch näher kennenlernen werden – eBay bietet durch sein Bewertungssystem auch einen recht guten Schutz vor schwarzen Schafen. Mein Tipp: Kaufen Sie anfangs erst mal nicht so hochwertige Objekte.

Webadressen für Numismatiker

Wer sich für Münzen interessiert, findet hierzu alle gesuchten Informationen im World Wide Web – mit Google werden Sie in jedem Fall fündig. Empfehlenswerte Webadressen sind:

Webadresse	Was ist hier zu finden?
http://www.numispedia.de	In dieser numismatischen Enzyklopädie können Sie nicht nur nachschlagen – Sie können auch selbst mitmachen, indem Sie vorhandene Artikel bearbeiten oder neue Artikel erstellen.
http://www.numismatikforum.de	Unter dieser Webadresse finden Sie ein gut besuchtes Forum rund um Ihr Hobby: das Sammeln von Münzen. Tauschen Sie sich mit anderen passionierten Münzsammlern aus!
http://www.moneymuseum.com	Ein interessantes Internetmuseum zu Münzen und Geld, das einen Besuch in jedem Fall wert ist. Auch echte Kenner werden hier noch viel Neues erfahren.
http://www.muenztreff.de	Unter dieser Webadresse gibt es Nachrichten und Informationen für Numismatiker. Auch ein aufschlussreiches Münzlexikon steht kostenlos zur Verfügung.
http://www.emuenzen.de	Ein weiteres Numismatikforum zum Austausch mit anderen Nutzern. Stellen Sie hier Fragen zu Problemen oder helfen Sie anderen Münzsammlern mit Ihrem Wissen weiter.

Webadressen für Sammler aller Art

Und es gibt noch viel mehr zu sammeln als Briefmarken oder Münzen. Die Webadressen in der Tabelle zeigen allgemeine Webseiten, die sich verschiedenen Sammelleidenschaften widmen.

Webadresse	Was ist hier zu finden?
http://www.sammlernet.de	Ein „Treffpunkt für Sammler aller Sammelgebiete" mit vielen Informationen, einem Kleinanzeigenmarkt sowie einem Forum zum gegenseitigen Austausch.
http://www.tamundo.de	Auch unter dieser Webadresse können Sie sich mit anderen Sammlern austauschen. Der Schwerpunkt der Webseite liegt jedoch auf dem Kaufen und Verkaufen von Sammelobjekten.
http://www.sammeln.at	Eine ausgezeichnete Anlaufstelle nicht nur für Sammler aus Österreich: Viele Informationen, Adressen und Termine machen die Webseite für jeden Sammler interessant.
http://www.sammler.com	Diese Webseite beinhaltet viele Informationen zu den verschiedensten Sammelgebieten: Überraschungseierfiguren, Telefonkarten, Militaria, alte Schallplatten – praktisch alles ist vertreten.
http://www.sumler.de	Diese „Sammler-Suchmaschine" bietet einen guten Linkkatalog zu den verschiedensten Sammelgebieten. Klicken Sie einfach eine Kategorie an oder verwenden Sie das eingebaute Suchfeld.

Hier schlägt das Herz jedes Modelleisenbahners höher!

Modelleisenbahnen aufbauen und möglichst naturgetreu gestalten – das ist ein zwar teures, aber äußerst kreatives Hobby. Das World Wide Web hat Ihnen auch in diesem Zusammenhang einiges zu bieten!

Welche Webangebote gibt es für Freunde der Modelleisenbahn?

Es gibt viele verschiedene Angebote – das fängt beim Onlineshop an, in dem Sie eine Lok oftmals günstiger erwerben als im Spielzeuggeschäft vor Ort, und geht bis hin zu privaten Webseiten, auf denen passionierte Modelleisenbahner ihre Projekte vorstellen.

Modelleisenbahnen übers Internet kaufen: kein Problem unter http://www.maerklinshop.de. Auf der Suche nach älteren Modellen werden Sie auch bei eBay fündig (siehe Kapitel 11).

Sie interessieren sich auch für die Originale?

Unter dieser Webadresse finden Sie Links zu Livebildern von den verschiedensten Bahnhöfen: *http://www.spur-1-freunde.de/webcams.html.*

Kann ich mich auch mit anderen Modelleisenbahnern austauschen?

Selbstverständlich! Für Modelleisenbahner gibt es natürlich ebenfalls Communitys und Foren, etwa unter der Webadresse *http://www.railroad24.de*. Darüber hinaus können Sie übers Internet auch nach Modellbahnvereinen in Ihrer Nähe suchen. Eine umfangreiche Liste von Vereinen finden Sie beispielsweise unter der Webadresse *http://www.modellbahn-portal.de* – zusammen mit anderen Modellbahnbegeisterten können Sie auch mal größere Projekte angehen!

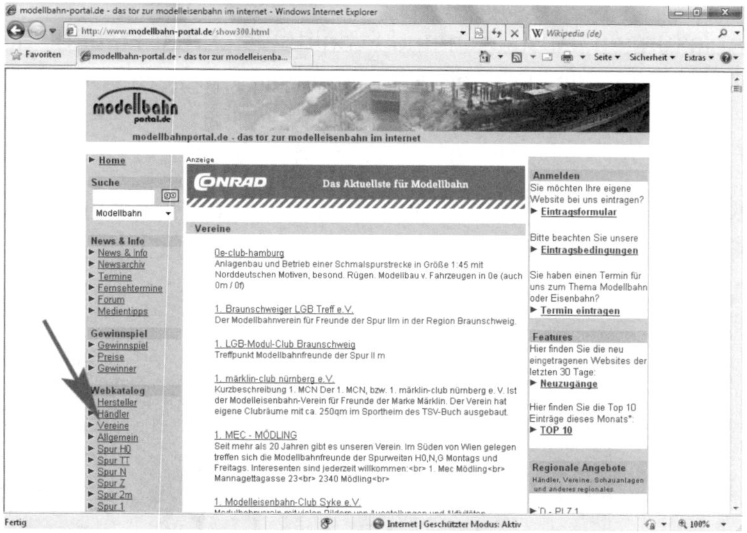

Modellbahnvereine und vieles mehr finden Sie unter http://www.modellbahn-portal.de.

Welche Webadressen sind für mich als Modelleisenbahner besonders interessant?

Im World Wide Web gibt es massenhaft Webseiten rund um die Modelleisenbahn. Einige besonders empfehlenswerte Webadressen entnehmen Sie der Tabelle.

Webadresse	**Was ist hier zu finden?**
http://www.modellbahn-portal.de	Ein sehr empfehlenswertes Portal für Freunde der Modelleisenbahn: Hier finden Sie Nachrichten und Informationen zum Thema sowie einen umfangreichen Webkatalog.
http://www.railroad24.de	Unter dieser Webadresse firmiert eine Community für alle, denen ihre Modelleisenbahn am Herzen liegt – mit Forum, Marktplatz, Bildern und weiteren Funktionen.
http://www.hobbytrain.ch	Modelleisenbahn ohne Ende: Auf dieser Webseite aus der Schweiz wurden unter der Rubrik „modellbahn links“ zahlreiche Links zum Thema für Sie zusammengetragen.
http://www.moba-trickkiste.de	Sie kennen sich schon richtig gut aus in Sachen Modelleisenbahn? Unter dieser Webadresse werden Sie sicherlich dennoch den einen oder anderen Trick finden, den Sie vorher noch nicht kannten.
http://www.maerklinshop.de	Der Onlineshop des bekannten Herstellers Märklin: Finden Sie hier blitzschnell die gesuchten Lokomotiven und Zubehörteile und lassen Sie sich diese per Post zusenden.

Häkeln, Stricken, Nähen: Handarbeit im Internet

Anleitungen, Austausch und Schnittmuster: Für Freunde der Handarbeit gibt es viele Angebote im World Wide Web, die ich Ihnen hier sehr gern vorstelle!

Finde ich im World Wide Web viele kostenlose Inhalte zum Thema Handarbeit?

Na, und ob! Sie finden viele kostenlose Tipps, Tricks und Anleitungen. Sogar Gratis-Schnittmuster können Sie abrufen und dadurch eine Menge Geld sparen.

Kostenlose Schnittmuster im Internet finden: Eine umfangreiche Linksammlung hierzu wurde unter http://www.kostenlose-schnittmuster.de für Sie zusammengestellt.

Anleitungen zu lesen, bringt in der Handarbeit nur begrenzt etwas. Gibt es auch Bilder dazu?

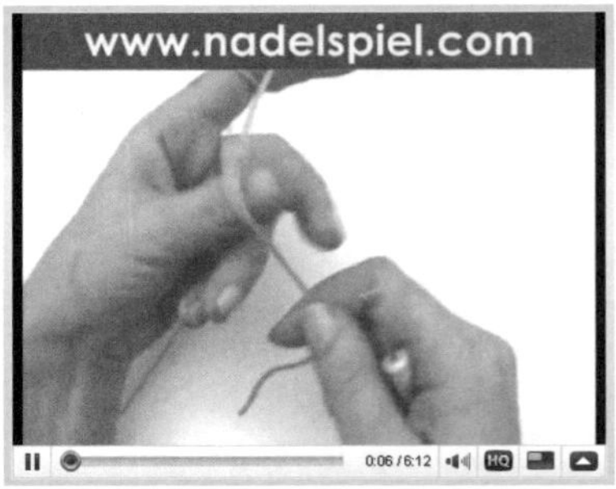

Ja, die Anleitungen, die Sie im World Wide Web finden, werden sich nicht von denen unterscheiden, die in Handarbeitszeitschriften abgedruckt werden. Es stehen sogar – beispielsweise unter *http://www.nadelspiel.com* – Videoanleitungen zum kostenlosen Abruf zur Verfügung!

Videoanleitungen zu vielen Themen finden

Handarbeit, Basteln, Heimarbeit, Putzen, Backen ... eine empfehlenswerte Webseite, die Videoanleitungen aller Art bietet: *http://www.hausgemacht.tv*. Der Abruf der Videos ist kostenlos. Etwas lästig: Bevor das eigentliche Video läuft, wird eine kurze Werbung abgespielt.

Im Zusammenhang mit anderen Hobbys war vom Austausch mit anderen Menschen die Rede: Kann ich mich im Internet auch über das Handarbeiten austauschen?

Es gibt im World Wide Web Foren zu praktisch allen Themen, natürlich auch zum Thema Handarbeit! Schauen Sie doch beispielsweise mal unter der Webadresse *http://www.viruscreativus.com* vorbei, um sich mit Gleichgesinnten zu treffen.

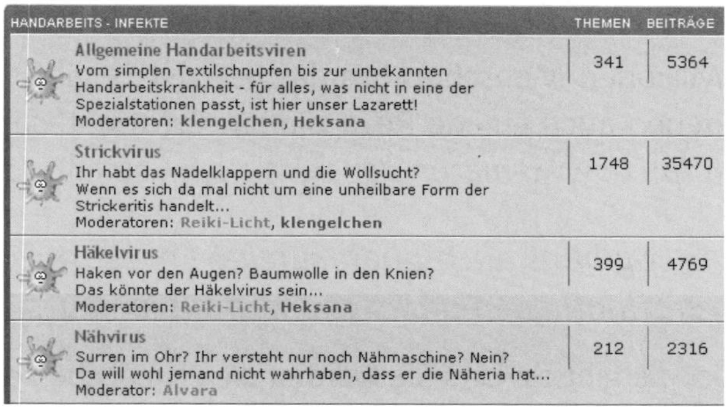

Welche Webseiten rund um die Handarbeit sind besonders empfehlenswert?

In der Tabelle habe ich einige Webadressen für Sie zusammengestellt, die Sie begeistern werden: Erweitern Sie Ihre Begeisterung für die Handarbeit durch viele Tipps, kostenlose Schnittmuster und den Austausch mit anderen Menschen!

Webadresse	**Was ist hier zu finden?**
http://www.stricknetz.de	Auf dieser Webseite dreht sich alles rund ums Stricken – mit Anleitungen, Tipps und Tricks sowie Tabellen, Mustern, einem Forum und einigem anderem.
http://www.nadelspiel.com	Eine tolle Seite für all diejenigen, die sich für Handarbeit interessieren, wobei der Schwerpunkt der Webseite auf Stricken und Häkeln liegt. Mit Videoanleitungen!
http://www.kostenlose-schnittmuster.de	Wer gern näht, findet auf dieser Webseite eine riesige Sammlung von Links zu kostenlosen Schnittmustern, übersichtlich nach Kategorien sortiert.
http://www.creadoo.com	Eine Community für Kreative aller Art: handarbeiten, basteln, Schmuck selbst herstellen – hier finden Sie viele Informationen und Anleitungen, aber auch Austausch mit Gleichgesinnten.
http://www.viruscreativus.com	Ein sehr gut besuchtes Forum zum Austausch mit anderen Begeisterten, egal ob Sie vom „Strickvirus", dem „Häkelvirus", dem „Nähvirus" oder einem der anderen Viren befallen sind.

Sie lesen gern? – Webangebote für Informationen und Austausch über Bücher

Gute Bücher zu lesen – das ist eine schöne Erfahrung! Tauschen Sie sich mit anderen Lesern aus, um noch mehr über ein Werk herauszufinden oder Anregungen für die nächste Lektüre zu erhalten!

Kann ich im World Wide Web anderen Menschen mitteilen, wie mir ein Buch gefallen hat?

Millionen Menschen tun das bereits! Es gibt eine ganze Reihe von Onlinebuchhändlern, bei denen auch eigene Rezensionen veröffentlicht werden können. Ein Paradebeispiel hierfür ist *http://www.amazon.de* (siehe auch Kapitel 11).

Aber gibt es auch unabhängige Literatur-Communitys, um Rezensionen zu veröffentlichen und sich mit anderen auszutauschen?

Ja, die gibt es: Und Sie werden die erfreuliche Feststellung machen, dass hierzulande immer noch viel gelesen und nachgedacht wird. Ein gutes Beispiel hierfür ist die Webseite *http://www.literatina.de* – hier findet ein reger Austausch rund um die Literatur statt.

Lassen Sie sich von der frechen Aufmachung bitte nicht abschrecken: Unter der Webadresse http://www.literatina.de finden Sie eine rege Literatur-Community, die auch Ihnen viel Freude bereiten wird!

Ich würde gern an einem Lesezirkel teilnehmen, allerdings wird bei mir im Ort keiner angeboten. Gibt es so etwas auch im Internet?

Ja, unter *http://www.literatina.de* und auch in anderen Literatur-Communitys werden solche Lesezirkel regelmäßig abgehalten. Daran können auch Sie sich beteiligen.

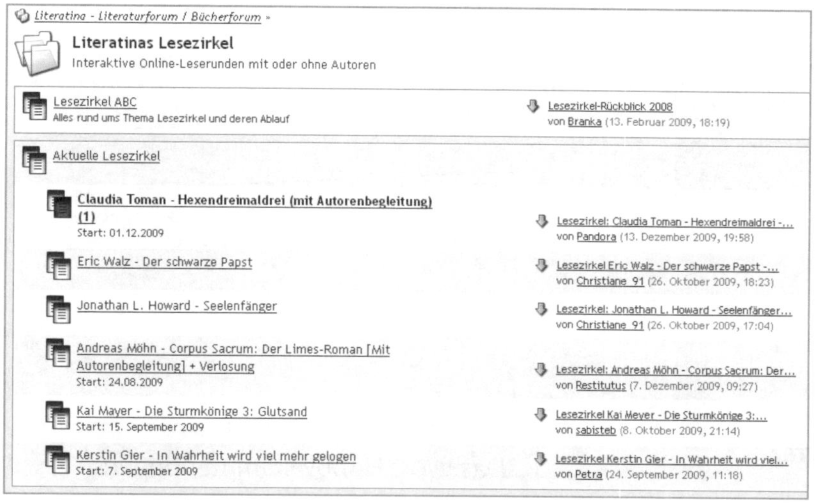

Lesen Sie zusammen mit anderen bestimmte literarische Werke und tauschen Sie sich darüber aus – z. B. unter http://www.literatina.de.

Auf welchen Webseiten kann ich mich über Literatur mit anderen unterhalten?

Einige spannende Webadressen rund um die Literatur habe ich in der Tabelle für Sie zusammengestellt – teilen Sie Ihre Leseerfahrungen auf diesen Webseiten mit anderen Menschen!

Webadresse	Was ist hier zu finden?
http://www.literaturforum.net	Ein nettes, lauschiges Literaturforum, das Leser und (Hobby-)Schriftsteller gleichermaßen anspricht. Schreiben Sie einfach einen Beitrag und warten Sie auf Antwort!
http://www.literaturforum.or.at	Gedichte, Kurzgeschichten oder andere Texte im World Wide Web veröffentlichen und durch andere Nutzer kommentieren lassen – das macht richtig Spaß in diesem österreichischen Forum.
http://www.literaturcafe.de	Gemütlich in einem Café sitzen und sich über Literatur unterhalten – kein Problem unter dieser Webadresse. Holen Sie sich auf dieser Webseite Lektüreanregungen oder veröffentlichen Sie eigene Texte.
http://www.klassikerforum.de	Dieses Literaturforum hat sich speziell den Klassikern verschrieben – klassischer Literatur genauso wie klassischer Musik, klassischer Bühne etc.
http://www.literatina.de	Eine freche Literatur-Community mit einem gut besuchten Forum rund um die Literatur. Selbstverständlich sind auf dieser Webseite nicht nur Frauen willkommen!

Pinnwand

Eine Webseite im Internet Explorer 8 noch schneller den Favoriten hinzufügen: Verwenden Sie hierfür die Tastenkombination Strg+D.

Interessante Webadressen

Platz für Ihre Passwörter

Das Wort Hobby stammt übrigens vom englischen Begriff „hobby-horse", mit dem Steckenpferde bezeichnet werden.

Sie sind auf der Suche nach einem neuen Hobby? Unter der Webadresse *http://www.hobby-check.de* finden Sie eine Übersicht über Hobbys verschiedenster Art!

Sonstige Notizen

10

Allerlei Kostenloses und Nützliches ist im Internet zu finden

Kostenlose Webseiten kennen Sie nun bereits eine Menge. Doch es gibt noch viele weitere kostenlose Angebote im World Wide Web. In diesem Kapitel möchte ich Ihnen die besten davon vorstellen: kostenlose Computerprogramme, kostenlose Bücher, kostenlose Rezepte und noch eine ganze Menge mehr. Lassen Sie sich überraschen, was das Internet für Sie bereithält!

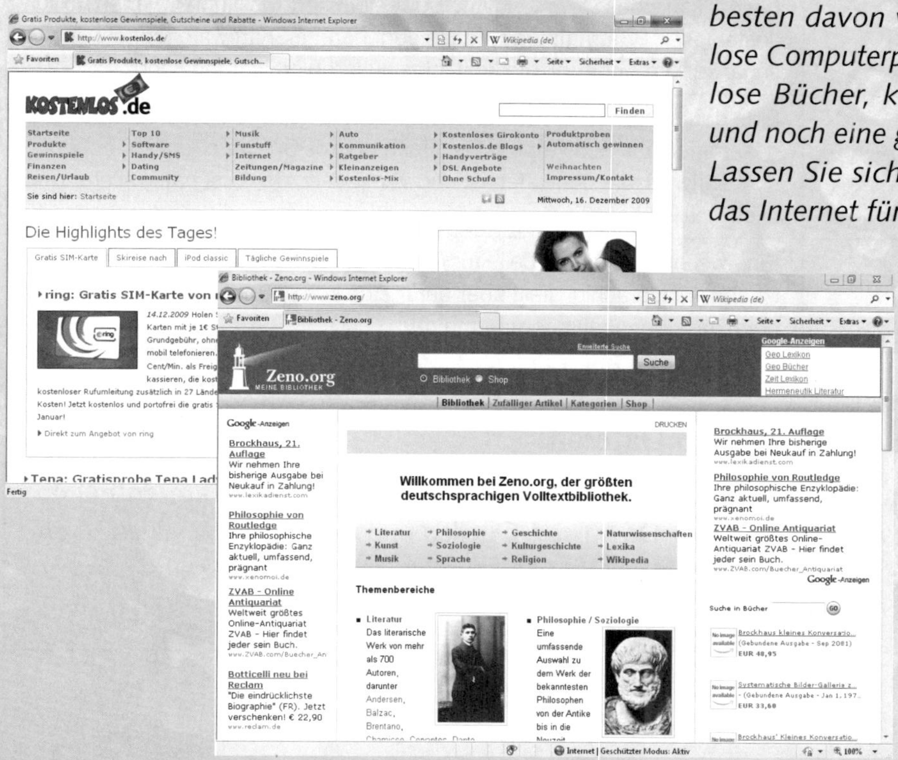

Die besten Gratisprogramme: für Textverarbeitung, Videoschnitt und mehr

Manchmal kann es sich durchaus lohnen, Geld für Programme auszugeben, z. B. wenn es sich um exzellente Software aus dem Hause DATA BECKER handelt. Doch es geht auch kostenlos!

Portale zum Herunterladen kostenloser Programme

In der folgenden Tabellen finden Sie Webadressen von Webseiten, die zahlreiche kostenlose Programme aus unterschiedlichen Bereichen für Sie gesammelt haben. Da werden auch Sie ganz bestimmt fündig!

Webadresse	Was ist hier zu finden?
http://www.freeware.de	Unter dieser Webadresse gibt es Tausende kostenloser Programme für Freizeit, Bildung oder Büro. Wählen Sie die Programme mithilfe der Kategorien aus oder verwenden Sie das eingebaute Suchfeld.
http://www.pctipp.ch/downloads	Auch auf dieser schweizerischen Webseite werden viele Programme zum kostenlosen Herunterladen angeboten. Treffen Sie einfach die entsprechende Menüauswahl.
http://www.winload.de	Ein erstklassiges Download-Portal für alle Windows-Nutzer. Neben völlig kostenlosen Programmen ist auch sogenannte Shareware (sprich: schärwär) im Angebot, die kostenlos ausprobiert werden kann.
http://t3n.de	Eine deutschsprachige Webseite, die kostenlose Programme für Sie gesammelt hat. Schwerpunkt ist Open-Source-Software (sprich: oupen sors softwär), die quelloffen ist und von jedem, der Lust hat, weiterentwickelt werden kann.
http://sourceforge.net	Eine weitere wichtige Quelle für Open-Source-Software. Diese Webseite ist englischsprachig, stellt aber dafür eine schier unerschöpfliche Quelle hochklassiger Gratisprogramme dar.

Vorsicht beim Herunterladen von Dateien!

Programme, die Sie aus dem Internet herunterladen, können Schadsoftware enthalten. Wählen Sie deshalb ausschließlich seriöse Download-Quellen und installieren Sie einen Virenscanner auf Ihrem PC – einen kostenlosen Virenscanner finden Sie beispielsweise hier: *http://www.free-av.de*.

Programme herunterladen und auf dem PC nutzen

Es gibt eine ganze Reihe von Programmen, die Sie unbedingt kennen sollten. Die besten fünf habe ich in der folgenden Tabelle – samt Link zum Herunterladen – für Sie zusammengestellt.

Webadresse	Was ist hier zu finden?
http://de.openoffice.org	OpenOffice.org ist ein völlig kostenloses Office-Paket, das es mit kostenpflichtigen Office-Paketen wie Microsoft-Office (Word, Excel etc.) problemlos aufnehmen kann!
http://www.virtualdub.org	Hier finden Sie ein exzellentes Programm für die professionelle Videobearbeitung, und zwar vollkommen zum Nulltarif. Videos erstellen, schneiden und in verschiedene Formate exportieren - für VirtualDub alles kein Problem!
http://www.gimp.org	Ein professionelles Bildbearbeitungsprogramm, das Sie kostenlos aus dem Internet herunterladen können - dann brauchen Sie keine Grafik-Suite für mehrere Hundert Euro mehr.
http://www.videolan.org	Der VLC Media Player zählt zu den besten erhältlichen Abspielprogrammen für Mediendateien und DVDs. Das Programm spielt auch Dateien ab, bei denen der Windows Media Player versagt.
http://audacity.sourceforge.net	Mit Audacity installieren Sie ein tolles Programm zum Bearbeiten von Audiodateien auf Ihrem Computer. Damit können Sie beispielsweise auch problemlos zwei Tonspuren mischen. Ein absolutes Muss für jeden Musikfreund!

Programme direkt im Internet nutzen

Viele weitere kostenlose Programme müssen Sie, wie die folgende Tabelle beweist, gar nicht erst herunterladen – Sie können sie direkt übers Internet nutzen und Ihre Bearbeitungsschritte im Browser vornehmen.

Webadresse	Was ist hier zu finden?
http://docs.google.com	Ein Office-Paket, das Sie kostenlos übers Internet in Ihrem Browser nutzen können - dadurch haben Sie überall Zugriff auf Ihre Texte, Tabellen und Präsentationen!
http://www.photoshop.com	Unter dieser Webadresse können Sie mit wenigen Handgriffen Ihre Fotos hochladen und im Browser bearbeiten. Leider aktuell nur in englischer Sprache verfügbar.
http://pixenate.com	Eine weitere Onlineanwendung, um Ihre Bilder übers Internet zu bearbeiten. Sie müssen sich hier nicht mal registrieren, sondern können direkt loslegen.
http://www.rememberthemilk.com	Nie mehr etwas vergessen: Unter dieser Webadresse erstellen Sie kostenlos Notizen und Aufgabenlisten, auf die Sie auch zugreifen können, wenn Sie auf Reisen sind.
http://www.zoho.com	Unter dieser Webadresse finden Sie eine ganze Reihe von Onlineanwendungen, die Sie in den Basisvarianten kostenlos nutzen können. Leider nur englischsprachig.

Goethes gesammelte Werke gesucht: elektronische Bücher nutzen

Bücher am Computer zu lesen, ist nicht jedermanns Fall, verschafft Ihnen jedoch den Zugriff auf eine ungeheure Bibliothek. Die in diesem Zusammenhang besten Angebote stelle ich Ihnen hier vor!

Was sind das für Bücher, die ich im World Wide Web lesen kann?

In erster Linie handelt es sich um Klassiker, die nicht mehr urheberrechtlich geschützt sind. Unter der Webadresse *http://gutenberg.spiegel.de* finden Sie Werke zahlreicher namhafter Autoren, die Sie direkt im Browser lesen und – mithilfe des eingebauten Suchfelds – sogar nach bestimmten Begriffen durchsuchen können.

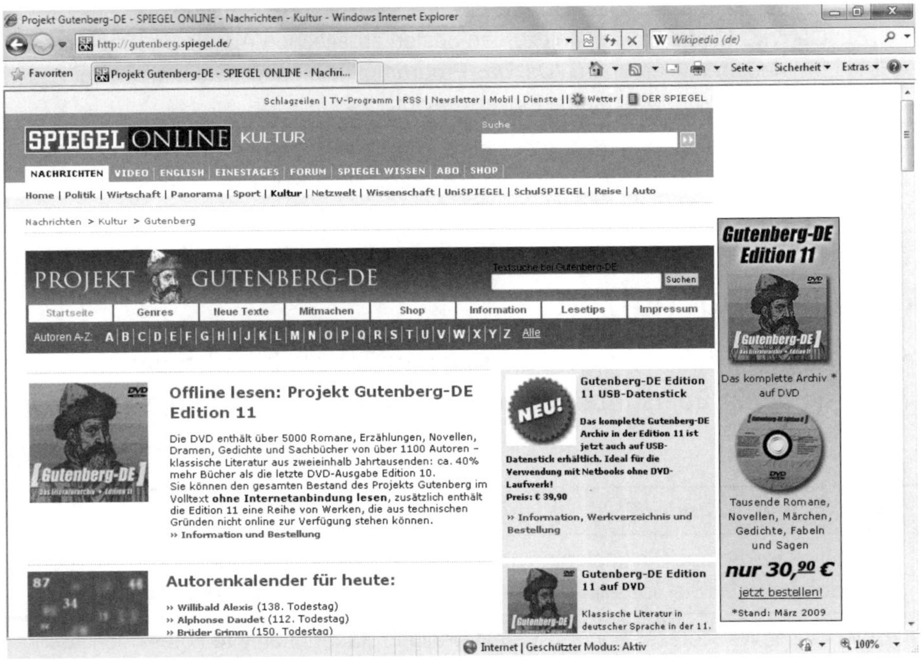

Wählen Sie unter http://gutenberg.spiegel.de den Anfangsbuchstaben des Autors aus und dann den Autor, um zur Übersicht der verfügbaren Werke zu gelangen.

Das begeistert mich! Doch wie kann ich im World Wide Web „umblättern"?

Bei *http://gutenberg.spiegel.de* und anderen Anbietern von Onlinebüchern stehen hierfür Schaltflächen zur Verfügung, zumindest eine zum Vorblättern (▷) und eine zum Zurückblättern (◁).

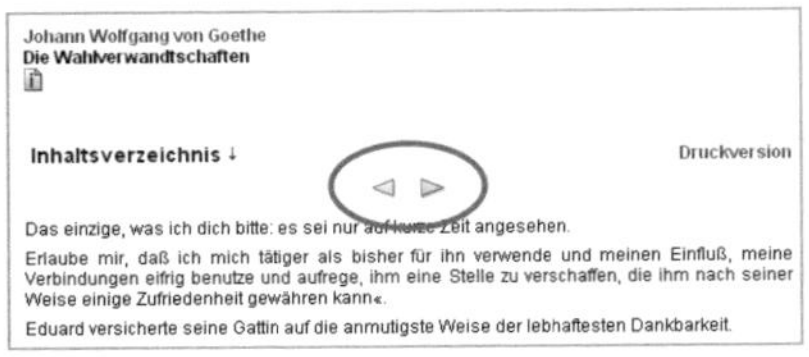

Ich habe das Wort E-Book gelesen – was bedeutet es?

E-Book (sprich: ihbuck) bedeutet so viel wie „elektronisches Buch". Es handelt sich also um Bücher, die in digitaler Form existieren und z. B. auf dem Computer oder dem Handy gelesen werden können. Inzwischen gibt es auch spezielle E-Book-Reader, die in Zukunft das gedruckte Buch ersetzen sollen. Bekanntestes Beispiel für einen E-Book-Reader ist der „Kindel" von Amazon.

Gibt es weitere empfehlenswerte Angebote für kostenlose Bücher?

Etwas, das Sie unbedingt kennen sollten, ist die Google-Buchsuche. Unter der Webadresse *http://books.google.de* suchen und finden Sie Bücher aller Art. Viele davon können Sie vollständig online lesen oder als PDF-Datei auf Ihre Festplatte herunterladen. Hierzu ein Beispiel:

1

Geben Sie unter *http://books.google.de* den Titel des Buchs ein, das Sie suchen, bzw. den Namen des Autors. Durch Drücken der [Enter]-Taste starten Sie die Suche.

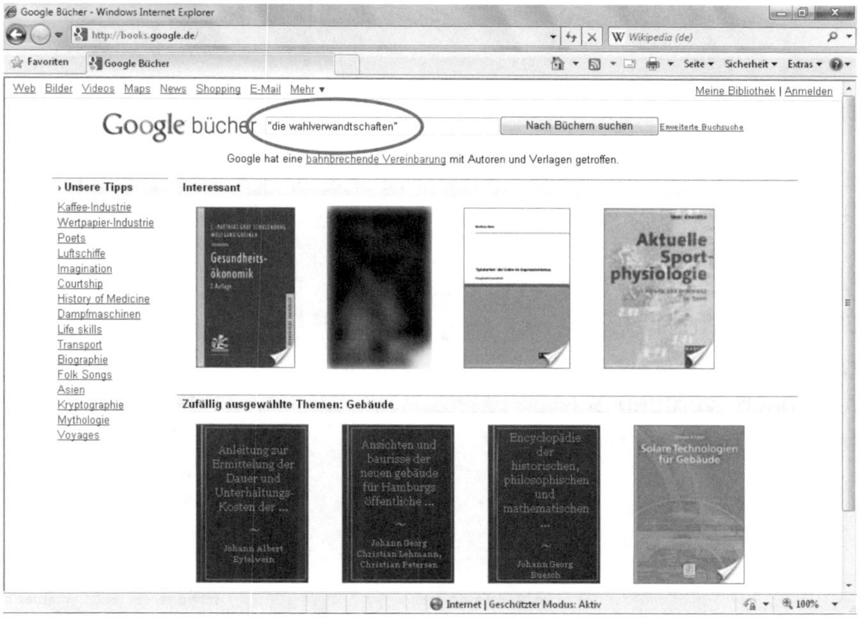

2

Die passenden Ergebnisse werden Ihnen nun angezeigt. Da Sie sich nur für Bücher interessieren, die Sie vollständig lesen können, klicken Sie links auf *Nur vollständige Ansicht*, um die Ergebnisse entsprechend zu filtern.

3

Wählen Sie jetzt einfach per Mausklick ein Buch aus …

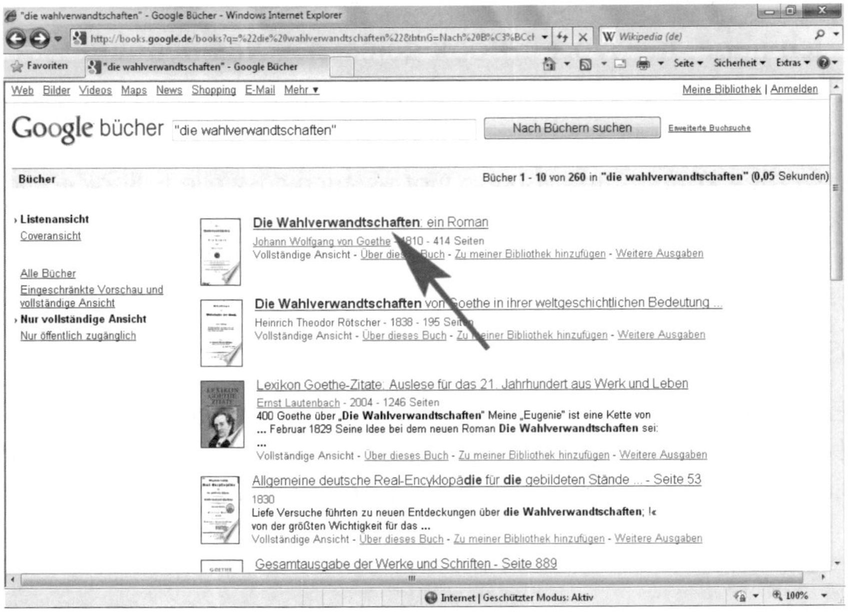

4

… und lesen Sie es bequem am Computer. In diesem Fall müssen Sie sich zunächst an die Frakturschrift gewöhnen, doch das fällt bereits nach wenigen Seiten nicht mehr schwer!

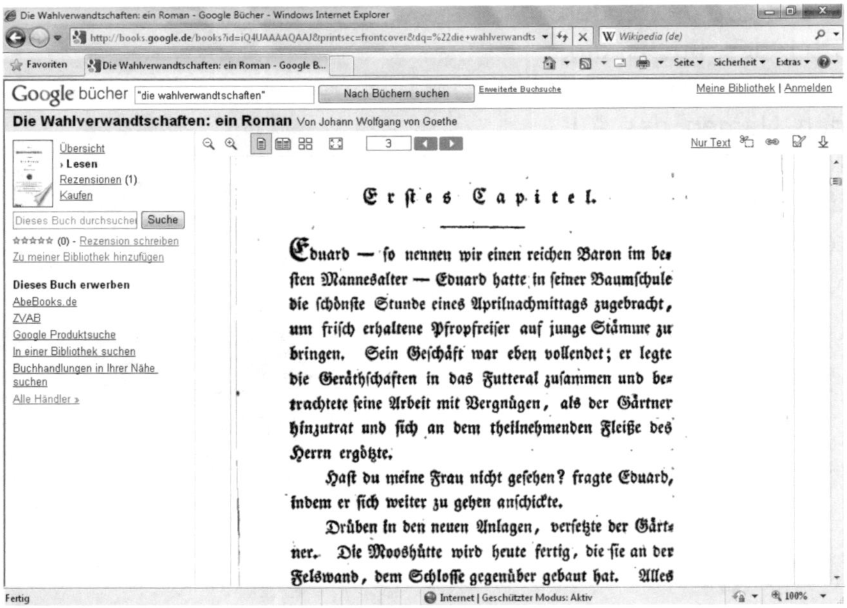

Wie kann ich ein Buch, das ich mit der Google-Buchsuche gefunden habe, auf meinen Computer herunterladen?

Hierfür steht rechts oben das Symbol ⤓ zur Verfügung, das Sie anklicken, um ein Format auszuwählen und das Herunterladen zu starten.

Kann ich auch mit der herkömmlichen Google-Suche E-Books finden?

Ja, hierbei hilft Ihnen der (zusätzliche) Suchbegriff *ebook* weiter. Sie können Ihre Google-Suche außerdem auf PDF-Dokumente beschränken – dem häufigsten Format für E-Books: Fügen Sie einem Suchbegriff einfach den Befehl *filetype:pdf* hinzu, suchen Sie also z. B. nach *goethe filetype:pdf*. Gefunden werden dadurch allerdings nicht nur Bücher, sondern auch andere Dokumente.

Gibt es eine Suchmaschine für E-Books?

Ich kann Ihnen eine Suchmaschine für PDF-Dokumente empfehlen – damit finden Sie PDF-Dokumente zu allen möglichen Themen. Diese Suchmaschine gibt es unter der Webadresse *http://www.pdf-search-engine.com*.

Wo finde ich kostenlose Bücher zum Onlinelesen oder zum Herunterladen auf den Computer?

Die besten Webangebote für fleißige Leser habe ich in der folgenden Tabelle für Sie gesammelt. Die Bücher, die Sie auf diesen Webseiten finden, würden gedruckt eine ganze Bibliothek füllen!

Webadresse	Was ist hier zu finden?
http://books.google.de	Mit der Google-Buchsuche durchsuchen Sie eine gigantische Bibliothek, die laufend ergänzt wird. Insbesondere Werke älteren Datums können hier vollständig gelesen werden.
http://www.zeno.org	Eine riesige Bibliothek nicht aus dem Bereich der Literatur, sondern auch zu Philosophie, Naturwissenschaften, Geschichte, Musik etc. Mit nützlichem Suchfeld.
http://gutenberg.spiegel.de	Eine tolle Onlinebibliothek mit Werken deutscher unter internationaler Klassiker, die Sie direkt im Browser lesen können, z. B. von Goethe, Schiller, Novalis, Dante, Dickens und vielen anderen.
http://de.wikibooks.org	Auf dieser Webseite werden laufend Bücher aus allen möglichen Bereichen für Sie gesammelt. Durchstöbern Sie hier doch mal die verfügbaren „Bücherregale“.
http://www.vorleser.net	Sie wollen sich ein Buch lieber vorlesen lassen? Kein Problem: Unter dieser Webadresse finden Sie eine ganze Reihe kostenloser Hörbücher zum Herunterladen auf den PC.

Was gibt es am Sonntag zum Essen? – Finden Sie Rezepte im Internet

Eine Frage, die im Alltag erstaunlich oft auftaucht, lautet: „Was soll ich nur kochen?“ Diese Frage können Sie zukünftig mithilfe des Internets viel leichter beantworten!

Wie kann ich mir im World Wide Web ein Rezept anzeigen lassen?

Das geht ganz einfach: Besuchen Sie eine Rezepte-Datenbank wie beispielsweise *http://www.chefkoch.de*. Verwenden Sie das eingebaute Suchfeld, um ein entsprechendes Rezept ausfindig zu machen. Die einzelnen Rezepte können hier bewertet werden, was Ihnen die Auswahl ungemein erleichtert.

Das ist ja klasse! Allerdings weiß ich noch nicht so genau, was ich kochen soll, sodass ich schlecht danach suchen kann. Gibt es eine weitere Möglichkeit?

Ja, unter *http://www.chefkoch.de* sowie in den anderen Rezepte-Datenbanken können Sie auch die Kategorien nach passenden Rezepten durchstöbern. Auf der Chefkoch-Seite finden Sie diese unter *Rezepte/Kategorienbaum*.

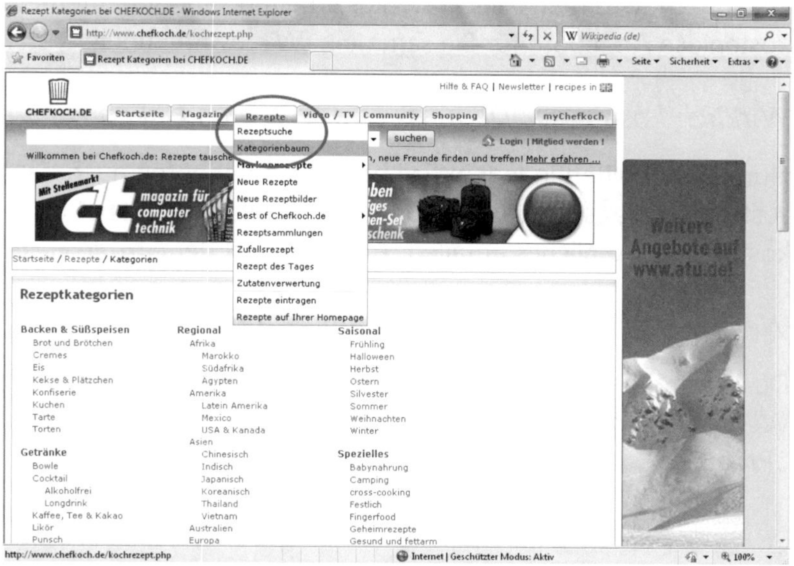

Die Webseite http://www.chefkoch.de bietet Ihnen annähernd 150.000 Rezepte – da ist eine Gliederung in verschiedene Kategorien durchaus angebracht!

Wo finde ich Rezepte im World Wide Web?

Da müssen Sie gar nicht lange suchen! Im World Wide Web gibt es Rezepte zum Kochen, Backen, Braten im Überfluss. Besonders empfehlenswerte Webadressen entnehmen Sie der Tabelle.

Webadresse	Was ist hier zu finden?
http://www.chefkoch.de	Durchstöbern Sie eine riesige Datenbank nach leckeren Rezepten zum Kochen und Backen. Auch ein Magazin, eine Community und verschiedene Kochvideos stehen für Sie zur Verfügung.
http://www.kochrezepte.de	Hier gibt es kostenlose Rezepte „von A wie Auflauf bis Z wie Zucchini“. Die Webseite ist ansprechend und übersichtlich gestaltet und macht richtig Lust aufs Kochen!
http://www.cuisine.at	Eine sehr umfangreiche Rezepte-Datenbank, die in Österreich betrieben wird. Nach eigenen Angaben können dort über 200.000 Rezepte abgerufen werden!
http://www.rezeptewiki.org	An dieser Rezepte-Datenbank können Sie selbst mitwirken! Schauen Sie sich um, ob es Ihnen auf dieser Webseite gefällt. Wenn ja, dann veröffentlichen Sie doch ein eigenes Rezept.
http://www.kochbu.ch	Eine pfiffig aufgemachte Rezepte-Datenbank aus der Schweiz mit leckeren Rezepten für jeden Geschmack – nicht nur Rösti und Zürcher Geschnetzeltes.

Hier gibt es kostenlose Angebote aller Art

Erstaunlich, was man alles kostenlos erhalten kann. Im Internet finden Sie Webseiten, die speziell kostenlose Angebote für Sie sammeln. Wie es funktioniert, stelle ich Ihnen hier vor.

Wirklich kostenlos? Da muss es doch einen Haken geben!

Nun ja, Sie sollten in jedem Fall bei allen Angeboten auch das Kleingedruckte lesen, um sicherzustellen, dass es sich wirklich um ein kostenloses Angebot handelt und nicht etwa noch Versandkosten oder Ähnliches anfallen. Ansonsten ist der einzige Haken die Werbung des Anbieters.

Welche kostenlosen Angebote gibt es denn überhaupt?

Da könnte ich eine sehr lange Liste schreiben. Schauen Sie sich stattdessen doch mal auf der Webseite *http://www.kostenlos.de* um. Die kostenlosen Angebote sind dort in Rubriken wie „Produkte", „Gewinnspiele", „Software", „Kommunikation" und einiges mehr unterteilt.

Eine gigantische Sammlung kostenloser Angebote im World Wide Web wurde unter der Webadresse http://www.kostenlos.de für Sie zusammengetragen und nach verschiedenen Kategorien sortiert.

Und die Angebote rufe ich direkt über die Webseite ab, die die kostenlosen Angebote auflistet?

Nein, auf der Webseite finden Sie lediglich Informationen zu den einzelnen Angeboten – und einen Link, um die Webseite des eigentlichen Anbieters aufzurufen. In der Abbildung sehen Sie z. B. das Angebot eines Handyanbieters. Um dieses Angebot aufzurufen, klicken Sie auf den Link *Direkt zum Angebot von o2.*

> **Ihre Kontaktdaten nur auf vertrauenswürdigen Seiten preisgeben!**
>
> Ein wichtiger Hinweis: Verraten Sie im World Wide Web Ihre Kontaktdaten nur dann, wenn es unbedingt sein muss, und in jedem Fall nur, wenn es sich um seriöse Webangebote handelt. Sie könnten ansonsten in naher Zukunft mit Werbung aller Art überschüttet werden!

Wo finde ich kostenlose Angebote aller Art?

Die Webadressen in der folgenden Tabelle zeigen Ihnen, was es im World Wide Web alles zum Nulltarif gibt: Gewinnspiele, Gratisproben, kostenlosen Faxversand und vieles mehr.

Webadresse	Was ist hier zu finden?
http://www.kostenlos.de	Eine der besten Anlaufstellen für kostenlose Angebote im World Wide Web gibt es unter dieser Webadresse. Besonders beachtenswert sind die jeweiligen „Highlights des Tages“.
http://www.geizkragen.de	Unter dieser Webadresse finden zunächst einen Preisvergleich zu verschiedenen Produkten. Kostenlose Angebote entnehmen Sie der Rubrik „Das Magazin“.
http://www.schottenparadies.de	Ein Paradies für sparsame Schotten gibt es hier: Links zu kostenlosen Produktproben, Probeabos, Gewinnspiele und vieles mehr – schauen Sie sich hier doch einfach mal um.
http://www.kostenlos.co.at	Auch diese österreichische Webseite dreht sich um alles im World Wide Web, das nichts kostet. Die einzelnen Angebote sind übersichtlich nach Kategorien gegliedert.
http://www.alleskostenlos.ch	Ein weiterer Anbieter mit kostenlosen Angeboten, nach eigenen Angaben das „größte Kostenlos & Spar Portal der Schweiz“. Mit interessanten Angeboten auch für Deutsche und Österreicher.

Pinnwand

Interessante Webadressen

Ein neues Fenster des Internet Explorer 8 aufrufen? Am schnellsten klappt das mit der Tastenkombination Strg+N.

Platz für Ihre Passwörter

Falls Sie kostenlose Programme suchen, diese aber nicht aus dem Internet laden wollen: Viele Zeitschriften, z. B. die „PC Praxis", liefern Gratisprogramme auf einer beigelegten DVD mit.

Sonstige Notizen

Sie suchen Bücher und andere Medien, neu, gebraucht, Weltliteratur oder Lektüre zu Ihrem Hobby? Unter dieser Webadresse werden Sie ganz bestimmt fündig: *http://www.booklooker.de*.

11

Clever kaufen und verkaufen: So geht es günstig und sicher

Ich habe bereits sehr viele Produkte übers Internet erworben und kann das Onlineshopping sehr empfehlen! In diesem Kapitel stelle ich Ihnen die besten Webangebote dazu vor: für Preisvergleiche, Erfahrungsaustausch mit anderen Konsumenten, günstige Einkäufe, Internetauktionen sowie Kleinanzeigen aller Art. Hier lässt sich eine ganze Menge Geld sparen!

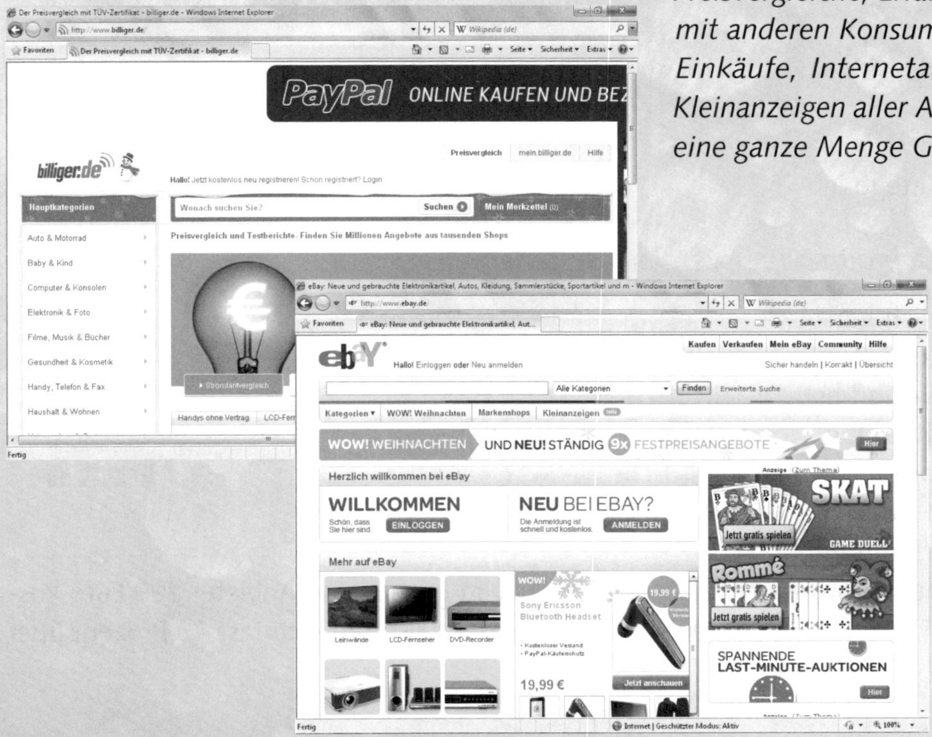

Viel Geld sparen durch Preisvergleiche! – Stecken Sie das Ersparte lieber Ihren Enkeln zu

Sie müssen in Zukunft nicht mehr ein Geschäft nach dem anderen abklappern, um das günstigste Angebot ausfindig zu machen. Erledigen Sie Ihre Preisvergleiche bequem übers Internet!

Wie stelle ich Preisvergleiche übers Internet an?

Es gibt inzwischen eine ganze Menge Preisvergleichsanbieter, die es Ihnen kinderleicht machen. Beispielsweise unter *http://www.billiger.de* tippen Sie einfach die gewünschte Produktbezeichnung ins Suchfeld ein ❶ und drücken dann die [Enter]-Taste, um die Suche zu starten. Wenn Sie nur die Produktart kennen, aber noch nicht das genaue Produkt, stöbern Sie alternativ in den Kategorien ❷.

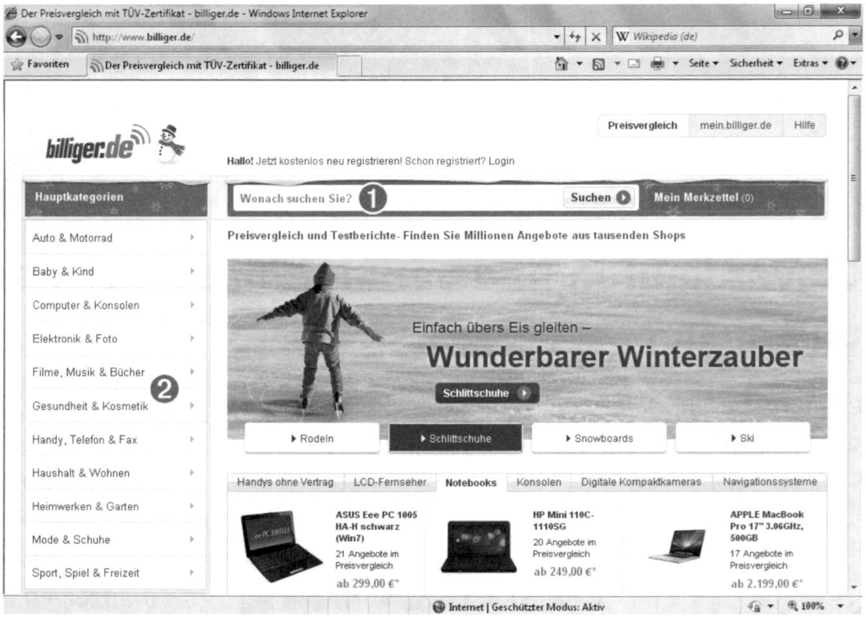

Wie viel Geld kann ich durch Preisvergleiche sparen?

Das richtet sich natürlich ganz nach Art und Preis des Produkts. In vielen Fällen sind es zweistellige Prozentzahlen, die Ihnen in Ihrem Portemonnaie verbleiben, wenn Sie beim günstigsten Anbieter kaufen.

Die Abbildung zeigt beispielsweise ein Notebook, das beim günstigsten Anbieter 299 Euro kostet, beim teuersten 417,19 Euro – der teuerste Anbieter liegt also preislich fast 40 Prozent über dem günstigsten!

Kann ich nur Preise von Produkten in Onlineshops vergleichen?

Nein, es gibt andere Preisvergleichsanbieter, die Preisvergleiche z. B. auch von Stromtarifen erlauben. Eine in diesem Zusammenhang sehr empfehlenswerte Webadresse ist *http://www.verivox.de*.

Ihr Strom- oder Gasanbieter hat schon wieder die Preise erhöht? Dann ist die Zeit für einen Wechsel gekommen – http://www.verivox.de hilft Ihnen dabei.

Unter welchen Webadressen kann ich Preisvergleiche anstellen?

In der folgenden Tabelle habe ich eine Reihe empfehlenswerter Preisvergleichsanbieter für Sie gesammelt – damit mehr Geld von Gehalt, Rente oder Pension übrig bleibt.

Webadresse	**Was ist hier zu finden?**
http://www.billiger.de	Stellen Sie unter dieser Webadresse Recherchen zu Produkten aller Art an: Wo ist das Navigationssystem, das ich suche, am günstigsten zu haben? Hier erfahren Sie es!
http://www.guenstiger.de	Auch auf dieser Webseite stellen Sie Preisvergleiche zu den unterschiedlichsten Produkten an. Wählen Sie das gewünschte Produkt einfach über die Kategorien oder per Suchfeld aus. Die Webadresse ist auch mit *.at* sowie *.ch* verfügbar!
http://www.preisvergleich.org	Ein empfehlenswerter Preisvergleichsanbieter: Unter dieser Webadresse können Sie in den Kategorien nach Produkten stöbern oder bestimmte Produkte per Suchfeld finden. Schweizer verwenden die Endung *.ch*, Österreicher *.at*.
http://www.verivox.de	Diese Webseite widmet sich speziell dem Vergleich von Strompreisen, Gaspreisen sowie Telefon- und Internettarifen. Durch einen Anbieterwechsel verbleibt meist mehr Geld im Portemonnaie!
http://www.toptarif.de	Hier vergleichen Sie Stromanbieter, Gasanbieter sowie Anbieter von Telefon- und Internetanschlüssen. Darüber hinaus lassen sich verschiedene Finanzprodukte vergleichen.

Produktbewertungen: Tauschen Sie sich mit anderen Konsumenten aus!

Werbung tendiert dazu, Produkte über den grünen Klee zu loben, die Nachteile jedoch zu verschweigen. Um sich eine wirklich objektive Meinung zu einem Produkt bilden zu können, lesen Sie die Produkterfahrungen anderer Konsumenten.

Produktbewertungen lesen und selbst Produkte bewerten – wie läuft das ab?

Das läuft bei allen Anbietern ähnlich. Ich stelle Ihnen den Vorgang am Beispiel von *http://www.ciao.de* vor:

1

Suchen Sie zunächst mithilfe des eingebauten Suchfelds oder der Kategorien nach dem Produkt, zu dem Sie Bewertungen abrufen bzw. das Sie selbst bewerten möchten.

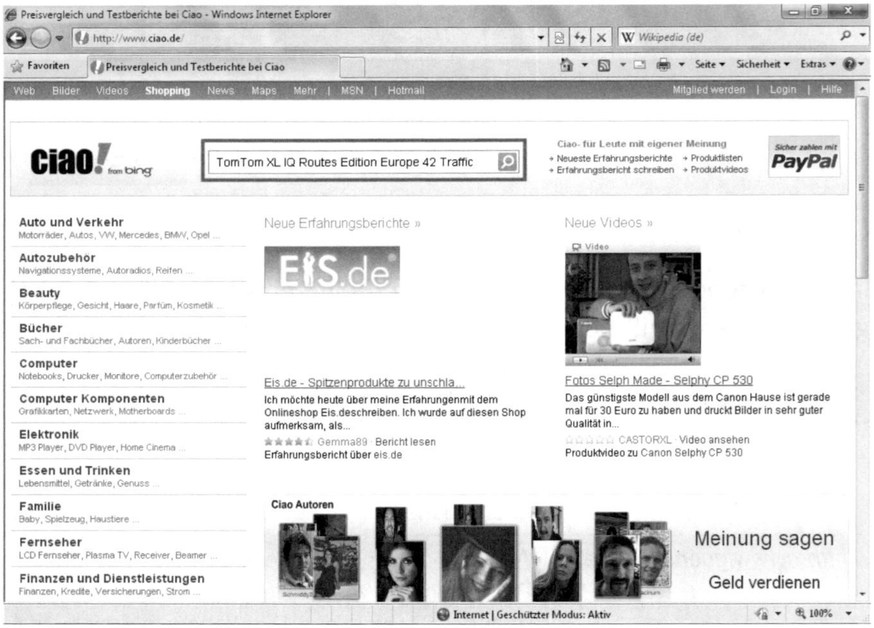

2

Wählen Sie das Produkt in der Liste aus, um sich nähere Informationen dazu anzeigen lassen. Sofern Erfahrungsberichte verfügbar sind, wird dies angezeigt. Klicken Sie auf *Erfahrungsberichte lesen* ...

3

... um sich mit der Meinung anderer Konsumenten zu einem Produkt vertraut zu machen.

4

Um selbst Ihre Erfahrungen kundzutun, klicken Sie entsprechend auf *Erfahrungsbericht schreiben*. Um ihn zu veröffentlichen, ist allerdings eine (kostenlose) Registrierung erforderlich.

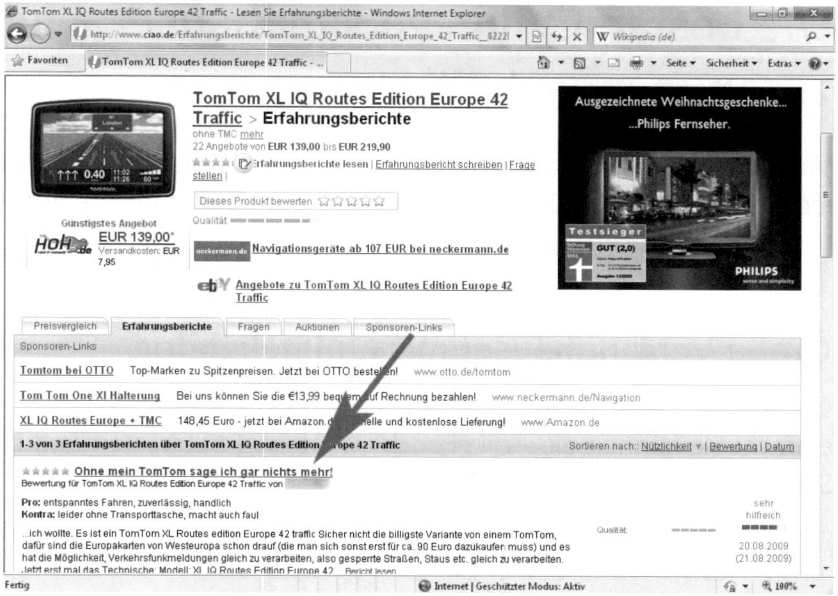

Auf welchen Webseiten kann ich mich über Produkte informieren und selbst Produkte bewerten?

Die Tabelle stellt Ihnen einige in diesem Zusammenhang besonders empfehlenswerte Webadressen vor: Tauschen Sie Ihre Produkterfahrungen mit anderen Konsumenten aus!

Webadresse	Was ist hier zu finden?
http://www.ciao.de	Hier finden Sie zwar auch Preisvergleiche, jedoch stehen Erfahrungsberichte zu den verschiedensten Produkten klar im Vordergrund. Für alle, die sich eine objektive Meinung zu einem Produkt bilden möchten.
http://www.idealo.de	Auch hier wird ein Preisvergleich angeboten. Zu den einzelnen Produkten stehen aber auch Testberichte zur Verfügung, und jeder Nutzer hat die Möglichkeit, anderen seine Meinung zu einem Produkt mitzuteilen. Auch mit Endung .at; die schweizerische Ausgabe mit .ch ist Anfang Januar 2010 noch in Bearbeitung.
http://www.dooyoo.de	Ein Preisvergleich und jede Menge von Nutzern verfasste Testberichte gibt es unter dieser Webadresse. Bewerten auch Sie Produkte, mit denen Sie zufrieden oder weniger zufrieden sind.
http://www.yopi.de	Diese Webseite bezeichnet sich selbst als „Verbraucherportal", und tatsächlich wird die Meinung der Verbraucher großgeschrieben. Hier kann jeder mitreden!
http://www.testberichte.de	Unter dieser Webadresse stehen weniger Tests durch Verbraucher als durch Zeitschriften im Vordergrund. Lesen Sie z. B. nach, wie die Stiftung Warentest ein Produkt bewertet hat.

Die besten Onlineversandhäuser – für Sie zusammengestellt

Vielleicht stellen Sie sich die Frage: Wo kann ich gefahrlos einkaufen? Ich habe für Sie empfehlenswerte Webadressen von seriösen Anbietern gesammelt – dort sind sichere Zahlung, sicherer Versand und Rückgaberecht gewährleistet.

Große Versandhäuser mit Onlinekatalog

Große Kataloge werden in der Regel nur noch auf Wunsch verschickt. Der Grund dafür ist ganz einfach: Sie können die Artikel auch im Internet betrachten und bestellen. In der Tabelle finden Sie die Webadressen großer Versandhäuser.

Webadresse	Was ist hier zu finden?
http://www.otto.de	Auf der Webseite von Otto stöbern Sie entweder in den Kategorien oder verwenden das eingebaute Suchfeld, um bestimmte Artikel zu finden. Auch Schnäppchen sind im Angebot!
http://www.neckermann.de	Auch bei Neckermann können Sie ganz bequem im Onlinekatalog blättern und die gewünschten Artikel gleich ohne Porto und Zeitverlust bestellen.
http://www.baur.de	Mode, Schmuck, Möbel und mehr: Das alles finden Sie unter dieser Webadresse. Wer den Baur-Katalog liebt, dem wird auch dieses Webangebot gefallen.
http://www.schwab.de	Und noch ein Versandhaus mit Onlinekatalog: Schwab hat eine Vielzahl toller Artikel im Angebot und bietet auch das eine oder andere Schnäppchen an.
http://www.bader.de	Bader kommt nicht nur ganz groß in Mode, sondern bietet auch viele weitere Artikel. Auch mit *.at* und *.ch* verfügbar.

Welche Zahlungsmethode soll ich wählen?

Am bequemsten ist, wie ich finde, die Bezahlung per Bankeinzug oder Kreditkarte: Sie brauchen sich dann um gar nichts zu kümmern. Prüfen Sie aber in jedem Fall regelmäßig Ihre Buchungen – unrechtmäßige Transaktionen lassen Sie gegebenenfalls sofort stornieren! Bei den meisten großen Anbietern können Sie sich die Ware aber auch problemlos gegen Rechnung zuschicken lassen. Nur fortgeschrittenen Internetnutzern empfehle ich die Verwendung anderer Zahlungsmethoden wie z. B. PayPal – hierbei wird die Zahlung über einen externen Anbieter abgewickelt.

Onlinebuchhändler mit vielen weiteren Angeboten

Angefangen hat es mit Büchern, aber die großen Onlinebuchhändler haben inzwischen viel mehr zu bieten. In der Tabelle liste ich die Webadressen empfehlenswerter Anbieter für Sie auf.

Webadresse	Was ist hier zu finden?
http://www.amazon.de	Mit Büchern hat es angefangen, aber bei Amazon finden Sie inzwischen Artikel aller Art. Ich persönlich kaufe hier sehr gern und habe bisher ausschließlich positive Erfahrungen gemacht!
http://www.buecher.de	Auch unter dieser Webadresse können Sie nicht nur Bücher bestellen, sondern auch Musik, Filme, Programme, Spielwaren und Elektronikartikel.
http://www.buch.de	Ein großer Onlinebuchhändler, der unter *http://www.buch.ch* auch einen Ableger in der Schweiz hat. Natürlich sind auch hier nicht nur Bücher, sondern viele weitere Artikel im Sortiment.
http://www.weltbild.de	Bücher, CDs, Geschenkartikel und mehr – bei Weltbild gibt es viele günstige Artikel, die Sie auch online bestellen können. Das Angebot auf der Webseite ist größer als das des gedruckten Katalogs! Auch mit *.at* und *.ch* verfügbar.
http://www.derclub.de	Für alle Mitglieder im Club Bertelsmann ist diese Webadresse eine gute Anlaufstelle, um aktuelle Bestseller und weitere Artikel günstiger zu kaufen als anderswo.

Weitere empfehlenswerte Onlineversandhäuser

Ihre Kauflust ist noch nicht gestillt? In der Tabelle finden Sie weitere empfehlenswerte Anbieter, die meist hochwertige Artikel zu günstigen Preisen anbieten.

Webadresse	Was ist hier zu finden?
http://www.tchibo.de	Hier gibt es viele verschiedene Artikel, die zumeist eines gemeinsam haben: Qualität und Preis stimmen. Für die Schweiz: *http://www.tchibo.ch*, für Österreich: *http://www.eduscho.at*.
http://www.bonprix.de	Mode und mehr bestellen Sie zu wirklich günstigen Preisen unter dieser Webadresse. Auch große Größen sind für bonprix in der Regel kein Problem.
http://www.plus.de	Der Discounter Plus wurde mittlerweile von Netto übernommen – den Onlineshop gibt es aber noch mit vielen Artikeln, bei denen das Preis-Leistungs-Verhältnis stimmt.
http://www.lidl-shop.de	Interessante Angebote hat auch Lidl auf Lager. Schauen Sie sich doch mal im Onlineshop des Discounters um. Hier gibt es Artikel, die Sie in den Filialen nicht finden.
http://www.galeria-kaufhof.de	Auch unter dieser Webadresse können Sie ganz bequem und sicher online einkaufen, und zwar Artikel aller Art: Haushaltswaren, Uhren, Schreibwaren und vieles weitere.

Für Blumen, Geschenke & Co.: empfehlenswerte Läden, die Sie kennen sollten

Gern stelle ich Ihnen noch weitere Onlineshops vor, bei denen Sie günstig einkaufen können – für sich und andere. Auch Käufer aus der Schweiz und Österreich sind in der Regel höchst willkommen!

Artikel rund um PC und Elektronik

Alles was mit dem Computer oder Elektronik im Allgemeinen zu tun hat, finden Sie unter den Webadressen, die ich in der folgenden Tabelle für Sie gesammelt habe.

Webadresse	Was ist hier zu finden?
http://www.databecker.de	Informieren Sie sich unter dieser Webadresse über die Angebote von DATA BECKER: Programme, Bücher und Computerzubehör können Sie auch online bestellen.
http://www.pearl.de	Viel Nützliches und viele elektronische Spielereien gibt es bei Pearl. Auf dieser Webseite finden Sie zahlreiche Artikel, die in herkömmlichen Geschäften nicht erhältlich sind.
http://www.conrad.de	Ein großes Versandhaus für Elektronik und Technik präsentiert sich unter dieser Webadresse: Notebooks, Digitalkameras, Haustechnik und vieles mehr finden Sie hier oft recht preisgünstig.
http://www.redcoon.de	Auch dieser Onlineversender bietet Elektronik zu günstigen Preisen. Bestellen Sie hier z. B. Ihren neuen Fernseher. Für Fragen zu einem Produkt steht ein Livechat zur Verfügung.
http://www.comtech.de	Dieser Onlineshop hat sich ebenfalls der Elektronik verschrieben und bietet vom Computer über den Fernseher bis zur Waschmaschine alles, was Strom braucht.

Wie funktioniert eigentlich ein Onlinekauf?

Das ist ganz einfach, und das Prinzip ist stets dasselbe: Sie wählen einen Artikel aus und legen ihn per Mausklick in einen „Warenkorb" oder „Einkaufswagen". Möchten Sie Ihren Einkauf schließlich beenden, gehen Sie – wiederum per Mausklick – zur „Kasse". Dort machen Sie die notwendigen Angaben zu Lieferadresse, Zahlungsmethode etc. Abschließend schicken Sie die Bestellung ab. Eine Bestellbestätigung erhalten Sie per E-Mail, die Ware per Post oder über einen anderen Paketdienstleister.

Blumengrüße übers Internet versenden

Machen Sie Ihren Lieben doch öfter mal eine Freude, indem Sie ihnen Blumen schicken. Übers Internet ist das eine Angelegenheit weniger Handgriffe: Eine ganze Reihe von Blumengeschäften bieten dort ihre Dienste an. Empfehlenswerte Anbieter entnehmen Sie der Tabelle.

Webadresse	Was ist hier zu finden?
http://www.fleurop.de	Deutsche Kunden versenden Blumen unter dieser Webadresse, Österreicher wählen *http://www.fleurop.at*, Schweizer entscheiden sich für *http://www.fleurop.ch*.
http://www.valentins.de	Unter dieser Webadresse versenden Sie nicht nur Blumen, sondern beispielsweise auch Ballonsets, eine Flaschenpost, Torten und einiges mehr.
http://www.blume2000.de	Hübsche Blumensträuße zu verschiedenen Anlässen versenden Sie auf dieser Webseite kostengünstig und zuverlässig. Da lohnt es sich, ein Kundenkonto zu eröffnen.
http://www.blumen.de	Ein weiterer empfehlenswerter Anbieter von Blumengrüßen. Neben Blumensträußen können auch Topfpflanzen bestellt und mit einer Grußkarte versehen werden.
http://www.floridee.de	Was hier gefällt: Es wird für einen Blumenstrauß jeweils der Gesamtpreis angezeigt, sodass Sie keine zusätzlichen Versandkosten einkalkulieren müssen.

Spielwaren und andere Geschenke kaufen

Auf der Suche nach Geschenken für Partner, Kinder oder Enkel möchten Sie das Getümmel in der Einkaufspassage vermeiden? In der folgenden Tabelle finden Sie Onlineshops, in denen Sie passende Geschenke übers Internet bestellen können.

Webadresse	Was ist hier zu finden?
http://www.mytoys.de	Ein großer Versandhandel für Spielzeug aller Art, aber auch Kinderbücher, Kleidung sowie Zubehör für die Modelleisenbahn. Mit vielen Schnäppchen!
http://www.jako-o.de	Auch auf dieser Webseite gibt es Artikel, die jedes Kinderherz höherschlagen lassen. Ein besonderer Schwerpunkt wird außerdem auf Kinderbekleidung gelegt.
http://www.kidoh.de	Hier gibt es ebenfalls viele Artikel für Kinder, aber auch Produkte, an denen Erwachsene sich erfreuen, z. B. DVDs, Hörbücher oder Elektronikartikel.
http://www.douglas.de	Unter dieser Webadresse macht die Parfümerie Douglas das Leben schöner: Düfte und weitere Geschenke lassen sich direkt online bestellen. Auch einige kostenlose Duftproben sind im Angebot.
http://www.christ.de	Eine Webadresse für anspruchsvollere Naturen: Hier finden Sie Uhren und Schmuck: Wählen Sie das Gewünschte auf der Webseite aus und lassen Sie es zu sich nach Hause senden.

Sammlerstücke finden oder Keller entrümpeln: eBay und weitere Internetauktionshäuser

Auktionen im Internet – das macht richtig Spaß! Sie können Dinge erwerben, nach denen Sie anderswo lange gesucht haben. Und Sie können tolle Schnäppchen machen!

Wie muss ich mir ein Internetauktionshaus vorstellen?

Das Internetauktionshaus ist eine Art Marktplatz, auf dem Verkäufer ihre Artikel feilbieten. Beim mit Abstand größten Internetauktionshaus eBay etwa sind Millionen von Verkäufern registriert. Ihr Vorteil: Die Vielzahl der Verkäufer macht sich gegenseitig Konkurrenz, was die Preise in den Keller drückt. Sie finden eBay unter *http://www.ebay.de* (bzw. *http://www.ebay.at* oder *http://www.ebay.ch*).

Kann nichts passieren, wenn ich bei eBay kaufe?

Leider sind im Internet auch viele Betrüger unterwegs, die sich Ware bezahlen lassen, aber dann nicht liefern. Oder unehrliche Personen, die die angebotenen Artikel falsch beschreiben. Aber keine Sorge: Schlechte Erfahrungen sind eher die Ausnahme. Da jeder Verkäufer über ein Bewertungsprofil verfügt, können Sie sich vor einem Kauf über dessen Zuverlässigkeit in Kenntnis setzen.

Und ich kann bei einer Internetauktion wie bei einer normalen Auktion auch auf einen Artikel bieten?

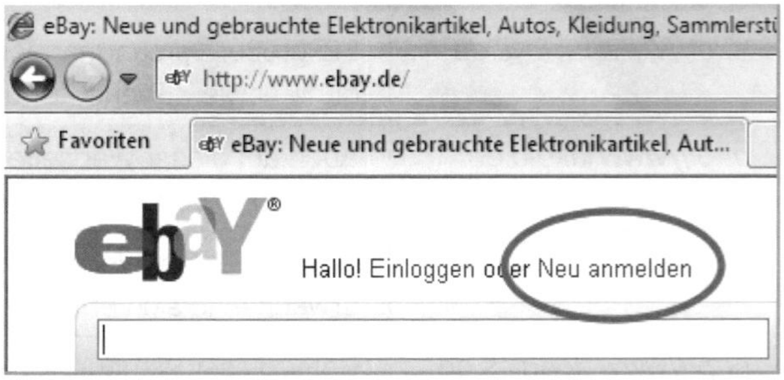

Ganz genau. Speziell bei eBay gibt es allerdings nicht nur Auktionen, sondern es können auch Artikel zum Festpreis erworben werden. Zur Veranschaulichung zeige ich Ihnen, wie Sie bei eBay einen bestimmten Artikel finden und darauf bieten. Voraussetzung ist allerdings, dass Sie sich zunächst registrieren. Hierzu klicken Sie auf *Neu anmelden*. Dann kann es losgehen:

1

Sie finden bei eBay sowohl ein eingebautes Suchfeld als auch eine Kategorienliste zum Stöbern. Das Suchfeld ❶ verwenden Sie, wenn Sie schon in etwa wissen, was Sie kaufen möchten, z. B. indem Sie den Suchbegriff *kaffeemaschine* verwenden. Die Kategorien ❷ dienen eher dazu, nach Schnäppchen in bestimmten Bereichen Ausschau zu halten.

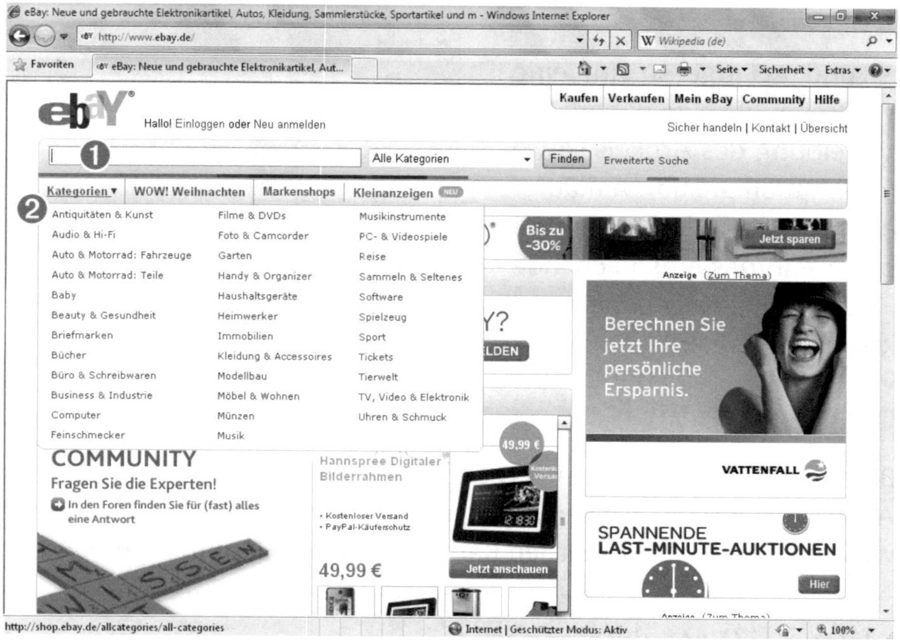

2

In diesem Fall habe ich mithilfe des eingebauten Suchfelds nach *„philip kiefer"* gesucht und erhalte nun eine Auflistung der passenden Artikel. Wenn mich ein Artikel interessiert, klicke ich ihn an ...

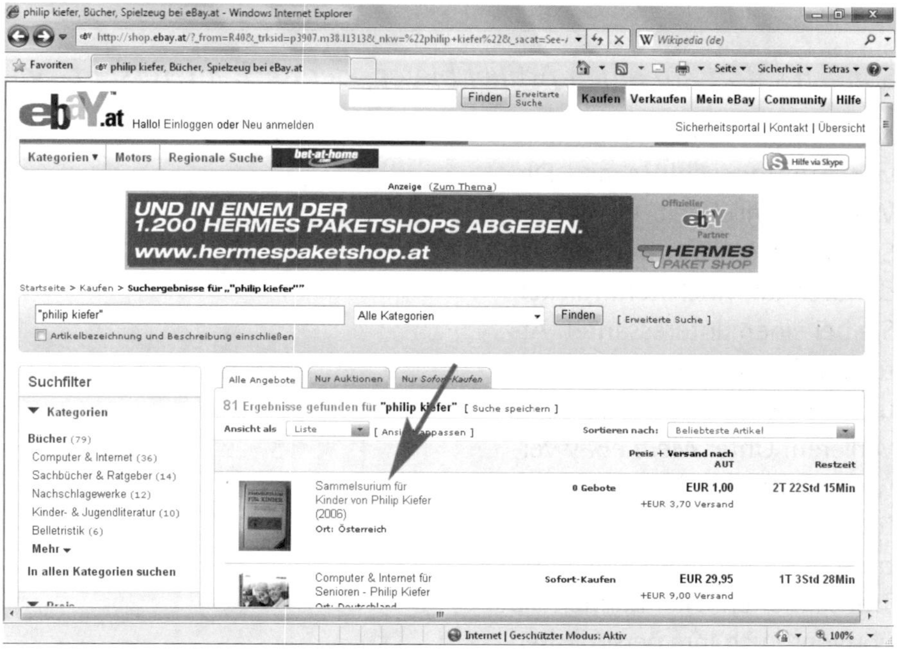

3

... und gelange so auf eine Webseite, die eine nähere Beschreibung des Artikels sowie Informationen zum Verkäufer enthält. Passt alles? Dann geben Sie in das entsprechende Feld Ihr Maximalgebot ein und klicken auf *Bieten*.

4

Bestätigen Sie im Folgenden das Gebot und hoffen Sie, dass sich keine anderen Personen für den Artikel interessieren, die bereit sind, mehr dafür auszugeben. Dann erhalten Sie den Zuschlag und werden über den erfolgreichen Kauf per E-Mail in Kenntnis gesetzt.

Was heißt Maximalgebot?

Es wird jeweils nur der notwendige Betrag geboten, um Höchstbietender zu bleiben. Sie können einen Artikel also am Ende auch günstiger erwerben.

Soll ich sofort auf einen Artikel bieten, der mich interessiert, oder lieber abwarten?

Mein Tipp: Warten Sie bis kurz vor Auktionsschluss ab. Die Wahrscheinlichkeit, ein echtes Schnäppchen zu machen, ist dadurch am höchsten. Klicken Sie bei einem interessanten Artikel auf *Angebot beobachten*, um ihn nicht aus den Augen zu verlieren. Unter *Mein eBay* verwalten Sie alle Ihre beobachteten Artikel sowie Ihre Gebote und die abgeschlossenen Transaktionen. Hier können Sie übrigens auch Ihre persönlichen Daten ändern, falls ein Umzug ins Haus steht.

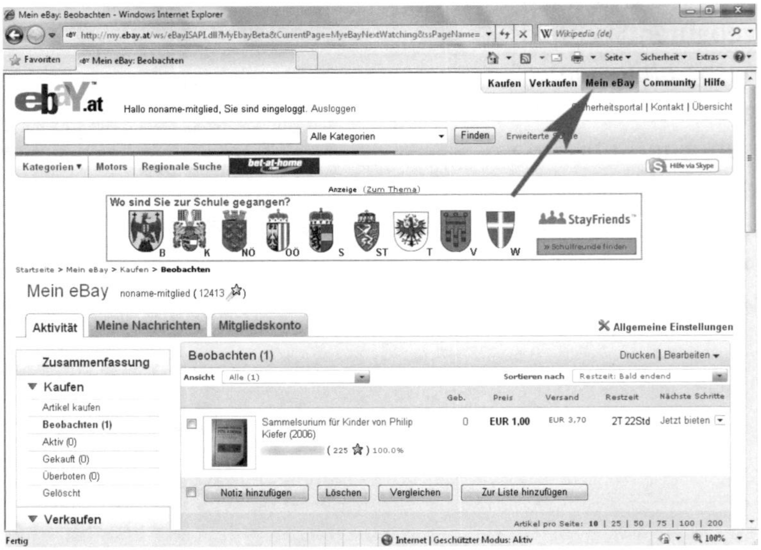

Das ist ja überhaupt nicht schwer! Und ich kann bei eBay und anderen Internetauktionshäusern auch eigene Waren anbieten?

Ja, auch private Verkäufer sind willkommen, und es kann sich so manches alte Möbelstück als wertvoll erweisen, das Sie eigentlich auf den Sperrmüll werfen wollten. Ich empfehle Ihnen, bei eBay zunächst einige Artikel zu kaufen, um Erfahrungen mit dem Marktplatz zu machen. Wenn Sie dann selbst einen Artikel einstellen möchten, klicken Sie auf *Verkaufen*, um ein entsprechendes Formular aufzurufen – das Ganze ist eine Sache weniger Handgriffe; über die jeweiligen Gebühren werden Sie informiert.

Welche Internetauktionshäuser sind einen Besuch wert?

In der Tabelle stelle ich Ihnen Internetauktionshäuser vor, die Sie in jedem Fall kennen sollten. Sie können nicht nur gebrauchte sowie neue Produkte ersteigern, sondern auch Dienstleistungen.

Webadresse	Was ist hier zu finden?
http://www.ebay.de	Unter dieser Webadresse erreichen Sie eBay Deutschland. Der österreichische Ableger findet sich unter *http://www.ebay.at*, Schweizer suchen unter *http://www.ebay.ch* nach Artikeln, die sie interessieren.
http://www.auvito.de	Dieses Internetauktionshaus ist für alle interessant, denen eBay zu unübersichtlich geworden ist. Auch hier lässt sich das eine oder andere Schnäppchen machen! (Auch *.ch* und *.at.*)
http://www.hood.de	Kein wirklicher Konkurrent zu eBay, aber eine gute Adresse für kostenlose Internetauktionen. Kaufen und verkaufen Sie hier Artikel aus den verschiedensten Kategorien. (Auch *.at.*)
http://www.zoll-auktion.de	Unter dieser Webadresse versteigert der deutsche Zoll unterschiedliche Artikel von Alkohol bis Auto. Ziel ist es, etwas Geld in die klammen Kassen des Finanzministeriums zu spülen.
http://www.my-hammer.de	Unter dieser Webadresse werden keine Waren versteigert, sondern Handwerksdienstleistungen. Brauchen Sie einen Handwerker zum Tapezieren oder Klempnern? Hier finden Sie den günstigsten! (Auch *.at.*)

Kostenlose Kleinanzeigen übers Internet schalten

Die gute alte Kleinanzeige hat sich ebenfalls einen Platz im World Wide Web erobert. Ob Sie Sammelobjekte suchen, einen Mieter oder neue Vereinsmitglieder – Sie werden ganz bestimmt schnell fündig.

Kleinanzeigen übers Internet schalten – wie funktioniert das?

Sie können sich zum einen auf den Webseiten Ihres lokalen Wochenblatts umsehen, ob da eventuell das Schalten einer Anzeige angeboten wird. Besonders empfehlenswert sind jedoch spezielle Kleinanzeigen-Webseiten wie etwa *http://www.quoka.de*. Mithilfe des eingebauten Suchfelds oder der Kategorien können die Besucher hier schnell alle Angebote finden, die sie interessieren, ohne einen kompletten Anzeiger durchwühlen zu müssen.

Quoka ist ein Angebot des Vorarlberger Medienhauses und bietet unter http://www.quoka.de jede Menge Kleinanzeigen zu allen möglichen Themen; die Angaben in Klammern zeigen jeweils an, wie viele Anzeigen in einer Kategorie gelistet sind.

Das Angebot ist wirklich sehr umfangreich: Kann ich nach Anzeigen nur in meiner Nähe suchen?

Ja, unter *http://www.quoka.de* und bei den anderen großen Kleinanzeigenmärkten wird hierfür ein zusätzliches Formular angeboten, in dem Sie Ort und Umkreis festlegen.

Toll! Und wie kann ich mit einem Verkäufer Kontakt aufnehmen?

Entweder ist zu diesem Zweck eine Rufnummer angegeben, oder die Kontaktaufnahme erfolgt durch das Versenden einer Nachricht.

Wie kann ich selbst eine Kleinanzeige schalten?

Unter *http://www.quoka.de* klicken Sie dazu auf *Kostenlos inserieren*, wählen eine passende Kategorie aus und machen im folgenden Formular die notwendigen Angaben.

Auf welchen Webseiten kann ich kostenlose Kleinanzeigen schalten und nützliche Angebote finden?

Empfehlenswerte Webadressen zu diesem Thema habe ich in der Tabelle für Sie zusammengestellt. Praktisch: Sie können bei der Suche übers Internet den Umkreis Ihrer Suche selbst bestimmen.

Webadresse	Was ist hier zu finden?
http://www.quoka.de	Unter dieser Webadresse finden Sie einen riesigen Kleinanzeigenmarkt. Durchstöbern Sie hier rund eine Million neue Anzeigen pro Monat (Angabe des Betreibers).
http://kleinanzeigen.ebay.de	Auch bei eBay können Sie kostenlose Kleinanzeigen schalten – und interessante Angebote auch in Ihrer Nähe ausfindig machen. Ein Besuch lohnt sich!
http://www.markt.de	Ein großer Marktplatz zu allen möglichen Themen. Veröffentlichen Sie ein kostenloses Inserat, um einen alten Schrank zu verkaufen oder einen zuverlässigen Mieter für Ihre Einliegerwohnung zu finden.
http://www.local24.de	Ein Marktplatz für Kleinanzeigen auch in Ihrer Nähe: Tippen Sie in die zwei Eingabefelder ein, was Sie wo suchen, und drücken Sie die Enter-Taste – schon erhalten Sie die passenden Ergebnisse.
http://www.craigslist.org	Dies ist ein internationales Kleinanzeigenverzeichnis, das auch für einige deutsche Großstädte verfügbar ist. Bemerkenswert: Craigslist verzeichnet weltweit drei Milliarden Seitenzugriffe pro Monat.

Pinnwand

Bewegen Sie den Mauszeiger über einen Link, wird Ihnen unten in der Statusleiste des Internet Explorer 8 die zugehörige Webadresse angezeigt.

Interessante Webadressen

Platz für Ihre Passwörter

Hätten Sie das gedacht? Über 40 Prozent der Deutschen nutzen die Möglichkeit, Produkte übers Internet zu erwerben.

Sonstige Notizen

Sie suchen viele weitere Onlineshops, bei denen Sie sicher einkaufen können? Unter *http://www.trustedshops.de* finden Sie Links zu Tausenden von Shops mit Gütesiegel.

12

Reisen bequem planen und einfach buchen

Jetzt folgt ein Kapitel für Reiselustige! Auch in diesem Zusammenhang hat Ihnen das World Wide Web viel zu bieten: Von der bequemen Reiseplanung am Computer über das Buchen von Reisen übers Internet bis hin zum Besuch Ihrer Lieblingsorte weltweit durch Echtzeitbilder oder Satellitenaufnahmen. Lassen Sie sich von den exzellenten Möglichkeiten begeistern, die das Internet bereithält, um Ihr Fernweh zu lindern!

Wo soll es hingehen? – Reiseportale, die Lust auf Urlaub machen!

Sie wollen verreisen, aber wissen noch gar nicht, wohin es gehen soll? Auf den Webseiten, die ich Ihnen hier vorstelle, finden Sie viele Anregungen und alle Informationen, die Sie brauchen.

Reisemagazine im World Wide Web

Informationen zu Reisezielen auf der ganzen Welt finden – kein Problem im World Wide Web. In diesem Zusammenhang empfehlenswerte Webadressen entnehmen Sie der folgenden Tabelle.

Webadresse	Was ist hier zu finden?
http://www.laender-reisen.de	Eine sehr umfangreiche Webseite mit Beiträgen zu allen möglichen Reisezielen. Wählen Sie eine Region und das gewünschte Land aus, um entsprechende Informationen zu erhalten.
http://www.fernweh.de	Unter dieser Webadresse finden Sie ein Reiseportal mit spannenden Reiseberichten, wichtigen Informationen sowie einem Reiseforum. Auch einige Videos sind im Angebot.
http://www.reisefrage.net	Zum Thema Ratgeber-Community haben Sie bereits einige Webadressen kennengelernt. Auf dieser Webseite finden Sie Antworten auf alle Ihre Fragen zum Thema Reisen.
http://www.wirwarendort.at	In diesem österreichischen Reisemagazin finden Sie bebilderte Reiseberichte aus der Alpenrepublik genauso wie aus Deutschland, der Schweiz und aus aller Welt.
http://www.reiseblick.ch	Toll: Auf der Webseite des – nach eigenen Angaben – größten Reisemagazins der Schweiz lassen sich die Artikel im PDF-Format betrachten bzw. auf den PC herunterladen, auch aus dem Archiv.

Reisen Sie in die Tropen? – Dann lassen Sie sich impfen!

Für Reisen in manche Länder sind besondere Impfungen und Schutzvorkehrungen erforderlich. Unter der Webadresse *http://www.fit-for-travel.de* finden Sie die entsprechenden Informationen zu über 300 Reisezielen mit Impfempfehlungen, speziellen Gesundheitsrisiken sowie einer Klimatabelle. Darüber hinaus gibt es unter der Rubrik „Risikogruppen" spezielle Gesundheitshinweise für Senioren sowie chronisch Kranke.

Portale mit jeder Menge Reise-Links

Sie suchen nach Webseiten zu bestimmten Ländern oder nach sonstigen Webseiten rund um das Thema Reisen? In der folgenden Tabelle finden Sie Webadressen von Linkportalen, die in diesem Zusammenhang keine Wünsche offen lassen.

Webadresse	Was ist hier zu finden?
http://www.reiselinks.de	Unter dieser Webadresse wurden viele Links zum Thema Reisen für Sie zusammengestellt. Besonders interessant: die Rubrik „Best Ager Reisen“.
http://www.reisebot.de	Auch dieser Reisekatalog wartet mit vielen Links rund um das Reisen auf: Onlinereiseführer, Reisepartnervermittlungen und mehr – hier werden Sie fündig!
http://www.reisevista.de	Eine tolle Webseite für jeden Freund des Reisens: Sie finden zahlreiche Links zu Ländern und Städten, Reiseberichten, Touristikanbietern und vielem mehr.
http://www.reiselinks.at	Interessante Reise-Links wurden auch auf dieser österreichischen Webseite gesammelt. Besonders interessant finde ich hier die Rubrik „Länderinformationen“.
http://www.auswaertiges-amt.de	Auf der Webseite des Auswärtigen Amts werden Sie nicht nur über das Thema Sicherheit an Ihrem Reiseziel in Kenntnis gesetzt, es gibt auch jede Menge Länderinfos sowie die Kontaktadressen von Auslandsvertretungen.

Reiseveranstalter speziell für Senioren

Auch wer unter gesundheitlichen Einschränkungen leidet, muss auf das Reisen nicht verzichten! In der folgenden Tabelle finden Sie Webadressen von Anbietern, die auf die speziellen Bedürfnisse von Senioren beim Reisen eingehen.

Webadresse	Was ist hier zu finden?
http://www.drk-reise.de	Reisen auch mit Gebrechen: Das Deutsche Rote Kreuz bietet einen Reiseservice an, den auch Sie in Anspruch nehmen können. Informationen dazu gibt es auf dieser Webseite.
http://www.videlis.de	Ein Verein, der sich dem Reisen von älteren Menschen verschrieben hat. Unter dieser Webadresse finden Sie zahlreiche Reiseberichte, Reiseangebote und einiges mehr.
http://www.ab50reisen-dasmagazin.de	Hier gibt es tolle Reiseangebote und Reisetipps, z. B. für eine kulinarische Reise – vielleicht erhalten Sie unter dieser Webadresse Anregungen für Ihren nächsten Urlaub?
http://www.ferien66.de	Das Motto dieser Webseite: „Reisen im besten Alter“. Mit interessanten Urlaubsangeboten inklusive Buchungsinformationen speziell für Senioren.
http://www.reisekontakte.at	Klicken Sie unter dieser Webadresse auf „Reisearten“ und wählen Sie unter „Rundreisen“ den Eintrag „Ergänzende Rundreisen nach Zielgruppen“, um interessante Angebote zu finden.

In einem Internetreisebüro finden Sie Ihre Reise zum günstigsten Preis

Falls Sie übers Internet nicht nur Reiseinformationen finden, sondern auch gleich Ihre Traumreise buchen wollen: Gar kein Problem – nutzen Sie die Angebote verschiedener Onlinereisebüros und sparen Sie beim Buchen unter Umständen eine Menge Geld!

Wenn ich eine Reise übers Internet buche: Kann ich da nichts falsch machen?

In etwa genauso viel wie im örtlichen Reisebüro – die Onlinereisebüros funktionieren vom Prinzip her nicht anders. Sie wählen eine Reise aus, buchen sie, und schön können Sie sich auf den nächsten Urlaub freuen! Das ist alles gar nicht kompliziert, versprochen.

Wie geht das genau? Wie wähle ich bei einem Onlinereisebüro eine Reise aus?

In fast allen Fällen steht hierfür auf der jeweiligen Webseite ein entsprechendes Auswahlformular zur Verfügung: Machen Sie dort Angaben zur gewünschten Reise, also zum Abflughafen, zum Reiseziel, zum Urlaubstermin, zur Anzahl der Personen. Klicken Sie dann – beim Beispiel *http://www.weg.de* – auf *Angebote finden*, um sich die passenden Reiseangebote anzeigen zu lassen.

Die Stiftung Warentest hat 2006 verschiedene Onlinereisebüros genauestens unter die Lupe genommen und http://www.weg.de zum Testsieger gekürt – selbstverständlich handelt es sich auch noch 2010 um einen sehr empfehlenswerten Anbieter.

Und wie buche ich eine Reise, die mir zusagt?

Nichts leichter als das: Wählen Sie ein Angebot aus, lassen Sie den Preis prüfen und klicken Sie dann auf *zur Buchung* ❶. Füllen Sie das Buchungsformular ❷ aus, das Sie übers Internet abschicken. Eine Buchungsbestätigung erhalten Sie per E-Mail, die Reiseunterlagen kommen per Post.

Unter welchen Webadressen kann ich Urlaubsreisen buchen, bei denen das Preis-Leistungs-Verhältnis stimmt?

In der Tabelle habe ich die Webadressen von besonders empfehlenswerten Onlinereisebüros für Sie gesammelt – da sind Reisen nach Ihrem Geschmack sicher dabei!

Onlinereisebüro	Webadresse des Anbieters
Weg.de	*http://www.weg.de*
Opodo	*http://www.opodo.de*
Expedia	*http://www.expedia.de*
Travel.ch	*http://www.travel.ch*
ITS Billa Reisen	*http://www.itsbilla.at*

Ohne Warteschlange: Bahnfahrkarten übers Internet kaufen

Übers Internet können Sie nicht nur Reisen und Flüge buchen, sondern auch Bahnfahrkarten kaufen. In Deutschland wählen Sie hierfür die Webadresse *http://www.bahn.de*, in Österreich die Webadresse *http://www.oebb.at* und in der Schweiz *http://www.sbb.ch*. Am Beispiel der Deutschen Bahn zeige ich Ihnen Schritt für Schritt, wie es gemacht wird:

1

Sie finden unter *http://www.bahn.de* ein Formular, in dem Sie Start- und Zielbahnhof festlegen sowie Angaben zum Abfahrtsdatum und der gewünschten Abfahrtszeit, zur Anzahl der Personen etc. machen. Nachdem Sie dort Ihre Wünsche eingegeben haben, klicken Sie auf *Suchen*.

2

Ihnen werden nun einige Bahnverbindungen vorgestellt. Ich empfehle, sich für eines der Sparangebote zu entscheiden. Klicken Sie auf *Verfügbarkeit prüfen*, um zu ermitteln, ob ein Sparangebot für die gewünschte Bahnverbindung zur Verfügung steht.

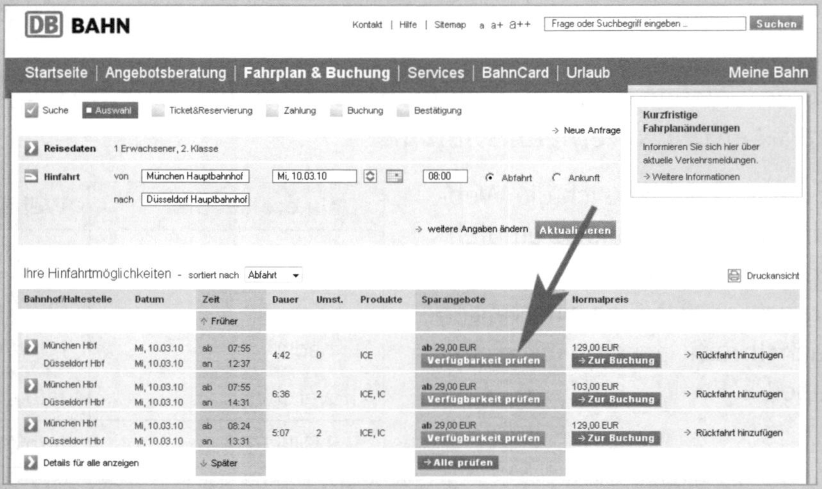

3

Schade, in diesem Fall ist kein Sparangebot verfügbar. Klicken Sie auf *Zurück* ❶, um ein anderes Angebot auszuwählen, oder auf *Zur Buchung* ❷, um die Fahrkarte zu bestellen.

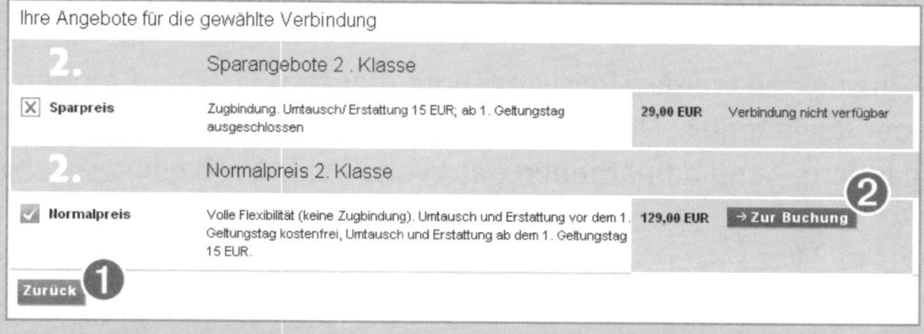

4

Es folgt ein Fenster, in dem Ihnen der Kauf einer Bahncard angeboten wird. Anschließend machen Sie nähere Angaben zu Ihrer Buchung: Wollen Sie einen Sitzplatz reservieren? Wollen Sie die Fahrkarte selbst ausdrucken oder lieber – gegen eine Gebühr – per Post zugesandt bekommen? Sie haben die Wahl!

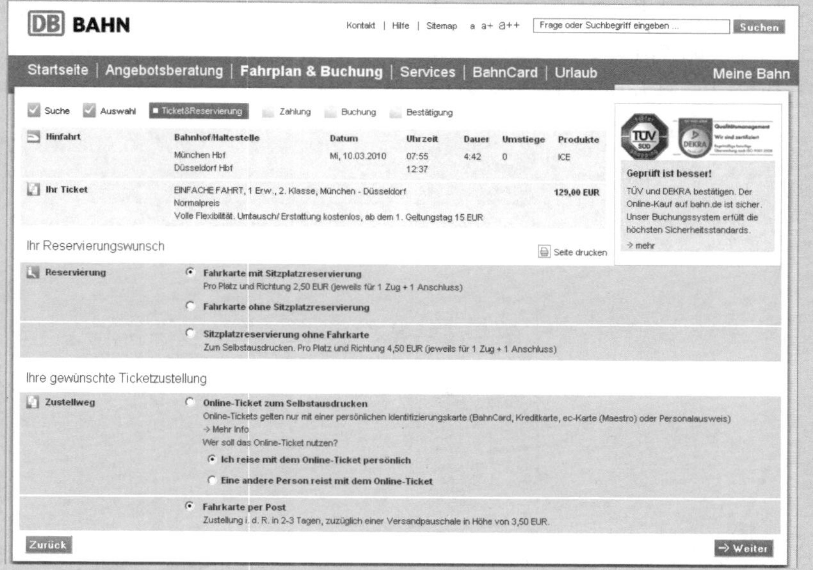

5

Abschließend fehlen nur noch einige persönliche Angaben sowie Angaben zur Zahlung. Nun können Sie Ihre Bahnfahrkarte kaufen – ganz ohne Schlangestehen!

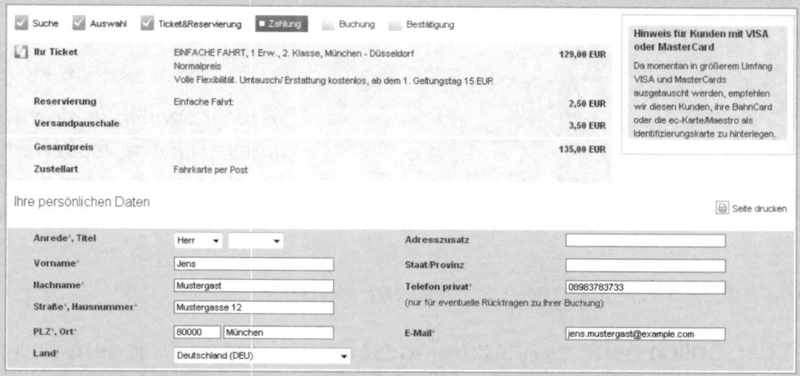

Entspricht das Hotel Ihren Vorstellungen? – Die Bewertungen anderer Urlauber helfen

In Prospekten werden Reiseangebote meistens über den grünen Klee gelobt. Doch wie sieht es in der Realität aus? Um objektive Bewertungen zu erhalten, hilft nur der Austausch mit anderen Urlaubern – und da hat Ihnen das World Wide Web einiges zu bieten!

Gibt es Webseiten, auf denen ich Bewertungen zu einem Hotel oder zu einer Urlaubsreise abrufen kann?

Ja, es gibt einige solcher Webseiten. Das größte und beliebteste Angebot für Hotel- und Urlaubsbewertungen finden Sie unter der Webadresse *http://www.holidaycheck.de*. Verwenden Sie dort einfach das eingebaute Suchfeld, um z. B. Bewertungen zu einem Hotel abzurufen, bei dem Sie im Begriff sind, ein Zimmer zu buchen.

Je mehr Sonnen in einer Kategorie, desto besser – in diesem Fall eine Topbewertung für das gesuchte Hotel. Um die Erfahrungsberichte der Nutzer zu lesen, klicken Sie auf Hotelbewertungen lesen.

Finde ich Bewertungen zu jedem Hotel?

Ich persönlich habe bisher zumindest Bewertungen zu jedem von mir gesuchten Hotel gefunden – die Wahrscheinlichkeit, einen Treffer zu landen, ist also sehr hoch!

Wirklich toll! Ich würde gern selbst ein Hotel bewerten, in dem ich meinen letzten Urlaub verbracht habe. Wie gehe ich dazu vor?

Unter *http://www.holidaycheck.de* klicken Sie oben auf *mitmachen und bewerten* und wählen aus, welche Art Bewertung Sie vornehmen möchten. Entscheiden Sie sich in diesem Fall also für den Link *Hotel bewerten*. Ein Assistent führt Sie dann durch den Bewertungsvorgang – es ist wirklich ganz einfach!

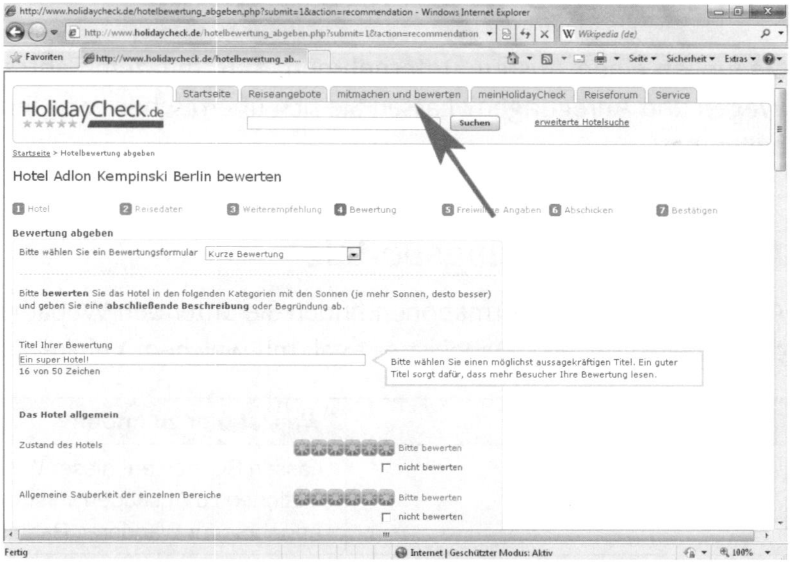

Welche Webseiten widmen sich Hotel- und Urlaubsbewertungen?

Die in diesem Zusammenhang empfehlenswertesten Webadressen entnehmen Sie der folgenden Tabelle. Lob und Tadel ist jeweils gleichermaßen willkommen!

Webadresse	**Was ist hier zu finden?**
http://www.holidaycheck.de	Diese Webseite wird in der Schweiz betrieben und gilt als größtes deutschsprachiges Portal für unabhängige Hotel- und Urlaubsbewertungen. Weitere Webadressen: *http://www.holidaycheck.at* und *http://www.holidaycheck.ch*.
http://www.zoover.de	Auch diese internationale Webseite für Hotelbewertungen verfügt über extra Webadressen für Österreich (*http://www.zoover.at*) und die Schweiz (*http://www.zoover.ch*).
http://www.trivago.de	Trivago ist nach eigenen Angaben der größte Hotelpreisvergleich in Europa. Gleichzeitig können Sie auch Hotelbewertungen lesen und eigene Bewertungen abgeben.
http://www.hotel.de	Unter dieser Webadresse können Sie nicht nur Ihr Hotelzimmer übers Internet buchen – teilen Sie auch anderen Nutzern nach Ihrem Urlaub mit, wie zufrieden Sie waren!
http://www.tripadvisor.de	Ebenfalls eine empfehlenswerte Webseite für Reisende: Sie finden viele Informationen, Tipps und Tricks, und Sie können Ihre Urlaubserfahrungen anderen Nutzern mitteilen.

Per Pedal oder pedes: Radtouren und Wanderungen mithilfe des Internets planen

Sie wollen einen Ausflug unternehmen, z. B. mit dem Fahrrad, und suchen nach geeigneten Wegen und Anregungen? Lassen Sie sich überraschen, was Ihnen das World Wide Web alles zu bieten hat!

Allgemeine Ausflugsportale

Ausflüge und Reiseinformationen finden Sie unter den Webadressen, die ich Ihnen in der folgenden Tabelle vorstelle. Dabei ist es egal, mit welchem Vehikel Sie unterwegs sind.

Webadresse	Was ist hier zu finden?
http://www.geolife.de	Lassen Sie sich auf dieser Webseite interaktive Karten und Informationen zu Ausflügen verschiedener Art anzeigen. Es gibt z. B. Angebote für Wanderer, Radfahrer oder Reiter.
http://www.wikivoyage.org	Unter dieser Webadresse gibt es einen Reiseführer zum Mitmachen: Sie finden Informationen zu allen möglichen Städten, Regionen etc. – wenn ein Eintrag fehlt, erstellen Sie diesen einfach selbst.
http://www.topin.travel	Diese Webseite wird in der Schweiz betrieben, bietet Anregungen für Ausflugsziele jedoch nicht nur Eidgenossen, sondern auch Österreichern und Deutschen.
http://www.tourenguide.ch	Hier gibt es Tipps für Ausflüge in der Schweiz, egal ob Sie zu Fuß, mit dem Rad oder auf Skiern unterwegs sind. Jeweils mit einem aktuellen „Tourentipp der Woche".
http://www.deutschland-tourismus.de	Unter dieser Webadresse finden Sie ein umfangreiches Projekt der deutschen Zentrale für Tourismus – mit Informationen beispielsweise zu Ferienstraßen oder historischen Städten.

Webseiten rund ums Wandern

Wenn Sie noch gut zu Fuß sind und gern per pedes die Landschaft erkunden, werden Ihnen die Webadressen in der folgenden Tabelle ganz bestimmt zusagen!

Webadresse	Was ist hier zu finden?
http://www.fernwege.de	Diese tolle Webseite stellt Fernwanderwege in ganz Europa vor – nicht nur mit Texten und Karten, im Angebot sind auch Videos sowie Erweiterungen für das beliebte Globusprogramm Google Earth.
http://www.wanderbares-deutschland.de	Sie sind auf der Suche nach geeigneten Wanderzielen in deutschen Landen? Dann wird diese Webseite Sie mit vielen Anregungen und Karten beglücken.
http://www.wanderweb.de	Unter dieser Webadresse finden Sie ein umfangreiches Linkverzeichnis rund ums Wandern in Deutschland, Österreich, der Schweiz und im Rest der Welt.
http://www.wandern.at	Wandern im schönen Österreich: Auf dieser hübsch aufgemachten Webseite finden Sie empfehlenswerte Wanderwege samt Informationen über Almen, Wanderhotels und mehr.
http://www.wanderland.ch	Die wohl beste Webseite rund ums Wandern in der Schweiz: Hier finden auch Sie beglückende Wanderwege in der von Ihnen gesuchten Region.

Webseiten für begeisterte Radfahrer

Radausflüge und Radreisen wollen gut geplant sein! Nutzen Sie hierfür die zahlreichen Angebote im World Wide Web. Besonders empfehlenswerte Webseiten habe ich in der Tabelle für Sie zusammengestellt.

Webadresse	Was ist hier zu finden?
http://www.bikemap.net	Radausflügler finden hier jede Menge Radtouren, auch bei Ihnen ganz in der Nähe! Das Besondere: Jeder Nutzer kann eigene interessante Routen veröffentlichen.
http://www.radreise-wiki.de	Auf dieser Webseite finden Radfahrer so ziemlich jede gesuchte Information, egal ob es sich um Radfernwege, Ausrüstung oder die Apotheke des Reiseradlers handelt.
http://www.radtouren.de	Dieses Magazin für Radreisende wartet mit vielen nützlichen Informationen und Berichten auf. Erfahren Sie beispielsweise, wie Sie auf dem Jakobsweg per Fahrrad pilgern.
http://www.fahrradreisen.de	Nach eigenen Angaben „Deutschlands größte Datenbank für Radreisen“. Unter der Rubrik „Radwege“ finden Sie selbstverständlich auch Touren in Österreich und der Schweiz.
http://www.bikely.com	Auf dieser Webseite werden Ihnen Radtouren weltweit vorgestellt und auf einer interaktiven Karte angezeigt – die Webseite ist allerdings leider englischsprachig.

Wie ist das Wetter am Urlaubsort? – Lassen Sie sich Echtzeitbilder anzeigen

Sie denken, Bilder zeigen immer nur Vergangenes? Von wegen! Im World Wide Web gibt es Bilder aus aller Welt, die in Echtzeit übertragen werden – eine richtig schöne Funktion, die ich Ihnen hier gern vorstelle.

Bilder in Echtzeit – wie soll das denn funktionieren?

Das Prinzip ist ganz einfach: An einem bestimmten Ort steht eine sogenannte Webcam (sprich: webkämm), die Bilder aufnimmt und direkt ins Internet einspeist. Unter der Webadresse der Webcam können diese Bilder dann von Ihnen abgerufen werden.

Ich kann mir das noch nicht so ganz vorstellen. Gibt es hierzu ein Beispiel?

Angenommen, Sie möchten wissen, wie zurzeit der Eiffelturm im Paris aussieht, etwa um die dortigen Wetterverhältnisse zu ermitteln: Laden Sie dann einfach eine entsprechende Webcam und betrachten Sie den Eiffelturm in Echtzeit!

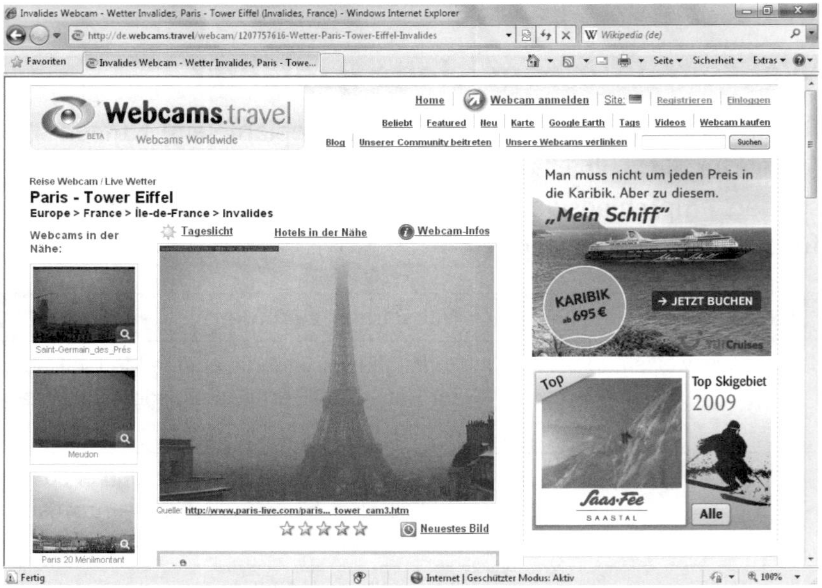

Die Webcam verrät es: In Paris sieht es gerade ziemlich neblig aus.

Welches Urlaubswetter darf ich erwarten?

Unter *http://www.wetter.com* finden Sie zuverlässige Wetterprognosen für Orte weltweit, darüber hinaus Reiseinformationen, verschiedene Galerien sowie eine Community – ein Besuch der Webseite lohnt sich!

Ich bin begeistert! Doch wie finde ich eine Webcam zu einer bestimmten Stadt oder Sehenswürdigkeit?

Sie können entweder danach googeln, beispielsweise nach *webcam berlin* oder *webcam „statue of liberty“*. Komfortabler ist es jedoch, einen Webcam-Katalog zu nutzen, etwa *http://www.globocam.de*: Dort gibt es viele Webcam-Links, übersichtlich nach Kategorien sortiert.

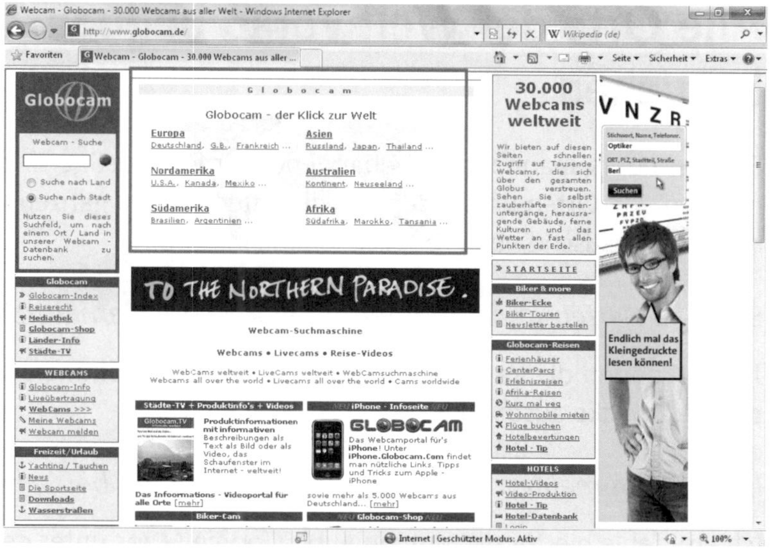

Unter http://www.globocam.de gibt es Links zu 30.000 Webcams weltweit – da finden Sie ganz bestimmt Webcams, die Ihr Interesse wecken!

Wo finde ich Webcams, die mich interessieren könnten?

Entnehmen Sie der Tabelle tolle Webcam-Webseiten mit vielen Links zu interessanten Webcams aus Deutschland, Österreich, der Schweiz und aus aller Welt!

Webadresse	**Was ist hier zu finden?**
http://www.globocam.de	Unter dieser Webadresse wurden Webcams aus aller Welt für Sie zusammengestellt. Die Suche erfolgt entweder über die Kategorien oder das eingebaute Suchfeld.
http://www.webcamgalore.com/DE	Auch diese Webseite enthält interessante Webcams aus aller Welt. Webcams, die Sie besonders interessieren, können Sie abspeichern, um sie später leichter wiederzufinden.
http://www.camcentral.com	Eine tolle Webcam-Sammlung, die sich durch zum Teil ungewöhnliche Webcams auszeichnet. Die Webseite ist zwar englischsprachig, aber Bilder sind international verständlich!
http://www.city-webcams.de	Eine umfangreiche Sammlung speziell deutscher Webcams finden Sie unter dieser Webadresse. Suchen Sie einfach nach dem jeweiligen Ortsnamen oder der Postleitzahl.
http://www.deutschland-webcam.de	Weitere deutsche Webcam-Angebote gibt es hier – vielleicht auch Webcams aus Ihrer Stadt? Spannend sind die speziellen Webcams für Wetter & Co.

Alle Orte der Welt vorab bequem vom PC aus besuchen

Ein besonders spannendes Webangebot für Reiselustige sind digitale Karten und Satellitenaufnahmen von Orten und Sehenswürdigkeiten auf der ganzen Welt. Gestatten Sie mir, dass ich Sie hier in fantastische neue Möglichkeiten einführe!

Sind die Karten und Satellitenbilder kostenlos erhältlich?

Ja, Sie können die Karten und Satellitenbilder vollkommen ohne Kosten abrufen und sogar für private Zwecke ausdrucken.

Ich möchte meinen Urlaubsort vorab von oben betrachten: Wie gehe ich dazu vor?

Ich empfehle hierfür die Nutzung von Google Maps unter der Webadresse *http://maps.google.de*. Gehen Sie auf dieser Webseite zum Abrufen von Karten und Satellitenbildern folgendermaßen vor (Quelle der Abbildungen: Google Maps):

1

Tippen Sie den gewünschten Ortsnamen oder eine vollständige Adresse in das Suchfeld ein und drücken Sie die Enter-Taste, um das entsprechende Kartenmaterial zu laden.

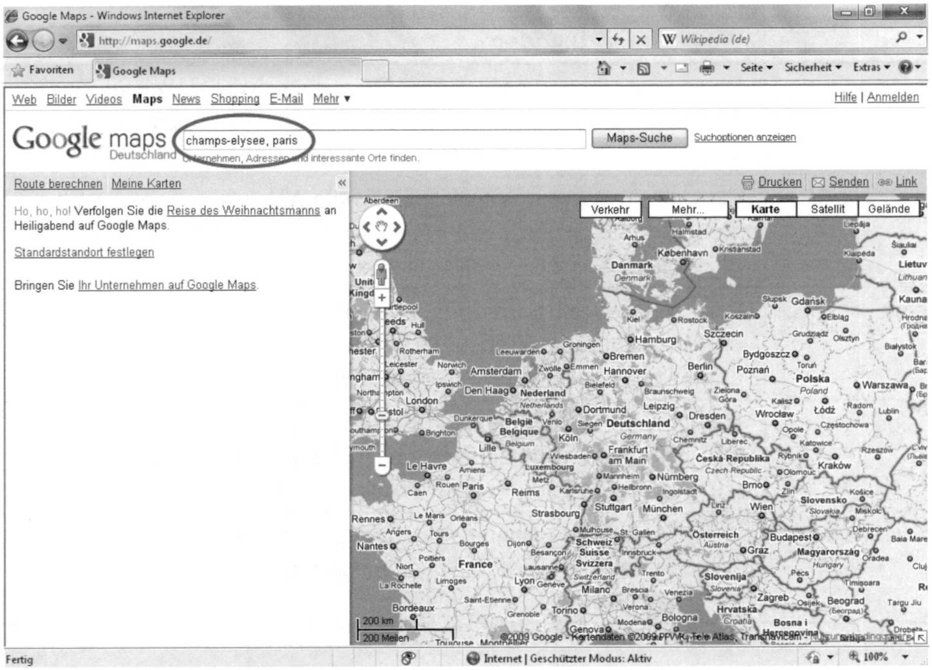

2

Die gewünschte Karte wird geladen. Sind mehrere Ergebnisse verfügbar, werden diese in Form von Ballonsymbolen (Ⓐ) im Kartenfenster ❶ sowie im Navigationsbereich links ❷ dargestellt.

Karte bewegen

Um die Karte zu verschieben, klicken Sie einfach mit der Maus hinein und ziehen die Karte in die gewünschte Richtung.

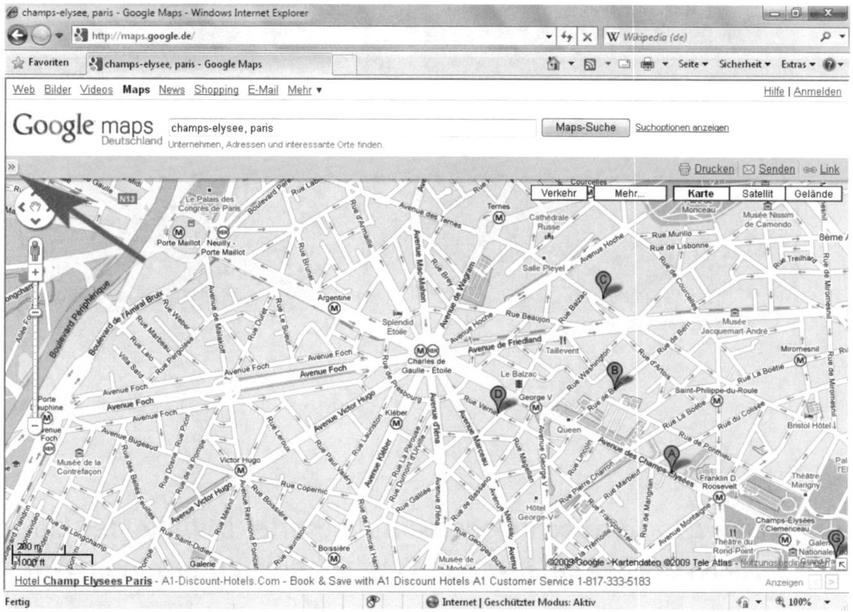

3

Um eine größere Karte zu erhalten, klicken Sie links oberhalb der Karte auf das Symbol «, um den Navigationsbereich auszublenden. Mit einem Klick auf » lässt sich dieser jederzeit wieder einblenden.

4

Wenn Sie nicht nur eine Straßenkarte betrachten möchten, sondern Satellitenaufnahmen, klicken Sie rechts oben im Kartenfeld auf *Satellit* – die entsprechenden Bilddaten werden daraufhin geladen und stehen nach kurzer Zeit für Sie zur Verfügung.

5

Der Blick von ganz oben ist noch recht langweilig. Verwenden Sie deshalb die Zoomleiste links in der Karte, um die Ansicht näher heranzuholen. Eine spannende Sache, nicht wahr?

Fotos oder Webcams gewünscht?

Aktivieren Sie dazu einfach die entsprechende Option unter *Mehr*.

Wie kann ich eine Karte ausdrucken?

Sie finden zu diesem Zweck den Link *Drucken* rechts oberhalb der Karte. Mithilfe des Links *Senden* können Sie sie auch per E-Mail verschicken, etwa als Wegbeschreibung zu Ihrer Wohnung.

Verwenden Sie das kostenlose Globusprogramm Google Earth

Wenn Sie noch auf viele weitere Möglichkeiten im Zusammenhang mit Satellitenbildern aus dem Internet zugreifen möchten, empfehle ich das kostenlose Programm Google Earth, das Sie unter *http://www.earth.google.de* finden. Damit fliegen Sie bequem alle Orte der Welt an, können Ihre Lieblingsorte speichern, Touren abspielen und viele Zusatzinformationen einblenden. Ein Programm, das Sie einfach kennen müssen!

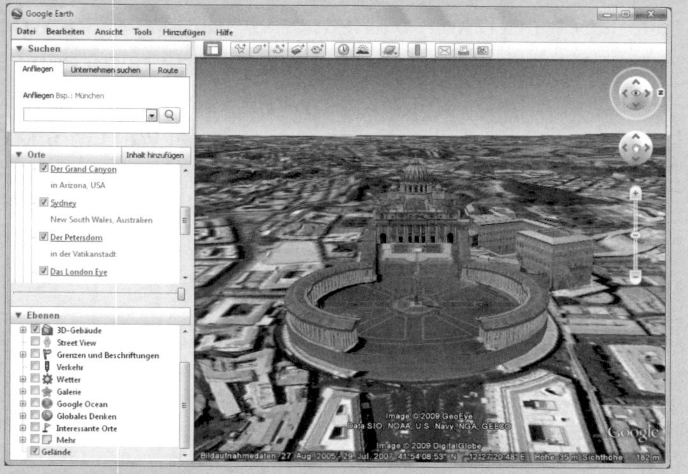

(Quelle der Abbildung: Google Earth)

Unter welchen Webadressen kann ich Karten und Bilder zu Orten auf der ganzen Welt abrufen?

In der Tabelle habe ich für Sie die in diesem Zusammenhang besten Webadressen zusammengestellt. Ab jetzt können Sie Ihre Reiseträume direkt am PC wahr werden lassen!

Webadresse	Was ist hier zu finden?
http://maps.google.de	Auf dieser Webseite rufen Sie Kartenmaterial und Satellitenaufnahmen zu allen Orten der Welt ab. Mithilfe eines Zoomschalters werden auf den Satellitenaufnahmen sogar Häuser und Straßen etc. sichtbar.
http://www.bing.com/maps	Eine Alternative zu Google Maps, die vom Softwareunternehmen Microsoft angeboten wird: Geben Sie einen Ort ein und drücken Sie die Enter-Taste – schon wird der gewünschte Ort angezeigt.
http://www.placemarks.de	Guantanamo Bay oder die Niagarafälle von oben betrachten? Auf dieser Webseite wurden über vier Millionen Koordinaten von Orten weltweit für Sie gesammelt.
http://www.panoramicearth.com	Auf dieser englischsprachigen Webseite werden einzigartige Panoramabilder mit Rundumsicht präsentiert. Klicken Sie einfach jeweils in der Karte die Ballonsymbole an, bis Sie zur gewünschten Ansicht gelangen.
http://www.landkartenindex.de	Eine erstklassige Linksammlung für Landkarten, Stadtpläne, Luftbilder – eine sehr empfehlenswerte Webseite, die in diesem Zusammenhang keinerlei Wünsche offen lässt!

So planen Sie Ihre Routen im World Wide Web

Sie haben noch kein Navigationssystem im Auto, wollen sich aber trotzdem nicht verfahren, wenn Sie beispielsweise mal Ihren Enkel besuchen? Planen Sie Ihre Routen einfach mithilfe des Internets. Empfehlenswerte Webseiten hierfür sind z. B. *http://maps.google.de* oder *http://www.viamichelin.de*. Am Beispiel von Google Maps zeige ich Ihnen Schritt für Schritt, wie es geht:

1

Klicken Sie unter *http://maps.google.de* auf den Link *Route berechnen*.

2

Es öffnet sich ein Formular, in das Sie Start- und Zieladresse eintippen ❶ sowie das gewünschte Vehikel auswählen ❷. Um die Routenberechnung zu starten, klicken Sie auf die Schaltfläche *Route berechnen* ❸.

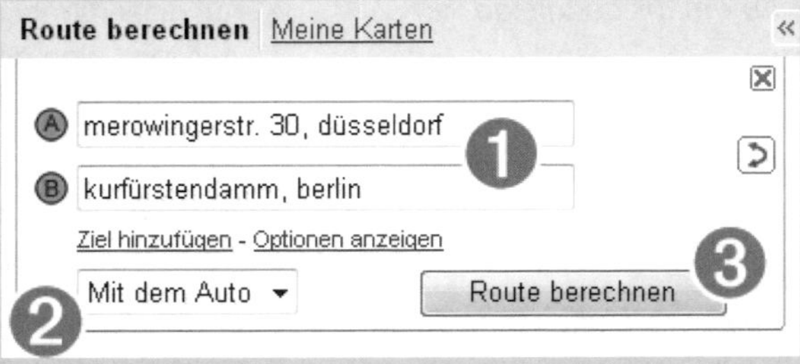

3

Die passende Route wird Ihnen nun auf der Karte angezeigt. Im Navigationsbereich links erhalten Sie detaillierte Informationen zur Route, also zu Straßen und Strecken. Natürlich müssen Sie die ganzen Informationen jetzt nicht abschreiben. Klicken Sie also einfach auf *Drucken*.

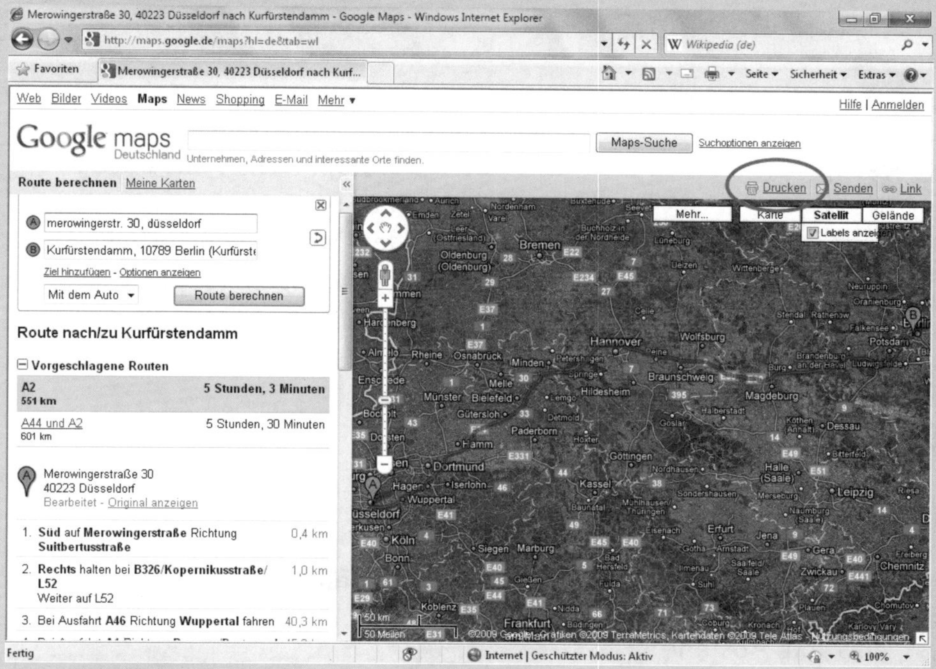

Quelle der Abbildung: Google Maps

4

Sie erhalten so eine übersichtliche Auflistung der einzelnen Wegpunkte, die Sie mit einem erneuten Klick auf *Drucken* zu Papier bringen.

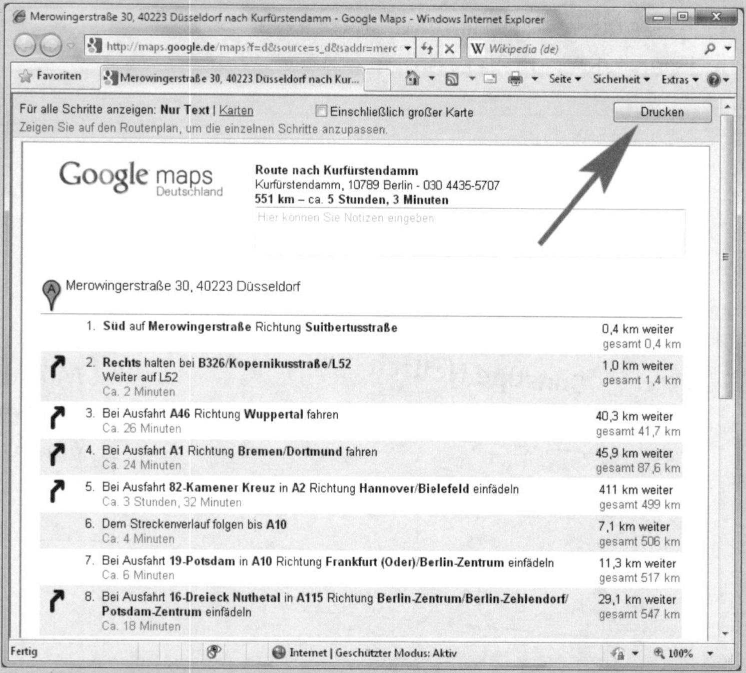

Übrigens, falls Sie vorab eine Straße in einem Panoramabild betrachten möchten: Ziehen Sie einfach das gelbe Männchen () auf eine blau markierte Straße, um sich mitten ins Geschehen zu begeben. Diese Panoramabilder stehen bisher allerdings nur für wenige Städte zur Verfügung – sind keine Panoramabilder verfügbar, ist das gelbe Männchen grau gefärbt ().

Pinnwand

Interessante Webadressen

____

____

____

____

Wetterinfos aus dem Internet auf dem Desktop: Klicken Sie dazu mit der rechten Maustaste auf eine freie Fläche des Desktops und wählen Sie *Minianwendungen*. Doppelklicken Sie anschließend auf *Wetter*.

Wussten Sie dies? Das mit Abstand meistbesuchte Land der Welt ist Frankreich – weit vor Spanien auf Platz zwei und den USA auf Platz drei.

Platz für Ihre Passwörter

____

____

____

____

Sonstige Notizen

____

____

____

____

Möchten Sie eine Ferienwohnung oder ein Ferienhaus mieten? Eine Vielzahl von Angeboten finden Sie hier: *http://www.ferienwohnungen.de*.

13

Alles rund um Ihre Finanzen – sicher und informativ

Wenn es um Ihre Finanzen geht, sollte Sicherheit an oberster Stelle stehen. Viele Menschen stehen Bankgeschäften übers Internet deshalb eher skeptisch gegenüber. Doch keine Sorge: Die Banken treffen ausreichende Sicherheitsvorkehrungen, und wenn Sie selbst sich nicht kopflos verhalten, kann genauso wenig passieren wie beim Gang zur Bank vor Ort. In diesem Kapitel stelle ich Ihnen die besten Webangebote rund um Ihre Finanzen vor!

Übersicht: empfehlenswerte Onlinebanken

Wenn Sie mit dem Onlinebanking starten möchten, brauchen Sie Ihre Bank in der Regel nicht zu wechseln: Fragen Sie stattdessen einfach Ihren Kundenberater nach einem Onlinekonto! Oder wollen Sie aus Sicherheitsgründen lieber ein Zweitkonto einrichten? Hier stelle ich Ihnen empfehlenswerte Banken vor.

Große deutsche Banken im World Wide Web

Onlinebanking bei großen Banken – das gibt Ihnen ein sicheres Gefühl. In der Tabelle stelle ich Ihnen wichtige Banken und deren Webadressen vor.

Webadresse	Was ist hier zu finden?
http://www.deutsche-bank.de	Die Deutsche Bank wurde bereits im Jahr 1870 gegründet und ist heute das größte Kreditinstitut Deutschlands. Hier können auch Sie Ihr Geld sicher anlegen!
http://www.commerzbank.de	Die Commerzbank ist rund zwei Wochen älter als die Deutsche Bank und hat mit dieser neben dem Gründungsjahr eine weitere Gemeinsamkeit: ihren Sitz in Frankfurt am Main.
http://www.hypovereinsbank.de	Dieses große Münchener Kreditinstitut bietet für Ihre Anlagen ebenfalls viel Sicherheit – selbstverständlich auch dann, wenn Sie nicht in Bayern ansässig sind.
http://www.sparkasse.de	Die Webseite der Sparkassen-Finanzgruppe. Finden Sie hier mithilfe des Suchfelds Sparkassenfilialen in Ihrer Nähe und außerdem viele weitere Informationen rund ums Geld und um Anlagemöglichkeiten.
http://www.vr-networld.de	Das Portal der Volksbanken Raiffeisenbanken bietet ebenfalls eine Filialsuche nach Ort oder Postleitzahl sowie allgemeine Informationen für Bankkunden.

Warum steht bei einer Bank „https“ in der Webadresse?

Normalerweise wird einer Webadresse ein „http“ vorangestellt, manchmal aber auch ein „https“ – dann nämlich, wenn es sich um eine besonders sichere Verbindung handelt, die insbesondere beim Onlinebanking zum Einsatz kommt. Das „s“ steht in diesem Zusammenhang für „secure“ (sprich: sikjuhr), was „sicher“ bedeutet.

Geld sparen bei empfehlenswerten Direktbanken

Auch bei den Banken in der folgenden Tabelle ist Ihr Geld sicher aufgehoben. Allerdings gibt es keine Filialen – die Transaktionen erfolgen per Internet oder Telefon. Dafür sparen Sie Kontogebühren und erhalten meist auch höhere Zinsen!

Webadresse	Was ist hier zu finden?
http://www.netbank.de	Hauptaktionär bei der Netbank – einer reinen Internetbank – ist die Berliner Sparkasse. Sie zahlen hier keine Kontoführungsgebühren und erhalten auf dem Tagesgeldkonto attraktive Zinsen.
http://www.cortalconsors.de	Cortal Consors ist ein Tochterunternehmen der französischen Großbank BNP Paribas. Nicht nur die Kontoführung ist hier ein wahres Vergnügen, sondern auch das kostenlose Depot.
http://www.ing-diba.de	Die ING-DiBa ist die größte Direktbank in Europa. Auch hier führen Sie Ihre Onlinekonto mit erstklassigen Konditionen und ausreichender Sicherheit!
http://www.dkb.de	Die Webadresse der Deutschen Kreditbank, die eine Tochtergesellschaft der BayernLB darstellt – hier ist Ihr Geld also genauso sicher angelegt wie bei der BayernLB selbst.
http://www.dab-bank.de	Und noch eine empfehlenswerte Direktbank mit günstigen Konditionen. Vielleicht entscheiden Sie sich dafür, hier ein Zweitkonto anzulegen?

Große Banken Österreichs und der Schweiz

Auch in Österreich und der Schweiz gibt es erstklassige Banken. In der folgenden Tabelle finden Sie die größten davon in den deutschen Nachbarländern.

Webadresse	Was ist hier zu finden?
http://www.bankaustria.at	Unter dieser Webadresse firmiert die größte Bank Österreichs. Sie gehört der italienischen UniCredit Group und bietet sichere Anlagemöglichkeiten für Privat- und Geschäftskunden.
https://www.sparkasse.at	Das Portal der österreichischen Sparkasse. Machen Sie unter dieser Webadresse Sparkassen in Österreich ausfindig und lesen Sie viele Informationen rund um Ihre Finanzen.
http://www.rzb.at	Die Webadresse der Raiffeisen Zentralbank Österreich. Es handelt sich um die drittgrößte Bank des Landes mit sicheren Anlageformen und guter Beratung.
http://www.ubs.ch	Die UBS ist die größte Bank der Schweiz, deren Sitze sich in Zürich und Basel befinden. Hier wird bekanntlich Geld aus aller Welt angelegt.
http://www.credit-suisse.ch	Eine ebenfalls sehr große Schweizer Bank mit Hauptsitz in Zürich. Wer sein Geld in der Schweiz anlegen möchte, ist mit der Credit Suisse gut beraten.

Wertpapiere übers Internet verwalten

Bei den genannten Onlinebanken können Sie nicht nur Konten führen, sondern auch ein Depot für Wertpapiere anlegen. Speziell für Kursabfrage und Wertpapierverwaltung gibt es aber auch weitere interessante Webseiten.

Muss ich nun nicht mehr bei der Bank anrufen oder bei der Fondsgesellschaft anfragen, um die Kurse meiner Wertpapiere in Erfahrung zu bringen?

Nein, das erledigen Sie blitzschnell selbst übers Internet. Prinzipiell genügt für die Wertpapierabfrage bereits die Suche nach der entsprechenden Wertpapierkennnummer (WKN) oder ISIN mit Google – der aktuelle Kurs wird Ihnen daraufhin angezeigt.

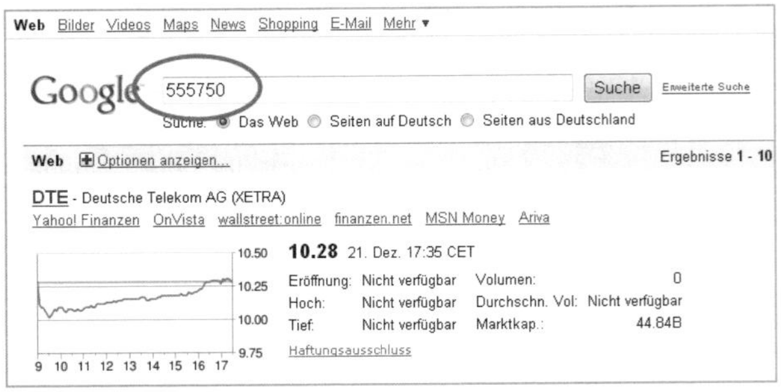

Und wenn ich die Wertpapierkennnummer nicht kenne bzw. detaillierte Informationen zum Wertpapier wünsche?

Für solche Fälle empfehle ich die Nutzung spezieller Webseiten wie z. B. *http://www.onvista.de*. Hier können Sie Ihr Wertpapier auch nach Namen suchen und viele Detailinformationen dazu abrufen, etwa Charts, Analystenmeinungen, Nachrichten und vieles mehr.

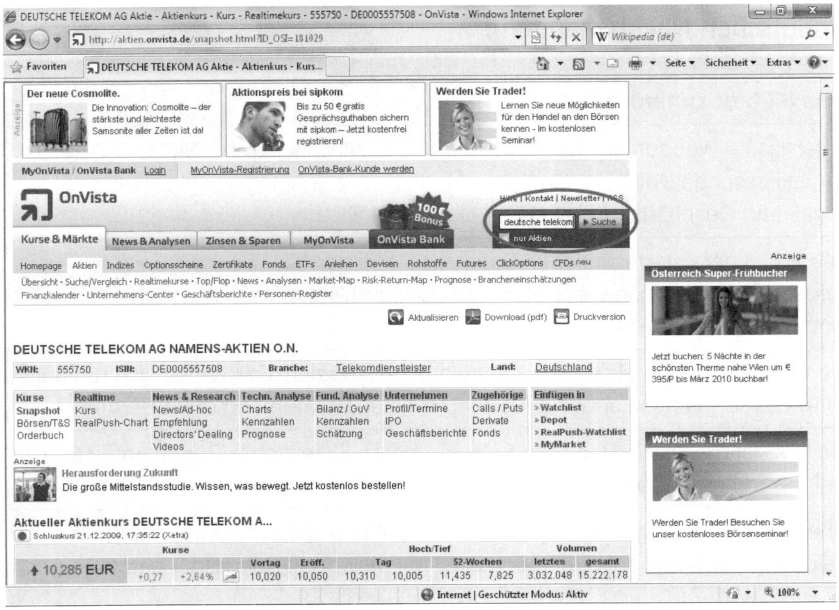

Ein beliebtes Finanzportal finden Sie unter der Webadresse http://www.onvista.de.

Ich verfüge über mehrere verschiedene Wertpapiere: Wie kann ich deren Wertentwicklung verfolgen?

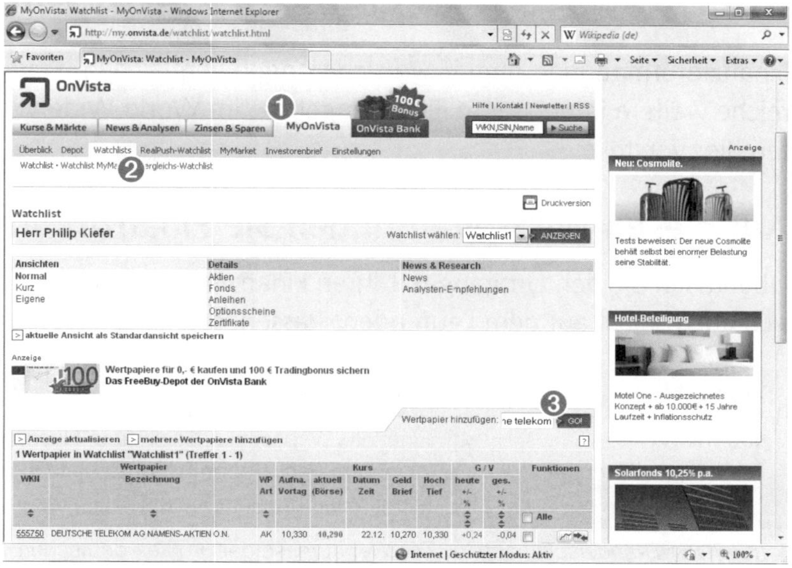

Legen Sie zu diesem Zweck eine „Watchlist" (sprich: wotschlist) an – diese Möglichkeit bieten alle großen Finanzportale. Die Watchlist erlaubt es, den Kursverlauf mehrerer Wertpapiere gleichzeitig zu verfolgen. Voraussetzung ist lediglich eine Registrierung. Unter *http://www.onvista.de* entscheiden Sie sich dann für *My OnVista* ❶, wählen die Rubrik *Watchlist* ❷ und fügen die gewünschten Wertpapiere nacheinander hinzu, indem Sie im entsprechenden Formular danach suchen ❸ – schon haben Sie den vollkommenen Überblick!

Unter welchen Webadressen finde ich Wertpapierkurse und die Möglichkeit, Wertpapiere zu verwalten?

In der folgenden Tabelle habe ich empfehlenswerte Webseiten zur Verwaltung Ihrer Wertpapiere für Sie zusammengestellt. Wählen Sie das für Sie beste Angebot aus!

Webadresse	Was ist hier zu finden?
http://www.onvista.de	Unter dieser Webadresse finden Sie ein Finanzportal der OnVista Group – neben dem Finanzportal betreibt diese auch eine Börsen-Community sowie die OnVista Bank.
http://www.finanzen.net	Dieses Finanzportal wird vom Axel Springer Verlag betrieben und bietet ebenfalls alle Informationen rund um Ihre Wertpapiere sowie Finanznachrichten.
http://www.wallstreet-online.de	Auch in diesem Finanzportal gibt es umfangreiche Informationen zu Wertpapieren sowie Finanznachrichten und eine gut besuchte Community zu Finanzthemen.
http://www.finanztreff.de	Ein weiteres großes Finanzportal mit vielen Informationen über Wertpapiere und Finanznachrichten aus aller Welt – und das alles ganz übersichtlich präsentiert.
http://www.stocks.ch	Unter dieser Webadresse finden Sie ein Finanzportal, das in der Schweiz betrieben wird – und wer kennt sich im Umgang mit Geld besser aus als die Eidgenossen?

Versicherung, Rente & Co.: gute Adressen, um sich über finanzielle Belange zu informieren

Finanzinformationen finden, Versicherungen vergleichen, Privatkredite vergeben – es gibt zahlreiche weitere interessante Finanzangebote im World Wide Web, von denen ich Ihnen die besten hier vorstelle.

Auf diesen Webseiten finden Sie Finanzinformationen

Überlassen Sie den Umgang mit Ihren Finanzen nicht nur den Bankberatern, sondern halten Sie sich auch selbst auf dem Laufenden! Passende Webadressen dazu entnehmen Sie der Tabelle.

Webadresse	Was ist hier zu finden?
http://www.finanznachrichten.de	Eine tolle Webseite, um sich über Nachrichten zu bestimmten Unternehmen zu informieren: Tippen Sie dazu einfach den Unternehmensnamen ins Suchfeld ein und drücken Sie die Enter-Taste.
http://www.handelsblatt.com	Die Webadresse der größten deutschen Wirtschafts- und Finanzzeitung. Hier werden Sie über Finanzthemen stets gut und umfassend informiert.
http://www.deraktionaer.de	Eines der besten Börsenmagazine für alle, die sich für den Handel mit Wertpapieren interessieren – mit Anlagetipps sowie verschiedenen Musterdepots.
http://www.geldidee.de	Ein Magazin zum Thema Geld. Unter dieser Webadresse gibt es außerdem Spartipps, Vergleichsfunktionen, ein Wirtschaftslexikon und einiges mehr.
http://www.capital.de	Die Webadresse des Wirtschaftsmagazins Capital mit vielen Artikeln, die auch Sie interessieren werden, beispielsweise „Rentner werden doppelt geschröpft“.

Onlinevergleich von Finanzdienstleistungen

Wie kommt es, dass am Ende der Rente noch so viel Monat übrig ist? Nehmen Sie doch mal Ihre Versicherungen unter die Lupe und prüfen Sie, ob sich da nicht der eine oder andere Euro sparen lässt. Die Vergleichsangebote unter den Webadressen der folgenden Tabelle helfen Ihnen dabei!

Wollen mir die Vergleichsanbieter etwas verkaufen?

Jein. Es ist in der Regel schon so, dass die Vergleichsanbieter eine Provision kassieren, wenn sie Ihnen ein Finanzprodukt vermitteln – das ändert aber nichts daran, dass Ihnen jeweils die günstigsten Tarife angezeigt werden. Selbstverständlich können Sie auch einen Vergleich anstellen und dann bei einem Versicherer oder einer Bank direkt abschließen!

Webadresse	Was ist hier zu finden?
http://www.aspect-online.de	Vergleichen Sie auf dieser Webseite verschiedene Versicherungen sowie Vorsorge- und Bankprodukte. Einsparungen von mehreren Hundert Euro pro Jahr sind keine Seltenheit!
http://www.versicherungsvergleich.org	Versicherungen aller Art vergleichen Sie unter dieser Webadresse, beispielsweise Ihre Privathaftpflichtversicherung, die Gebäudeversicherung oder die Krankenzusatzversicherung.
http://www.financescout24.de	Hier vergleichen Sie Finanzprodukte aller Art und erhalten zahlreiche Informationen dazu. Sinnvoll: Der „Lebensphasenrechner" unter „Meine Finanzen".
http://www.versichern24.at	Ein Vergleichsangebot für Versicherungen aus Österreich. Verwenden Sie für den Versicherungsvergleich den kostenlosen Onlinerechner und laden Sie verschiedene Checklisten herunter.
http://www.checkcheck.ch	Ein Schweizer Vergleich für Finanzprodukte: Neben Versicherungen verschiedener Art vergleichen Sie hier auch Kredite, Kreditkarten und Krankenkassen.

Weitere Webseiten zum Thema Finanzen

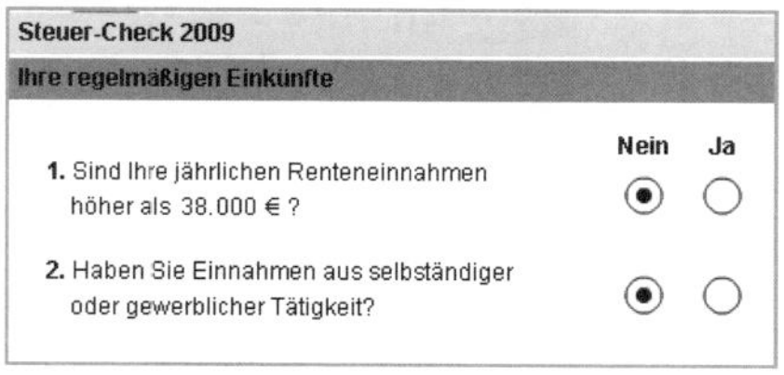

In der folgenden Tabelle stelle ich Ihnen einige weitere Finanz-Webseiten vor: Ein Steuerrechner speziell für Rentner ist genauso dabei wie ein Onlinestellenmarkt, der Ihnen bei der Suche nach einer Nebentätigkeit behilflich sein kann.

Webadresse	Was ist hier zu finden?
http://www.bagso.de/steuern.html	Ist für die Rente eine Steuernachzahlung fällig? Auf dieser Webseite können Sie unter anderem eine erste Berechnung durchführen, um für sich selbst Klarheit zu schaffen.
http://www.finanzfrage.net	Auch rund um das Thema Finanzen gibt es eine Ratgeber-Community, die Sie unter dieser Webadresse erreichen, um sich alle Ihre diesbezüglichen Fragen beantworten zu lassen.
http://www.123steuerberater.de	Sie sind auf der Suche nach einem Steuerberater in Ihrer Nähe? Unter dieser Webadresse werden Sie fündig: einfach den Ort auswählen und sich die passenden Steuerberater anzeigen lassen!
http://www.smava.de	Falls Sie Geld übrig haben: Unter dieser Webadresse können Sie selbst als Kreditgeber auftreten und müssen dadurch das Geldverdienen nicht den Banken überlassen!
http://www.monster.de	Sie sind auf der Suche nach einer Nebentätigkeit, um Ihre finanzielle Situation aufzupäppeln? Unter dieser Webadresse finden Sie einen riesigen Onlinestellenmarkt.

Pinnwand

Angst vor Phishing-Webseiten, die Ihre Zugangsdaten ausspionieren? Der Internet Explorer 8 bietet unter *Sicherheit/SmartScreen-Filter* einen Schutz gegen betrügerische Seiten im World Wide Web.

Interessante Webadressen

Platz für Ihre Passwörter

Sie erhalten eine E-Mail, die angeblich von Ihrer Bank stammt? In solchen Fällen handelt es sich fast immer um Betrugsversuche! Diese E-Mails am besten sofort löschen!

Falls Sie eine Immobilie verkaufen oder vermieten möchten: Unter *http://www.immobilienscout24.de* finden Sie ganz bestimmte Käufer oder Mieter!

Sonstige Notizen

14

Einfach mehr wissen – Nachschlagen im Web

Sie haben in diesem Buch bereits viele nützliche Seiten des World Wide Web kennengelernt, doch ich will Sie weiter begeistern: In diesem Kapitel dreht sich alles um das Recherchieren im Internet. Begriffe nachschlagen, Rufnummern von Personen finden, die in anderen Städten oder Ländern leben, Ahnenforschung betreiben – das alles ist nicht nur möglich, sondern auch ganz einfach und völlig kostenlos!

Meist genauer und viel aktueller als Lexikonbände aus dem Regal: Wikipedia & Co.

Für mich persönlich ist ein Leben ohne Internet kaum mehr vorstellbar. Es bietet nicht nur neue Möglichkeiten, sondern erleichtert auch so manches, etwa die Klärung unbekannter Begriffe. Im Internet finden Sie dazu exzellente Nachschlagewerke!

Im Internet nachschlagen – sind die gewonnenen Informationen denn überhaupt zuverlässig?

Das hängt natürlich von der jeweiligen Quelle ab, aber die Informationen in einem Onlinelexikon sind meist ebenso zuverlässig wie die eines gedruckten Lexikons. Mein Tipp, wenn Sie ganz sichergehen wollen: Schlagen Sie Begriffe in verschiedenen Onlinelexika nach, um die Informationen zu überprüfen.

Wie gehe ich zum Nachschlagen eines Begriffs vor?

Sie wissen ja bereits, wie Sie eine Suchmaschine anzuwenden haben. Das Nachschlagen von Begriffen verläuft prinzipiell gleich. Sie tippen ein Wort oder eine Wortfolge ins Suchfeld ein, etwa unter *http://de.wikipedia.org*, und drücken die Enter-Taste, um sich das Suchergebnis anzeigen zu lassen.

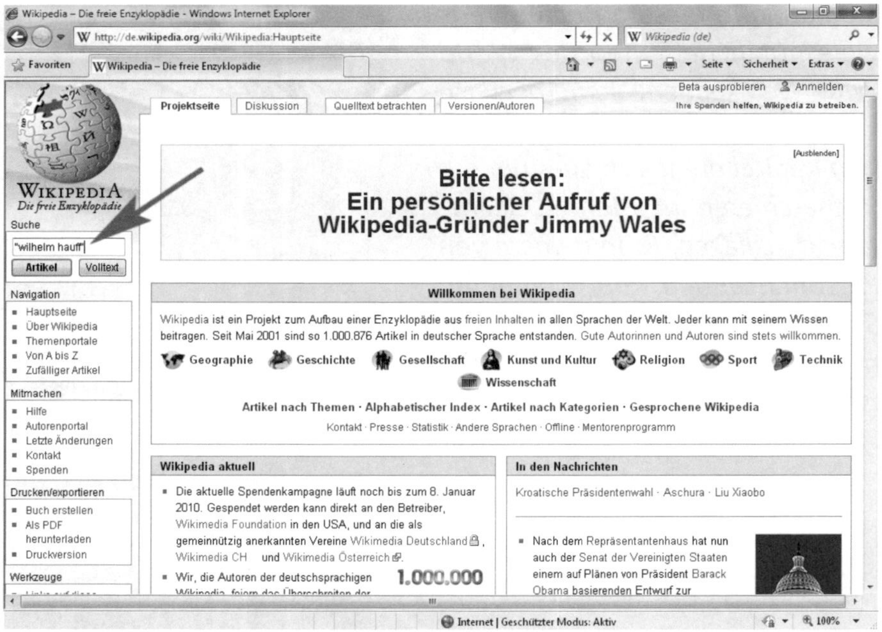

Der Artikel ist kostenlos abrufbar?

Ja, die Nutzung der Wikipedia und der anderen hier vorgestellten Webseiten ist kostenlos. Es gibt allerdings auch kostenpflichtige Angebote, etwa von Brockhaus oder Duden. Doch warum für etwas bezahlen, das man auch gratis bekommen kann?

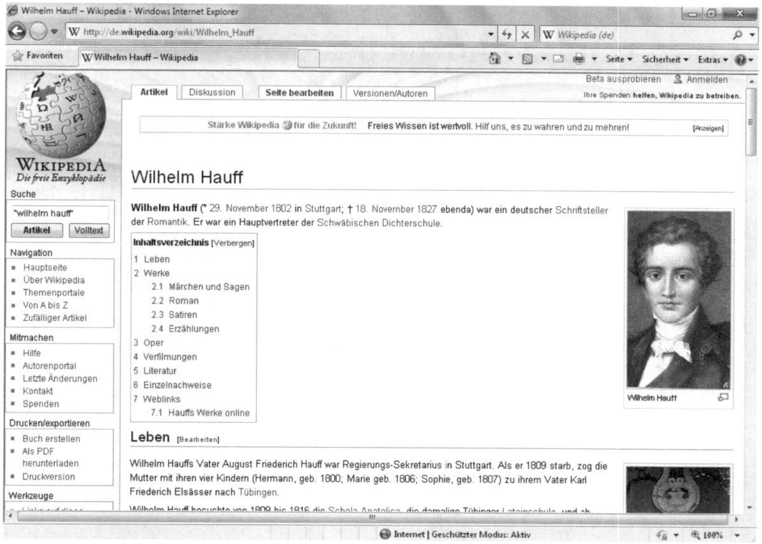

Umfangreiche Artikel zu allen denkbaren Themen, hier über Wilhelm Hauff: Die Onlineenzyklopädie Wikipedia hat sich innerhalb weniger Jahre zu einem gigantischen Nachschlagewerk entwickelt.

Kann es nicht sein, dass der von mir gesuchte Begriff in mehreren Artikeln vorkommt?

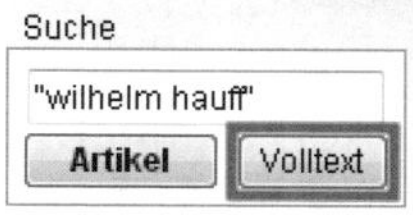

Speziell bei Wikipedia können Sie nicht nur nach Artikeln zu einem Begriff suchen, sondern sich sämtliche Artikel anzeigen lassen, die den Begriff enthalten – in diesem Fall klicken Sie unterhalb des Suchfelds auf *Volltext*.

Welche Nachschlagewerke für Wörter und Begriffe sind besonders empfehlenswert?

Die Tabelle enthält Webadressen wichtiger Nachschlagewerke, die Ihnen im Alltag so manchen Gang zur Bibliothek oder gar die Anschaffung eines gedruckten Lexikons ersparen werden.

Webadresse	Was ist hier zu finden?
http://de.wikipedia.org	Eine freie Onlineenzyklopädie, an der jeder mitwirken kann, die aber dennoch erstaunlich exakt und umfangreich ist. Ende Dezember 2009 wurde bereits der millionste Artikel in der deutschen Wikipedia gemeldet.
http://www.wissen.de	Unter dieser Webadresse finden Sie ein exzellent aufgemachtes Wissensportal mit interessanten Artikeln sowie einer Suchfunktion zum Nachschlagen.
http://www.online-lexikon.com	Ein Angebot der österreichischen Suchmaschine moose.at: Durchsuchen Sie unter dieser Webadresse gleich mehrere Onlinelexika nach Ihren Begriffen.
http://germazope.uni-trier.de/Projects/DWB	Unter dieser etwas längeren Webadresse finden Sie das berühmte deutsche Wörterbuch der Brüder Grimm. Die Begriffe lassen sich bequem per Suchfeld nachschlagen.
http://www.britannica.com	Dieses Onlineangebot der bedeutenden Encyclopaedia Britannica ist zwar englischsprachig, aber derartig exzellent und umfassend, dass ich es Ihnen hier dennoch gern empfehle.

Und so machen Sie selbst mit: vorhandene Artikel bearbeiten und eigene Artikel erstellen

Die Onlineenzyklopädie Wikipedia lebt von der Teilnahme ihrer Nutzer. Nur so konnten seit der Gründung im Jahr 2001 bereits über eine Million Artikel allein in der deutschen Ausgabe veröffentlicht werden. Lassen auch Sie andere an Ihrem Wissen teilhaben!

Möchten Sie einen bereits bestehenden Artikel ergänzen oder einen Fehler ausmerzen? Nichts einfacher als das! So gehen Sie vor:

1

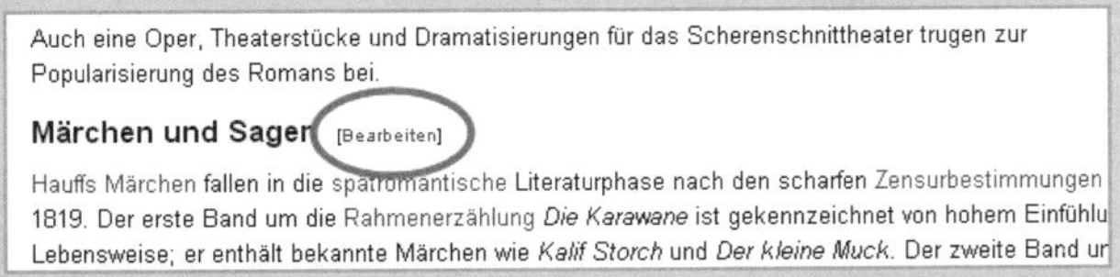

Suchen Sie unter *http://de.wikipedia.org* nach dem Artikel, den Sie bearbeiten wollen. Vor jedem Abschnitt des Artikels finden Sie einen Link *Bearbeiten*. Klicken Sie diesen Link an.

2

Der Artikel erscheint nun in einem Formular. Dort können Sie ihn nach Belieben bearbeiten. Was die Formatierungen betrifft, richten Sie sich einfach nach dem bereits vorhandenen Text.

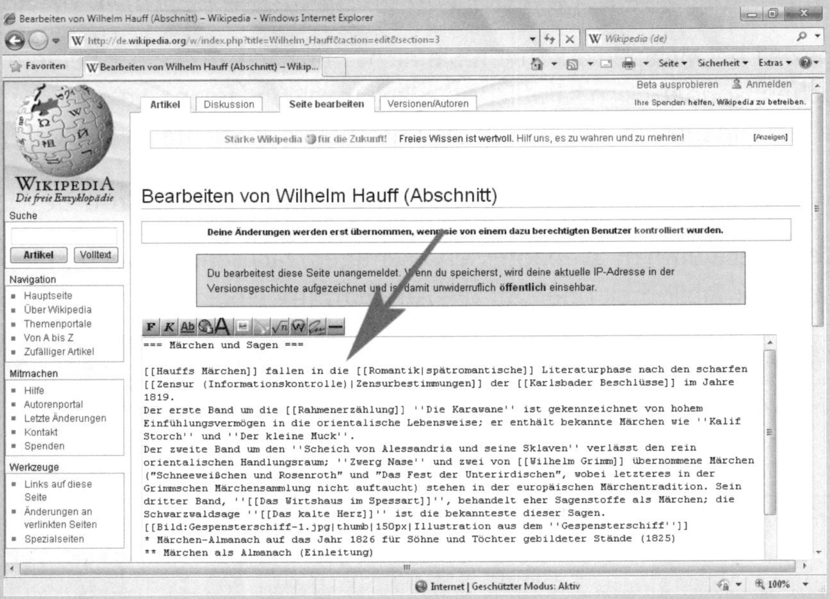

3

Wenn Sie die Bearbeitung beendet haben, klicken Sie unterhalb des Formulars auf *Seite speichern*. Nun muss nur noch ein erfahrener Wikipedia-Nutzer die Änderungen prüfen, dann stehen sie für jeden sichtbar zur Verfügung.

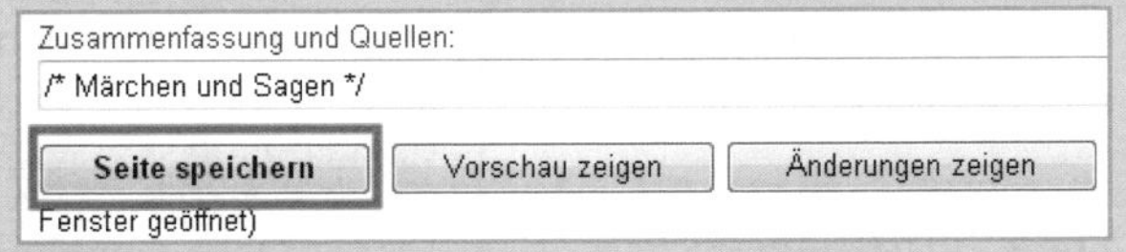

Oder wollen Sie einen neuen Artikel erstellen? Das ist etwas komplizierter – aber stellt mit etwas Übung ebenfalls kein Problem dar! Bearbeiten Sie am besten zunächst eine Reihe vorhandener Artikel, bevor Sie sich an das Erstellen eines neuen Artikels wagen. Hierzu gehen Sie folgendermaßen vor:

1

Klicken Sie rechts oben unter *http://de.wikipedia.org* auf den Link *Anmelden*, um zunächst ein Benutzerkonto zu eröffnen.

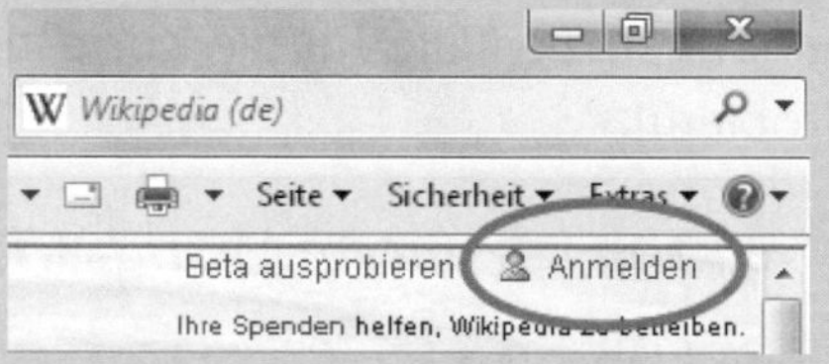

2

Prüfen Sie, ob der gewünschte Artikel eventuell unter einem anderen Begriff verfügbar ist. Falls nicht, rufen Sie die folgende Webadresse auf: *http://de.wikipedia.org/wiki/Hilfe:Neue_Seite_anlegen*. Unter *Schritt 2* geben Sie dort den gewünschten Begriff ein ❶ und klicken auf *Neue Seite anlegen* ❷.

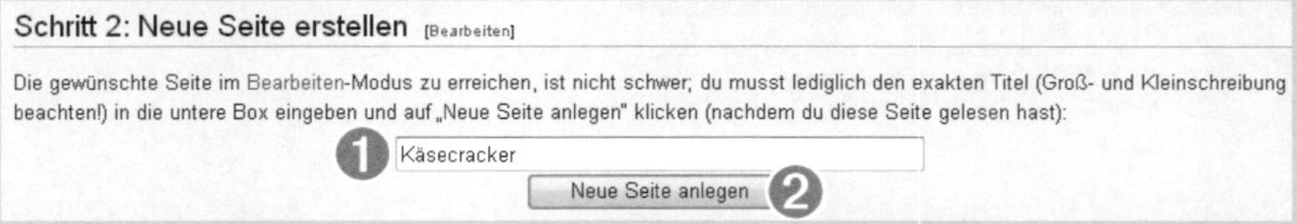

3

Es erscheint ein Formular, das Sie bereits vom Bearbeiten der Artikel kennen – nur dass das Formular diesmal leer ist. Füllen Sie es mit Ihren Inhalten und klicken Sie abschließend auf *Seite speichern*.

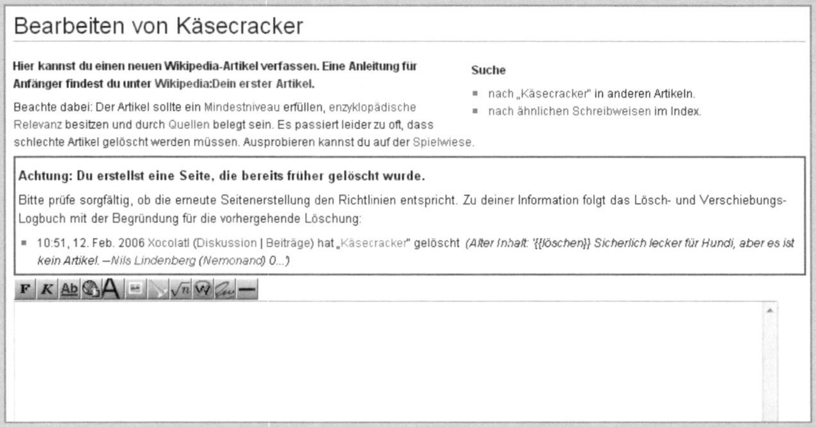

Aufgepasst: Bei neuen Wikipedia-Artikeln wird strikt darauf geachtet, dass gewisse Relevanzkriterien eingehalten werden, das heißt, es wird nicht jeder Artikel, der geschrieben wurde, auch in die Wikipedia übernommen; irrelevante Artikel werden schnell wieder gelöscht. Machen Sie sich in diesem Zusammenhang auf hitzige Diskussionen mit anderen Wikipedia-Nutzern gefasst!

Texte oder ganze Webseiten in viele Sprachen übersetzen: Diese Möglichkeiten bietet das World Wide Web

Das Internet ist international, und es gibt Webseiten in fast allen Sprachen. Möchten Sie eine chinesische Webseite übersetzen lassen, um diese zumindest dem Sinn nach zu verstehen? Oder benötigen Sie Hilfe für die Korrespondenz mit einem französischen eBay-Partner? Alles gar kein Problem!

Wie kann ich mir im World Wide Web ein Wort oder einen Text übersetzen lassen?

Empfehlenswert hierfür ist beispielsweise die Nutzung des Google Übersetzers unter der Webadresse *http://translate.google.de*. Tippen Sie hier einfach das Wort oder den Text in das Formular ein ❶, wählen Sie im Menü die gewünschten Sprachen aus ❷ und klicken Sie schließlich auf *Übersetzen* ❸, um innerhalb weniger Sekunden eine automatische Übersetzung vorzunehmen – selbstverständlich bekommt bei diesem Vorgang niemand Ihren Text zu lesen!

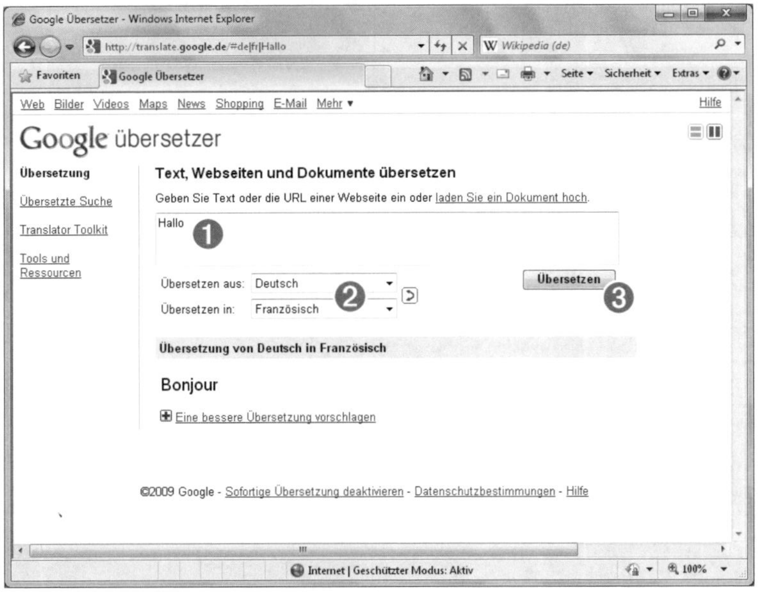

Im Google Übersetzer können Sie die Texte selbstverständlich auch per Copy & Paste einfügen; sogar das Hochladen ganzer Dokumente, die dann automatisch übersetzt werden, ist möglich.

Fantastisch! Nun möchte ich mir eine Webseite übersetzen lassen, um diese zumindest dem Sinn nach zu verstehen. Wie gehe ich dazu vor?

Am einfachsten geht es per Copy & Paste: Markieren Sie die Webadresse der zu übersetzenden Webseite im Browser, kopieren Sie sie mit Strg+C und fügen Sie sie mit Strg+V in das Formular des Google Übersetzers ein. Wählen Sie dann die Sprachen aus und starten Sie die Übersetzung wie oben beschrieben.

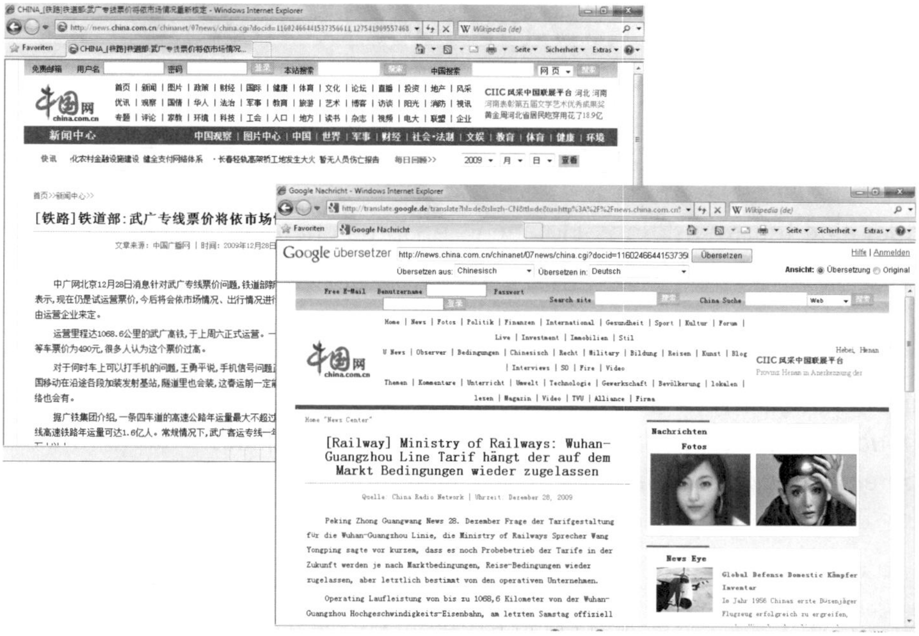

Die automatischen Übersetzungen sind meist holprig, erweisen sich jedoch als ungemein hilfreich dabei, die Inhalte fremdsprachiger Webseiten zu entschlüsseln.

Wörter, Texte oder Webseiten übersetzen – welche Webadressen bieten sich hierfür an?

In der Tabelle habe ich Webadressen für Sie gesammelt, die in diesem Zusammenhang besonders empfehlenswert sind. Sie werden schnell feststellen: So leicht wie mithilfe des Internets war Übersetzen noch nie!

Webadresse	Was ist hier zu finden?
http://translate.google.de	Den Google Übersetzer verwende ich persönlich besonders gern: Tippen Sie einfach den zu übersetzenden Text oder eine Webadresse in das Formular ein, legen Sie die gewünschten Sprachen fest und starten Sie dann die Übersetzung.
http://www.microsofttranslator.com	Der Bing Translator von Microsoft, den Sie unter dieser Webadresse abrufen, funktioniert ähnlich wie der Google Übersetzer – eine empfehlenswerte Alternative!
http://dict.leo.org	Unter dieser Webadresse finden Sie ein sehr beliebtes Onlinewörterbuch für Englisch, Französisch, Spanisch, Italienisch und sogar Chinesisch.
http://de.pons.eu	Das Sprachenportal von Pons bietet Ihnen die Möglichkeit, mithilfe eines Suchfelds nach Wörtern in verschiedenen Sprachen zu suchen, um sich diese übersetzen zu lassen.
http://www.foreignword.com	Ein englischsprachiges Übersetzungsportal mit Lexika aus allen denkbaren Sprachen. Verwenden Sie das eingebaute Suchfeld, um den gewünschten Begriff ausfindig zu machen.

Rufnummern in anderen Städten oder Ländern nachschlagen? – Im Internet dauert das nur wenige Sekunden und ist kostenlos!

Extra zur Post fahren oder eine teure Auskunfts-Hotline in Anspruch nehmen? Nicht nötig: Im Internet erhalten Sie Ihre Telefonauskunft kostenlos!

Wie kann ich übers Internet eine Rufnummer abfragen?

Das ist eine Sache weniger Handgriffe. Ich selbst verwende zu diesem Zweck gern die Webseite *http://www.dastelefonbuch.de*. Geben Sie hier den Namen und – falls bekannt – den Wohnort der betreffenden Person ein. Drücken Sie dann die Enter-Taste, um sich die passenden Treffer anzeigen zu lassen.

Name und Ort eintippen, dann die Suche starten – so einfach ist die Suche nach Rufnummern übers Internet.

Günstiger ins Ausland telefonieren

Mein Tipp, wenn Sie ins Ausland telefonieren wollen: Starten Sie eine Google-Suche nach der Rufnummer, z. B. *0039-0464-745747484*. Der erste Ergebnis-Link liefert dann die günstigsten Telefonanbieter dazu.

Das ist wirklich nicht schwer! Und die passende Rufnummer wird mir dann kostenlos angezeigt, einfach so?

Ja, das alles ist völlig unkompliziert. In diesem Fall habe ich nach meinem eigenen Namen gesucht und finde die passende Rufnummer mit Adresse dazu. Schwierig wird es allenfalls bei der Suche nach Hans Maier im gesamten Bundesgebiet – in diesem Fall erhalten Sie Hunderte von Treffern und müssen nun erst mal herausfinden, bei wem es sich um die gesuchte Person handelt.

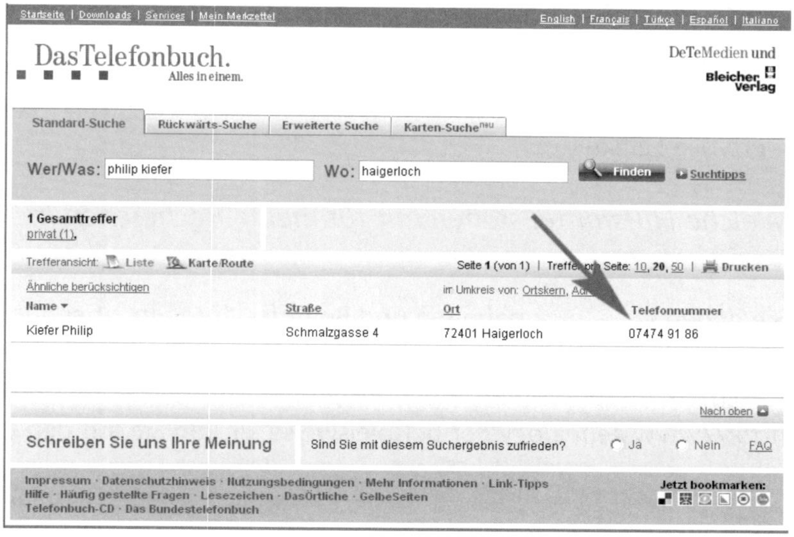

Wo finde ich von mir gesuchte Rufnummern?

In der Tabelle habe ich besonders empfehlenswerte Webadressen für Sie zusammengestellt: Auf diesen Webseiten finden Sie die gesuchte Rufnummer bestimmt – Voraussetzung ist lediglich, dass die gesuchte Person ihre Nummer hat eintragen lassen.

Webadresse	**Was ist hier zu finden?**
http://www.dastelefonbuch.de	Um mal eben eine Rufnummer in ganz Deutschland nachzuschlagen, verwenden Sie am besten diese Webseite der deutschen Telekom. Schneller geht's nicht!
http://www.dasoertliche.de	Auch das „Örtliche" ist im World Wide Web vertreten und erlaubt eine Suche nach Rufnummern in ganz Deutschland. Besonders spannend sind die „Spezialsuchen", z. B. nach einem Geldautomaten in der Nähe.
http://www.11880.com	Ein weiteres sehr empfehlenswertes Telefonbuch im World Wide Web. Hier wird sogar die Möglichkeit geboten, eine gefundene Person kostenlos anzurufen!
http://www.gelbeseiten.de	Wenn Sie nicht auf der Suche nach Privatpersonen, sondern nach bestimmten Geschäften sind, empfehle ich die gelben Seiten. Die besten Ergebnisse erhalten Sie hier mit der „Umkreissuche".
http://www.telefonbuch.com	Für die Suche nach Rufnummern in Österreich, der Schweiz und in vielen anderen Ländern empfehle ich diese Webseite mit über 450 Telefon- und Branchenverzeichnissen weltweit!

Sie betreiben Ahnenforschung? – Auch hierfür stellt das Internet eine unschätzbare Hilfe dar

Genealogie, Familienforschung, Ahnenforschung: Wenn Sie sich für die Geschichte Ihrer Familie interessieren, sind zahlreiche Recherchen angesagt. Das World Wide Web bietet Ihnen hierzu wertvolle Hilfsmittel.

Welche Hilfsmittel stehen mir für meine Recherchen im World Wide Web zur Verfügung?

Sie finden viele Informationen und Begriffsklärungen, aber auch Datenbanken, die Sie mit wenigen Handgriffen durchforsten können, sowie die Möglichkeit, sich in Foren mit anderen Ahnenforschern auszutauschen. Auch Programme für die Ahnenforschung werden angeboten, unter *http://www.genealogy.net* beispielsweise klicken Sie auf den Link *Software*.

Eine sehr gute Auflistung von Genealogieprogrammen samt Beschreibung finden Sie unter der Webadresse http://www.genealogy.net.

> **Vorsicht, es gibt auch Abzock-Webseiten!**
>
> Die hier vorgestellten Genealogie-Webseiten sind seriös, doch Vorsicht: Es gibt auch Genealogie-Webseiten, die Ihnen Abzockangebote machen wollen. Bevor Sie irgendwo Ihren Namen eintragen, lesen Sie in jedem Fall das Kleingedruckte!

Wie kann ich übers Internet eine Genealogie-Datenbank abfragen?

Das Prinzip ähnelt auch hier der Verwendung einer Suchmaschine. Verwenden Sie etwa die Suchfunktion unter *http://www.ahnenforschung.net*: Tippen Sie einfach Name und Ort ins Suchformular ein ❶ und klicken Sie eine der verfügbaren Datenbanken an ❷ – die passenden Ergebnisse werden Ihnen dann jeweils angezeigt.

Ahnenforschung übers Internet betreiben: Welche Webseiten bieten die passenden Anlaufstellen?

Ich habe in der folgenden Tabelle einige exzellente Genealogie-Webseiten für Sie gesammelt. Dort werden Sie bei Ihren Recherchen ganz bestimmt fündig werden!

Webadresse	**Was ist hier zu finden?**
http://www.genealogy.net	Unter dieser Webadresse finden Sie ein umfangreiches Genealogieportal mit Informationen, Lexika, einem Kalender, Hilfen, Vereinen und nützlichen Links.
http://www.ahnenforschung.net	Praktisch: Unter der Rubrik „Suchen“ können Sie auf dieser Webseite alle wichtigen Genealogie-Datenbanken gleichzeitig abfragen. Auch ein Genealogieforum zum Austausch mit anderen Ahnenforschern steht zur Verfügung.
http://www.ancestry.de	Hier durchsuchen Sie eine riesige Genealogie-Datenbank und tauschen sich gleichzeitig mit anderen Nutzern in einer Genealogie-Community aus. Leider für die vollständige Nutzung kostenpflichtig.
http://www.ahnen-und-wappen.de	Unter dieser Webadresse wurden eine ganze Menge spannender Links rund um die Genealogie sowie zur Wappenkunde für Sie zusammengetragen.
http://www.familysearch.org	Bei dieser englischsprachigen Webseite handelt es sich um eine der meistgenutzten Genealogieseiten im Internet. Die dort verfügbare Datenbank wird von einer nordamerikanischen Kirche betrieben.

Immer noch dazulernen: Kurse übers Internet besuchen oder buchen

Erst der Austausch mit anderen macht die Bildung vollkommen. Besonders interessant in diesem Zusammenhang sind Volkshochschul- und andere Kurse, über die Sie sich ganz einfach per World Wide Web in Kenntnis setzen.

Wie kann ich übers World Wide Web einen Volkshochschulkurs suchen und buchen?

Volkshochschulen gibt es in Deutschland, Österreich, der Schweiz und weiteren Ländern. Viele Volkshochschulen präsentieren ihr Kursangebot mittlerweile im World Wide Web. Wie es mit dem Auswählen und Buchen funktioniert, zeige ich Ihnen anhand eines Beispiels:

1

Ich suche unter *http://www.vhs.de* nach einer Volkshochschule in der Nähe und öffne deren Webseite durch Anklicken des entsprechenden Links.

2

In diesem Fall entscheide ich mich unter *Programm/Kurse* ❶ für einen Sprachkurs in Italienisch, und zwar für einen Intensivkurs für Anfänger ❷.

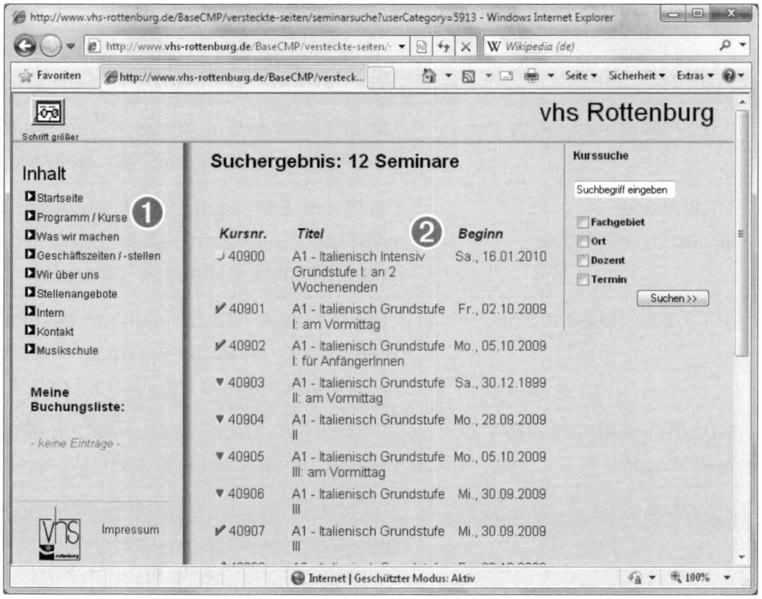

3

Ich erfahre Details zum Kurs und klicke auf den Link *Kurs zur Buchungsliste hinzufügen*.

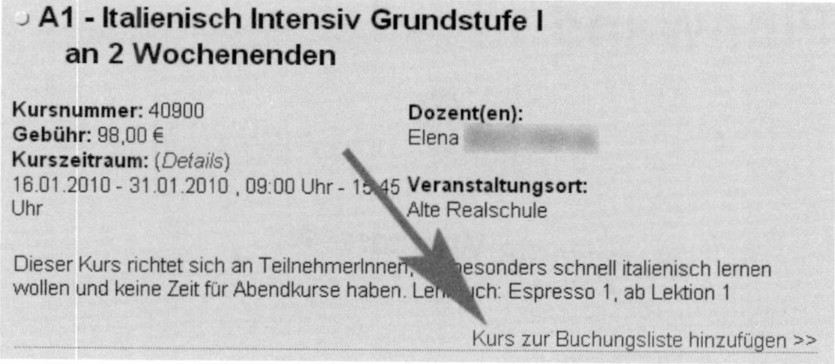

4

Nachdem ich meine Auswahl getroffen habe, klicke ich links auf den Link *Zur Anmeldung*, mache im Formular die erforderlichen Angaben und sende die Buchung übers Internet ab. Kein Porto erforderlich!

Ich will einen Kurs besuchen: Wo finde ich entsprechende Angebote?

Egal ob Volkshochschule oder Universität: In der folgenden Tabelle finden Sie passende Angebote zum Stillen Ihres Bildungshungers. Folgen Sie ganz Ihren Interessen!

Webadresse	Was ist hier zu finden?
http://www.vhs.de	Diese Webseite bietet ein großes Verzeichnis von Volkshochschulen in ganz Deutschland – sicher finden Sie hier auch eine VHS in Ihrer Nähe!
http://www.adulteducation.at	Unter dieser Webadresse finden Sie viele Informationen und Links zu Angeboten der Erwachsenenbildung (VHS & Co.), nicht nur in Österreich, sondern auch in anderen Ländern.
http://www.up-vhs.ch	Suchen Sie nach einer Volkshochschule in der Schweiz? Beim Verband der Schweizerischen Volkshochschulen werden Sie ganz bestimmt fündig.
http://www.bildungsserver.de	Hier gibt es jede Menge Informationen und Links rund um die Bildung, nicht nur für Wissenschaftler, Lehrer und Schüler, sondern auch für „Weiterbildungsinteressierte“.
http://www.fernuni-hagen.de	Warum nicht noch ein Studium absolvieren? Die einzige staatliche Fernuniversität in Deutschland ist allerdings die Fernuniversität Hagen. Nach Anzahl der Studenten handelt es sich übrigens um die größte deutsche Universität.

Pinnwand

Interessante Webadressen

____

____

____

____

In den Internet Explorer 8 ist übrigens eine nützliche Übersetzungsfunktion für fremdsprachige Webseiten eingebaut, die Sie unter *Seite/Mit Bing übersetzen* abrufen.

Ein unbekanntes Wort auf einer Webseite übersetzen? Dazu markieren Sie es, klicken auf das erscheinende Symbol und wählen *Mit Bing übersetzen*.

Platz für Ihre Passwörter

____

____

____

____

Sonstige Notizen

____

____

____

____

Alle Ausgaben der Wikipedia nach einem Begriff durchsuchen: Verwenden Sie hierzu Google, indem Sie nach *<suchbegriff> site:wikipedia.org* suchen.

15

Webradio und Musik im Internet hören

Hören Sie gern Musik? In diesem Kapitel stelle ich Ihnen tolle Möglichkeiten vor, übers Internet Radio zu hören oder Musikdateien aus dem Internet auf Ihrem Computer zu speichern. Sparen Sie sich zukünftig den Weg zum Plattenladen: Der digitalen Musik gehört die Zukunft – und die Zukunft hat längst begonnen!

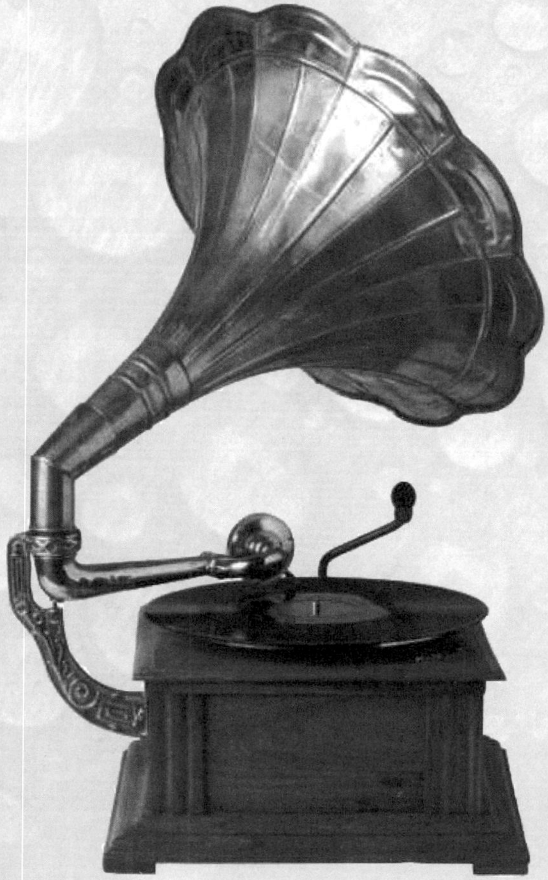

Tausende Sender weltweit: Radio hören übers Internet

Fast alle Radiosender übertragen ihre Sendungen mittlerweile übers Internet. Nutzen auch Sie dieses fantastische Angebot, um Informationen zu erhalten oder kostenlos Musik zu hören.

Welche Vorteile bietet mir Webradio?

Die Übertragung erfolgt – im Gegensatz zum herkömmlichen Empfangsgerät – rauschfrei. Außerdem haben Sie Zugriff auf viel mehr Sender, und zwar aus der ganzen Welt. Und wenn Sie mal in Urlaub fahren: Dank Internet brauchen Sie auf das Hören Ihres Lieblingssenders zukünftig nicht mehr zu verzichten!

Das hört sich sehr gut an! Wie nutze ich Webradio?

Auf der Webseite Ihres Radiosenders finden Sie normalerweise Schalter wie *Webradio hören*, *Live-Stream starten* oder ähnlich. Klicken Sie diesen an, um die Übertragung zu starten. Damit Sie nicht erst lange suchen müssen, wählen Sie den gewünschten Sender am besten auf einer Webseite wie *http://www.surfmusik.de* aus. So einfach funktioniert es:

1

Wählen Sie in der Leiste links zunächst das gewünschte Land aus, z. B. *Deutschland*.

2

Es folgt gegebenenfalls eine weitere Auswahl nach Bundesland. Schließlich erhalten Sie eine Senderliste: Klicken Sie beim gewünschten Sender einfach auf den Link *Live* (bzw. *DSL* oder *Modem*).

3

Schon wird die Übertragung gestartet – einfach, nicht wahr?

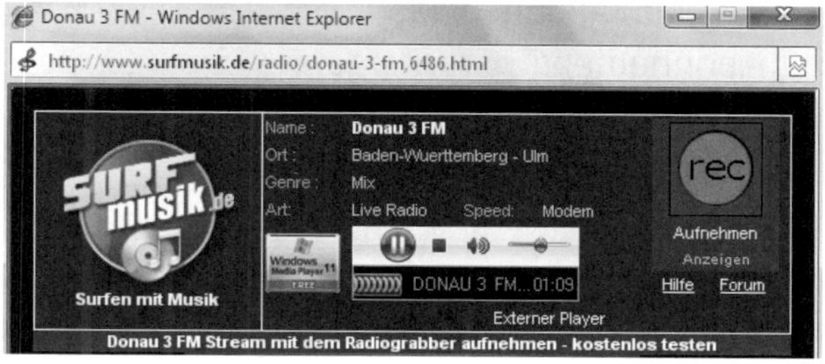

Ich möchte übers Internet Radio hören. Welche Webadressen sind in diesem Zusammenhang empfehlenswert?

In der nächsten Tabelle finden Sie Webadressen, unter denen Sie spannende Angebote rund ums Webradio ausfindig machen. Sie werden diese Funktion des Internets schon bald nicht mehr missen wollen!

Webadresse	Was ist hier zu finden?
http://www.surfmusik.de	Eine gigantische Sammlung von Webradio weltweit – nach eigenen Angaben können Sie auf dieser Webseite rund 30.000 Sender abrufen. Meine Topempfehlung!
http://www.radio.de	Auch auf dieser Webseite werden Ihnen Tausende von Radiosendern präsentiert. Suchen Sie per Suchfeld Ihren Lieblingssender oder wählen Sie einfach ein Genre aus.
http://www.lastfm.de	Ein Webradio besonderer Art: Denn hier können Sie nicht nur Ihre Wunschmusik anhören, sondern auch in Erfahrung bringen, welche Musik bei anderen Nutzern gut ankommt.
http://www.radio-schweiz.fm	Eine tolle Webseite für Freunde der Radiosender in der Schweiz: Ein einziger Klick auf das Logo des gewünschten Radiosenders genügt, um die Übertragung zu starten.
http://webradio.seniorkom.at/player	Unter dieser Webadresse läuft das Webradio des österreichischen Seniorenportals *http://www.seniorkom.at* mit den Schwerpunkten Schlager- und Volksmusik.

Radio in Eigenproduktion: Finden Sie im World Wide Web interessante Podcasts

Etwas Ähnliches wie eine Radiosendung ist der sogenannte Podcast (sprich: Pottkahst). Hierbei werden Sendungen in regelmäßigen Abständen produziert und können dann vom „Abonnenten" heruntergeladen werden. Podcasts werden dabei nicht nur von Radiosendern oder Unternehmen veröffentlicht, sondern auch von Privatpersonen – und zwar zu allen möglichen Themen.

Und wo finden Sie Podcasts? Ich empfehle die Webseite *http://www.podcast.de*. Hier werden zahlreiche Podcasts für Sie aufgelistet. Die beliebtesten Podcasts werden in *Charts* ❶ angezeigt; wenn Sie sich für ein bestimmtes Thema interessieren, stöbern Sie in den *Kategorien* ❷.

Sie haben einen interessanten Podcast ausfindig gemacht. Und nun? Unter *http://www.podcast.de* können Sie diesen direkt abspielen. Gehen Sie hierzu folgendermaßen vor:

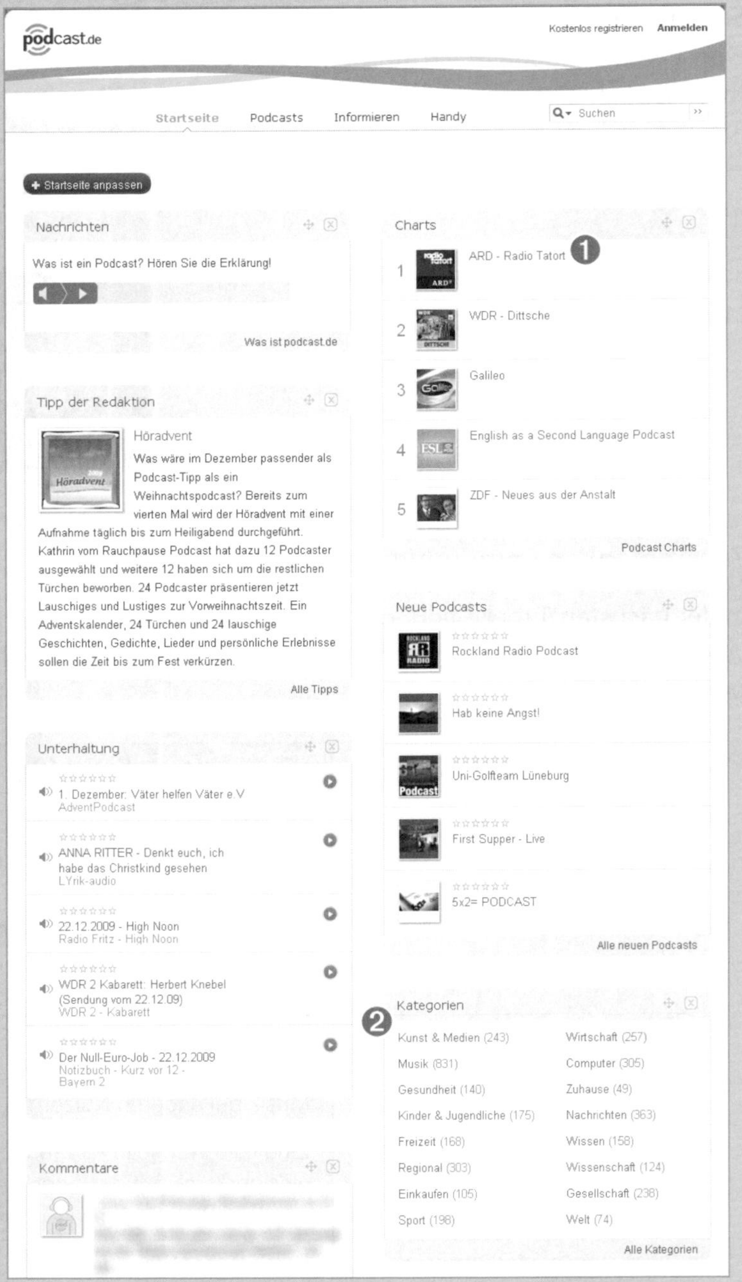

1

Klicken Sie beim vorgestellten Podcast auf das Symbol .

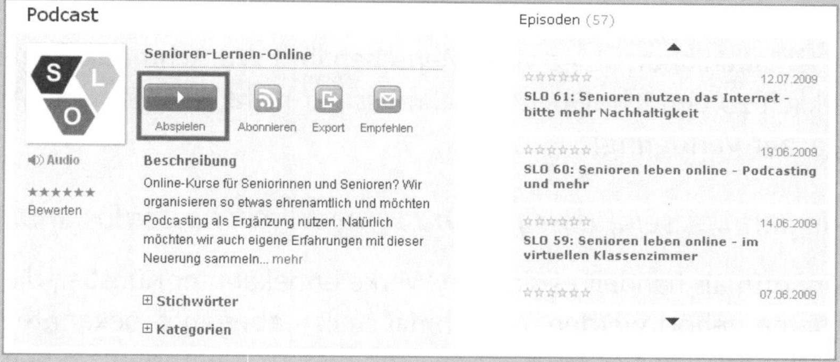

2

Schon wird der Podcast abgespielt ❶. Um eine ältere Episode des Podcasts abzuspielen, klicken Sie diese unter *Weitere Episoden* an ❷.

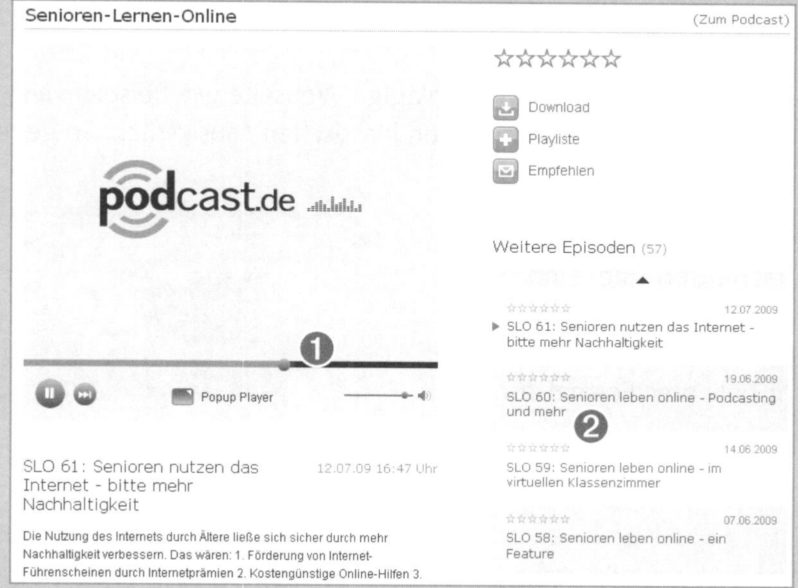

3

Möchten Sie einen Podcast auf Ihren Computer herunterladen? Hierzu klicken Sie mit der rechten Maustaste auf das Symbol , wählen *Ziel speichern unter* und geben den Speicherort an.

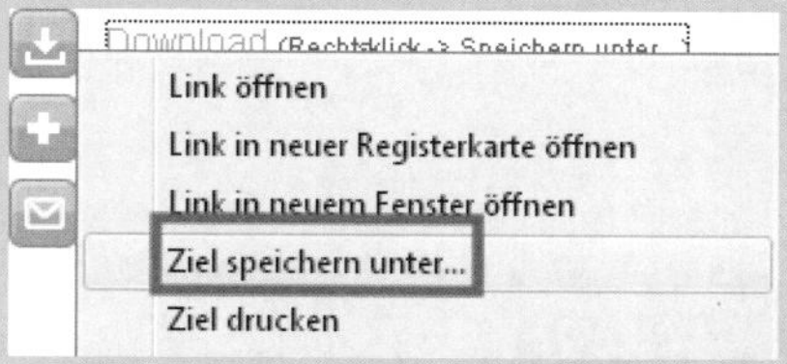

Wollen Sie einen Podcast abonnieren? Auch das ist kein Problem! Klicken Sie dazu im Fenster aus Schritt 1 auf das Symbol und wählen Sie die gewünschte Option aus. Wenn Sie etwas Übung darin haben, werden Ihnen die kostenlosen Podcasts sicherlich viel Freude bereiten!

Kostenlose und legale Musik finden

Leider laden heutzutage viele Menschen ihre Wunschmusik illegal aus dem Internet – es ist auch wirklich zu einfach. Doch illegal muss gar nicht sein: So viele Angebote stehen kostenlos und legal zur Verfügung!

Wie kann es sein, dass jemand seine Musik kostenlos anbietet?

Nun, oftmals handelt es sich um Werke unbekannter Künstler, die bereits froh sind, wenn sie von anderen gehört werden. Manchmal stellen aber auch bekannte Künstler einige kostenlose Titel bereit, etwa um für den Kauf des kompletten Albums zu werben.

Aha, und wo finde ich kostenlose Musik?

Besuchen Sie hierzu eine einschlägige Webseite wie beispielsweise *http://www.tonspion.de*. Suchen Sie nach einem kostenlosen klassischen Musikstück. So gehen Sie vor:

1

Entscheiden Sie sich unter *http://www.tonspion.de* für die Rubrik *MP3* – MP3 ist ein sehr beliebtes Format für Musikdateien.

2

Wählen Sie nun ein Genre aus, in diesem Fall *Klassik*.

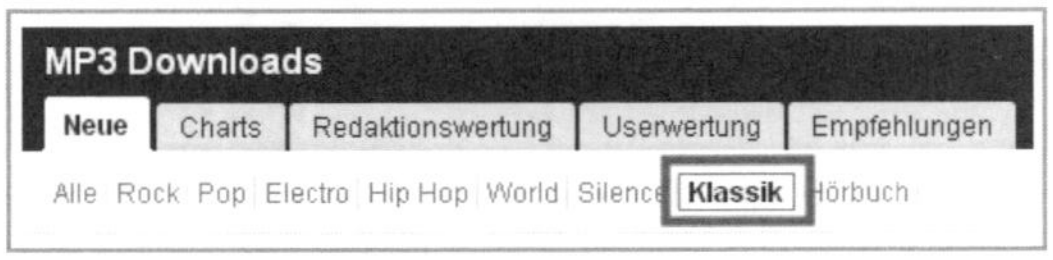

3

Klicken Sie einen Titel an, der Ihnen zusagt, um nähere Informationen dazu erhalten.

> **Was heißt eigentlich Download**
>
> Download (sprich: daonloud) ist einfach das englische Wort für „Herunterladen".

4

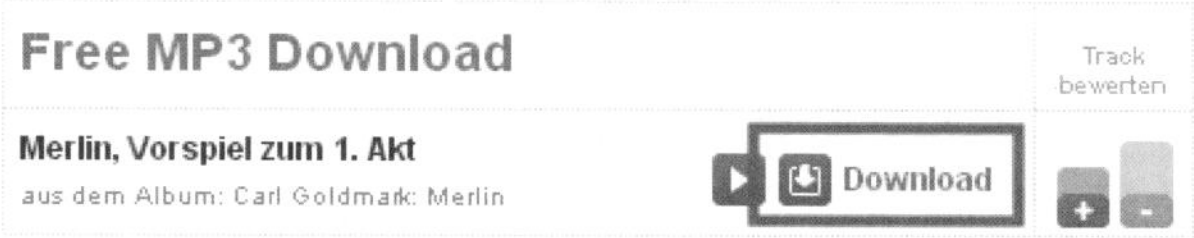

Unterhalb des Beschreibungstexts klicken Sie auf *Download*, ignorieren im Folgenden die Frage nach Name und E-Mail-Adresse mit *Weiter* (diese Angaben sind freiwillig) und laden die Musikdatei auf Ihren Computer herunter. Ganz einfach – und völlig gratis!

Unter welchen Webadressen finde ich Musikdateien zum kostenlosen und legalen Herunterladen?

Diese Tabelle enthält Webadressen von wahren Fundgruben für kostenlose Musik verschiedener Genres. Schauen Sie sich auf den genannten Webseiten doch einfach mal um!

Webadresse	Was ist hier zu finden?
http://www.tonspion.de	Auf dieser Webseite finden Sie – unter der Rubrik „MP3" – eine Menge kostenloser und legaler Musik zum Herunterladen auf den eigenen Computer.
http://www.jamendo.com	Unter dieser Webadresse veröffentlichen zahlreiche weniger bekannte Künstler ihre Musik – und Sie als Nutzer können die Dateien kostenlos direkt anhören oder herunterladen.
http://www.elexic.de	Unter der Rubrik „gratis musik" finden Sie hier über 30.000 MP3-Dateien zum kostenlosen Herunterladen auf Ihren PC, übersichtlich nach Genres sortiert.
http://ingeb.org	Auf dieser Webseite wurde unter anderem eine Vielzahl deutscher Volkslieder gesammelt, bei denen häufig die zugehörige Melodie im MIDI-Format abgespielt werden kann.
http://www.pooltrax.com/freemp3	Hier gibt es – monatlich aufs Neue – kostenlose Musikdateien bekannter Künstler, wobei der Schwerpunkt allerdings auf aktueller Popmusik liegt. Es lohnt sich, auch mal im „Archiv" zu stöbern.

Wunschmusik kaufen und auf die Festplatte herunterladen

Noch viel mehr Möglichkeiten in Sachen Musik und Internet haben Sie, wenn Sie sich nicht auf kostenlose Angebote beschränken, sondern sich dafür entscheiden, Musik zukünftig als Dateien statt auf CD zu erwerben.

Welche Vorteile bietet der Kauf von Musikdateien übers Internet?

Die zwei wichtigsten Vorteile sind: Sie sparen im Vergleich zum Kauf einer CD bares Geld, und – besonders wichtig – Sie kaufen nur diejenigen Titel, die Ihnen auch wirklich gefallen, und müssen nicht gleich auf ein ganzes Album zurückgreifen.

Angenommen, ich möchte ein bestimmtes Musikstück von Udo Jürgens erwerben: Wie gehe ich dazu vor?

Wählen Sie einen der hier vorgestellten Anbieter aus. Die Funktionsweise ist jeweils ähnlich. Ich stelle Ihnen den Vorgang am Beispiel von Amazon vor, wobei ich den obligatorischen Registrierungsvorgang überspringe:

1

Ich verwende unter *http://www.amazon.de/mp3* das eingebaute Suchfeld, um nach *udo jürgens* zu suchen.

2

Schon werden Ihnen verschiedene Alben sowie Einzeltitel präsentiert. Um probehalber einen Titel bei Amazon anzuhören, klicken Sie auf das zugehörige Symbol ❶. Wenn Ihnen der Titel gefällt, entscheiden Sie sich für *Kaufen* ❷.

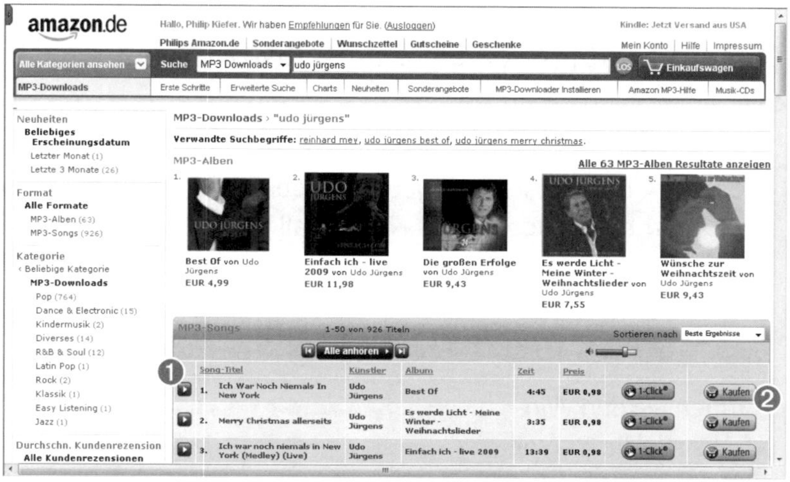

3

Der Musiktitel wird nun in den Warenkorb gelegt. Gehen Sie zur Kasse, um ihn zu bezahlen. Beim Herunterladen ist Ihnen ein Programm behilflich, das Sie mit wenigen Handgriffen installieren.

Unter welchen Webadressen kann ich Musik übers Internet kaufen?

In der Tabelle habe ich einige Onlineshops zum Kauf von Musikdateien für Sie zusammengestellt. Wählen Sie denjenigen aus, der Ihnen am meisten zusagt.

Webadresse	Was ist hier zu finden?
http://www.musicload.de	Dieser Anbieter von Musikdateien wird von der deutschen Telekom betrieben. Sie finden hier Musik aus allen Genres sowie auch Hörbücher und weitere Angebote.
http://www.amazon.de/mp3	Auch der bereits kennengelernte Onlineversender Amazon bietet MP3-Dateien zum Herunterladen an. Im Vergleich zum Kauf einer CD sparen Sie dabei eine Menge Geld!
http://download.mediamarkt.de	Unter dieser Webadresse bietet MediaMarkt über sechs Millionen Musikdateien zum Herunterladen auf den PC zu attraktiven Preisen an.
http://www.medionmusic.com	Das Unternehmen Medion steht nicht nur für günstige Elektronikartikel, sondern bietet unter dieser Webadresse auch Musikdateien an.
http://www.apple.com/de/itunes	Laden Sie hier kostenlos das Programm iTunes (sprich: eitjuhns) herunter, um Musik und Videos bequem vom PC aus zu durchstöbern und gegebenenfalls zu erwerben.

So einfach brennen Sie eine selbst zusammengestellte Audio-CD

Wahrscheinlich wollen Sie die aus dem Internet heruntergeladenen Musikdateien nicht nur auf dem PC anhören. Mit wenigen Handgriffen erstellen Sie eine Audio-CD – aus einem CD-Rohling, der inzwischen in jedem Supermarkt erhältlich ist, und mithilfe eines Brenners, der in modernen Computern im Normalfall bereits verfügbar ist. So funktioniert das Brennen mit dem Windows Media Player:

1

Öffnen Sie den Windows Media Player (Sie finden das Programm im Startmenü unter *Alle Programme*). Klicken Sie auf die Registerkarte *Brennen*.

2

Legen Sie einen CD-Rohling ins Laufwerk ein. Sie stellen fest: Die verfügbare Laufzeit wird rechts im Windows Media Player angezeigt.

3

Nun ziehen Sie einfach bei gedrückter Maustaste die gewünschten Titel aus der Medienbibliothek in die Brennliste rechts.

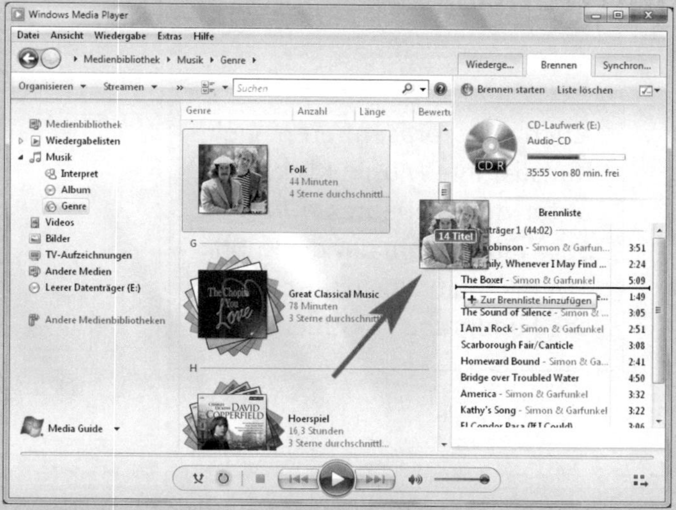

4

Wenn Sie Ihre Auswahl beendet haben, klicken Sie auf *Brennen starten*. Bereits nach wenigen Minuten steht Ihnen eine Audio-CD zur Verfügung, die sich auch auf herkömmlichen CD-Playern abspielen lässt.

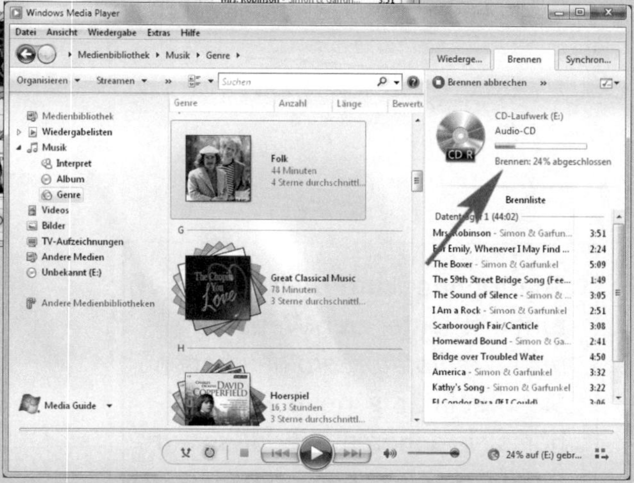

So geht's ebenfalls: Sie können die gewünschten Titel auch einfach im Windows Media Player abspielen und dann unter *Brennen* auf *„Nicht gespeicherte Liste" importieren* klicken. Diese Angabe bezieht sich auf die mit Windows 7 eingeführte aktuelle Version des Windows Media Player. In früheren Programmversionen sowie in anderen Programmen verläuft das Ganze ähnlich.

Pinnwand

Auch hier präsentieren viele Künstler ihre Musik: Klicken Sie unter der Webadresse *http://de.myspace.com* auf die Rubrik „Musik“, um eine unerschöpfliche Fundgrube zu öffnen.

Interessante Webadressen

____

____

____

____

Platz für Ihre Passwörter

____

____

____

____

Allein in Deutschland wurden im Jahr 2009 über 40 Millionen kostenpflichtige Musikstücke auf den PC heruntergeladen – Tendenz schnell steigend!

Spannende Unterhaltung garantiert: Unter der Webadresse *http://radiotatort.ard.de* können Sie regelmäßig neue Kriminalhörspiele anhören oder diese auf Ihren Computer herunterladen.

Sonstige Notizen

____

____

____

____

16

Spannende Videoclips, Filme und Serien finden

Zu guter Letzt ein Kapitel, das Ihnen sicherlich viel Freude bereiten wird: Sie erfahren darin, welche Möglichkeiten das Internet im Hinblick auf das Betrachten von Videoclips, TV-Serien, kompletten Spielfilmen und sogar dem Fernsehen bietet. Lassen Sie sich zu einer spannenden Entdeckungsreise durch die multimediale Welt des World Wide Web entführen!

Das aktuelle TV-Programm im Internet abrufen

Sie haben es versäumt, das aktuelle Fernsehprogramm zu kaufen, und nun gibt es nur noch TV-Programme für die kommende Woche? Dann schauen Sie doch einfach im World Wide Web nach, was läuft!

Wo finde ich Filmtipps für einen gemütlichen Fernsehabend?

Die großen Programmzeitschriften bieten auch einen Webauftritt mit Programminformationen, etwa die TV Spielfilm unter der Webadresse *http://www.tvspielfilm.de*. Hier wird das Abendprogramm der wichtigsten Sender direkt auf der Startseite gezeigt.

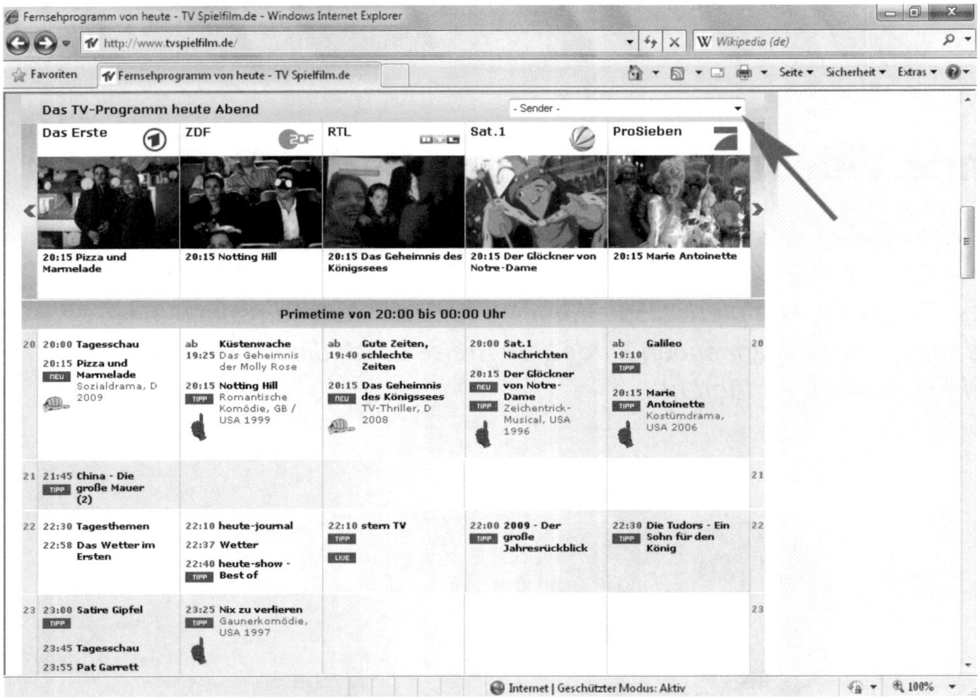

Mehr Übersicht geht nicht: Unter http://www.tvspielfilm.de wird Ihnen das Abendprogramm der wichtigsten Sender direkt auf der Startseite präsentiert; das Programm weiterer Sender rufen Sie mithilfe des Menüs auf.

Schön! Doch kann ich auch herausfinden, welche Programme am nächsten Sonntag laufen?

Selbstverständlich! Unter der Webadresse *http://www.tvspielfilm.de* klicken Sie hierzu auf *TV-Programm* und wählen anschließend den gewünschten Tag aus – schon wird Ihnen das entsprechende Programm angezeigt. Das ist ein einfaches Prinzip, nicht wahr?

Gibt es noch weitere Möglichkeiten bei der Nutzung von Onlineprogrammen?

O ja, beispielsweise die Möglichkeit, Sendungen mithilfe des eingebauten Suchfelds aufzuspüren. Oder Ihre Lieblingssendungen – nach einer kostenlosen Registrierung – zu speichern. Ein TV-Programm in Papierform benötigen Sie zukünftig eigentlich nicht mehr.

Unter welchen Webadressen rufe ich das aktuelle Fernsehprogramm ab?

In der Tabelle habe ich besonders empfehlenswerte Onlineprogramme für Deutschland sowie für Österreich und die Schweiz für Sie zusammengestellt.

Webadresse	Was ist hier zu finden?
http://www.tvspielfilm.de	Der Webauftritt der großen Programmzeitschrift. Sie finden hier nicht nur das aktuelle TV-Programm, sondern auch viele Nachrichten und Informationen rund um Fernsehen und Kino.
http://www.hoerzu.de	Eine weitere Webseite mit praktischem TV-Programm zum Abruf übers Internet. Übrigens: Die HÖRZU gibt es bereits seit 1946 – sie ist damit die älteste deutsche Programmzeitschrift.
http://www.tvinfo.de	Unter dieser Webadresse stellen Sie sich Ihre Lieblingssender selbst zusammen, zu denen Ihnen dann übersichtlich ein TV-Programm angezeigt wird.
http://www.tele.at	Was läuft im österreichischen Fernsehen? Und im Radio? Auf dieser Webseite erfahren Sie es. Die Community ermöglicht darüber hinaus den Austausch mit anderen Nutzern.
http://www.tvtv.ch	Diese Webseite bietet das aktuelle TV-Programm nicht nur für die schöne Schweiz, sondern für den gesamten deutschsprachigen Raum. Empfehlenswert!

Fernsehen übers Internet: Diese Angebote kann ich Ihnen empfehlen

Ich habe Ihnen bereits die Möglichkeit vorgestellt, übers Internet Radio zu hören. Nun zeige ich Ihnen: Auch das Fernsehen übers Internet ist eine feine Angelegenheit.

Muss mein Computer bestimmte Voraussetzungen erfüllen, damit ich übers Internet fernsehen kann?

Im Normalfall sind neuere Computer bestens fürs Fernsehen übers Internet ausgerüstet. Allenfalls ein entsprechendes Programm müssen Sie gegebenenfalls nachrüsten, doch darauf werden Sie im Bedarfsfall hingewiesen.

Ich würde gern eine Nachrichtensendung übers Internet betrachten: Wie muss ich dazu vorgehen?

Meine Empfehlung: Schauen Sie bei einem Portal für Web-TV vorbei, etwa *http://de.wwitv.com*. Hier werden Tausende von Sendern aus aller Welt aufgelistet. Und so einfach funktioniert es:

1

Klicken Sie in der Navigationsleiste von *http://de.wwitv.com* das gewünschte Land an. Um deutsche Sender ausfindig zu machen, klicken Sie also auf *Deutschland*.

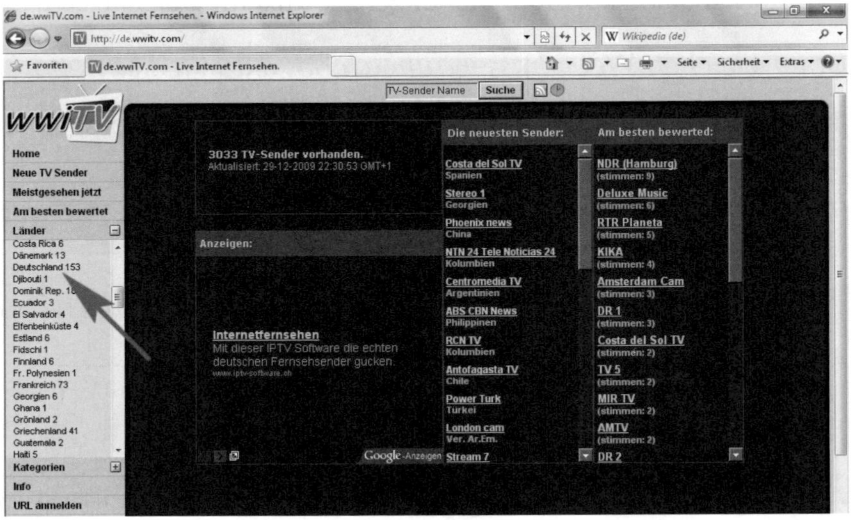

2

Beim gewünschten Sender klicken Sie nun einfach auf den zugehörigen Link ...

3

... und betrachten die Sendung bequem im Browser – in diesem Fall öffnet sich n-tv in einem neuen Browserfenster.

Ich will übers Internet fernsehen – unter welchen Webadressen ist das möglich?

Ich habe einige in diesem Zusammenhang besonders empfehlenswerte Webadressen in der Tabelle für Sie zusammengestellt. Sie werden sehen: TV im Internet – das macht viel Spaß!

Webadresse	Was ist hier zu finden?
http://de.wwitv.com	Rufen Sie unter dieser Webadresse über 3.000 Fernsehsender weltweit ab. Für Ihre Suche nach einem interessanten Programm empfehle ich die Rubrik „Länder“.
http://www.3w-tv.com	Auch hier gibt es – unter der Rubrik „Livestreams“ – Fernsehsender zum Betrachten direkt übers Internet, beispielsweise den Nachrichtensender n-tv.
http://www.global-itv.com/de.php	Eine sehr umfangreiche Sammlung von Web-TV weltweit. Die Gliederung ist durch die Länderflaggen recht übersichtlich; um den passenden Sender zu finden, ist allerdings etwas Stöbern angesagt.
http://webtv.tvmovie.de	Die bekannte Programmzeitschrift TV Movie präsentiert unter dieser Webadresse eine Art Programm für Web-TV – jeweils mit Link zum entsprechenden Angebot.
http://www.zattoo.com	Mit dem Programm Zattoo verwandeln Sie Ihren PC in ein TV-Gerät, und das ganz ohne den Einbau einer TV-Karte. Übers Internet empfangen Sie damit ARD, ZDF, 3sat und viele weitere Sender.

Sendungen von ARD, ZDF, ORF & Co. online abrufen

Die großen Sender bieten Livefernsehen aktuell bisher nur in Ausnahmefällen, z. B. bei großen Sportübertragungen. Dafür stehen viele vergangene Sendungen zum Abruf bereit, etwa eine verpasste Serie oder die letzte Nachrichtensendung.

TV-Sender in Deutschland

In der Tabelle habe ich reichhaltige Angebote der größten deutschen Fernsehsender für Sie zusammengestellt. Dort finden Sie Unterhaltung und Information in unüberschaubarem Ausmaß!

Webadresse	Was ist hier zu finden?
http://mediathek.zdf.de	Sie haben eine Folge Ihrer Lieblingsserie verpasst? Kein Problem! Unter dieser Webadresse können Sie viele verpasste ZDF-Sendungen kostenfrei abrufen.
http://www.ardmediathek.de	Auch die ARD bietet eine große Mediathek mit Sendungen verschiedenster Art zum kostenfreien Abruf. Verwenden Sie am besten das eingebaute Suchfeld, um nach einer Sendung zu suchen.
http://rtl-now.rtl.de	Egal ob „Bauer sucht Frau“ oder „Raus aus den Schulden“: Hier können Sie aktuelle Sendungen kostenfrei betrachten. Für ältere Sendungen muss ein geringer Betrag berappt werden.
http://www.sat1.de/videocenter	Unter dieser Webadresse veröffentlicht der TV-Sender Sat.1 ganze Sendungen sowie einzelne Videoclips. Rufen Sie hier z. B. die verpasste Folge von „Richter Alexander Hold“ auf.
http://www.prosieben.de/video	Und auch hier rufen Sie komplette Sendungen auf, unter anderem „Galileo“, „Stromberg“ und viele weitere – kostenlos, dafür hin und wieder durch Werbeclips unterbrochen.

Ich lese vielfach das Wort Stream – was bedeutet es?

Das englische Wort „stream“ (sprich: strihm) bedeutet wörtlich so viel wie Strom. Im Zusammenhang mit dem Internet ist damit gemeint, dass die Daten, etwa von Sendungen, die Sie online betrachten, während des Betrachtens auf Ihren Computer heruntergeladen werden – Sie müssen also nicht erst warten, bis eine Datei vollständig heruntergeladen ist. Der „Live-Stream“ ist entsprechend eine Datenübertragung, die in Echtzeit stattfindet, etwa die Übertragung des Endspiels der Fußballweltmeisterschaft.

TV-Sender in Österreich und der Schweiz

Auch Fernsehsender in Österreich und der Schweiz bieten Sendungen zum kostenlosen Abruf an. Schauen Sie einfach mal bei den folgenden Webangeboten vorbei.

Webadresse	Was ist hier zu finden?
http://tvthek.orf.at	Hier können Sie jede Menge TV-Sendungen abrufen, die vom Österreichischen Rundfunk ausgestrahlt wurden, etwa die letzte ZIB-Nachrichtensendung.
http://atv.at	Auf der Webseite von Austria Television wählen Sie unter „Fernsehen" eine Sendung aus und können diese in vielen Fällen online betrachten.
http://videoportal.sf.tv	Unter dieser Webadresse stehen zahlreiche Sendungen aus dem Schweizer Fernsehen zum Abruf bereit - ein tolles Angebot für alle Eidgenossen!
http://www.3plus.tv	Auch auf der Webseite des Schweizer Privatsenders 3 Plus TV gibt es einige Sendungen zum kostenlosen Abruf, beispielsweise ältere Sendungen von „Bumann der Restauranttester".
http://www.3sat.de/mediathek	3sat ist ein Gemeinschaftssender aus Österreich, der Schweiz und Deutschland – mit vielen interessanten Sendungen zum kostenfreien Abruf.

TV-Sender weltweit

Es gibt sehr viele Fernsehsender auf der Welt. Die Tabelle kann deshalb nur eine Auswahl beinhalten: Sie finden Webadressen von Fernsehsendern in den USA, in Großbritannien, der Türkei, Italien sowie Lateinamerika.

Webadresse	Was ist hier zu finden?
http://www.cnn.com	CNN (Cable News Network) nahm 1980 seinen Sendebetrieb als erster reiner Nachrichtensender weltweit in den USA auf. Auf der Webseite lassen sich Videos aus unterschiedlichen Sparten abrufen.
http://www.bbc.co.uk/iplayer	Unter dieser Webadresse finden Sie die Mediathek der britischen BBC. Fernsehprogramme lassen sich allerdings nur in Großbritannien abrufen.
http://www.trt.net.tr	Klicken Sie unter dieser Webadresse auf „Web TV", um auf Videos zuzugreifen, die vom türkischen Rundfunk (TRT) zum Abruf zur Verfügung gestellt werden.
http://www.rai.tv	Unter dieser Webadresse bietet die italienische Rundfunkanstalt eine ganze Reihe interessanter Videos an. Das Direktfernsehen ist allerdings auch hier auf Nutzer in Italien beschränkt.
http://www.globo.com	80 Millionen Zuschauer sehen täglich Rede Globo und machen den brasilianischen Sender damit zu einem der größten weltweit. Schauen Sie auch hier mal vorbei!

Auch das geht: komplette Spielfilme übers Internet abrufen

Im Fernsehen läuft nichts Gescheites, Sie wollen aber dennoch nicht auf einen gemütlichen Filmabend verzichten? Dann „leihen" Sie sich doch einen Film aus – übers Internet!

Einen Film übers Internet ausleihen – wie muss ich mir das vorstellen?

Es bieten sich Ihnen in diesem Zusammenhang grundsätzlich drei Möglichkeiten:

- Sie betrachten den Film direkt übers Internet. Man nennt das auch „Video on Demand" (VoD).
- Sie laden den Film auf den Computer herunter und brennen ihn gegebenenfalls auf eine DVD.
- Sie leihen eine DVD übers Internet aus, die Sie dann per Post zugeschickt bekommen.

Für welche Variante soll ich mich entscheiden?

Das richtet sich ganz nach Ihren individuellen Bedürfnissen. Ich persönlich bevorzuge das direkte Betrachten übers Internet, weil damit keine zusätzlichen Mühen verbunden sind.

Ist das Ganze denn mit Kosten verbunden?

In den meisten Fällen leider ja, vor allem dann, wenn Sie auf neuere Filme zugreifen wollen. Es gibt zwar auch Webseiten, auf denen sich aktuelle Kinofilme abspielen lassen, doch das dürfte die Grenze des Legalen bereits überschreiten. Kostenlose und legal abrufbare Spielfilme finden Sie aber beispielsweise hier: *http://movies.msn.de*.

Wie rufe ich übers Internet einen Film ab?

Unter der Webadresse *http://movies.msn.de* müssen Sie einen der zur Verfügung stehenden Filme nur anklicken, um den Film zu starten. Bei den kostenpflichtigen Anbietern läuft es ähnlich, dort müssen Sie sich allerdings zunächst registrieren und die Zahlungsmodalitäten regeln.

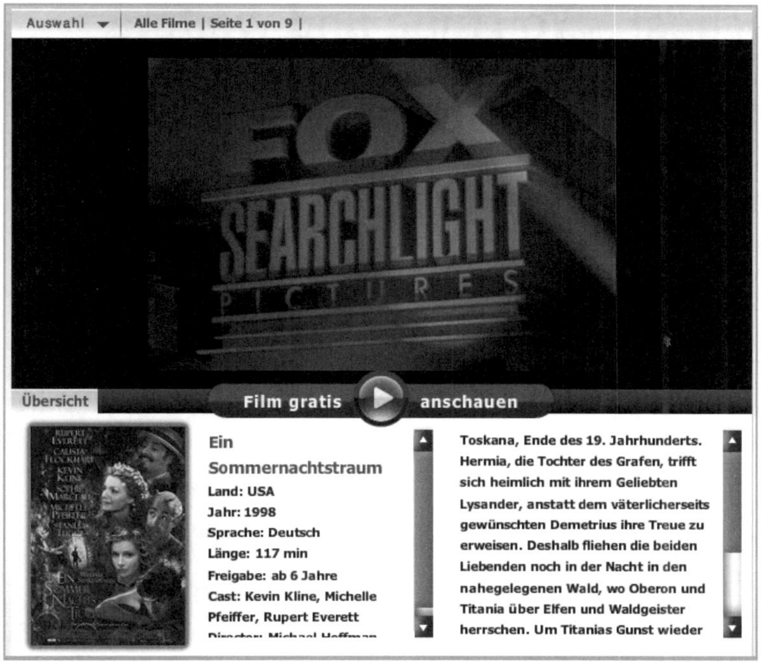

Spielfilme ganz legal und ohne Kosten abrufen, das geht unter http://movies.msn.de.

Unter welchen Webadressen kann ich Spielfilme verschiedener Art abrufen?

Ich habe in der Tabelle die Webadressen besonders empfehlenswerter Video on Demand-Anbieter für Sie zusammengestellt. Das Angebot und die Kosten variieren deutlich, sodass Sie am besten stets vorher vergleichen.

Webadresse	Was ist hier zu finden?
http://movies.msn.de	Wo gibt's denn so etwas? Auf dieser Webseite können Sie Filme vollkommen kostenlos anschauen. Hin und wieder erscheint dafür eine kurze Werbeeinblendung.
http://www.videoload.de	Eine Onlinevideothek, die von der deutschen Telekom betrieben wird. Hier finden Sie eine Vielzahl von Spielfilmen sowie auch Serien und Dokumentationen.
http://www.arcor.de/vod	Unter dieser Webadresse finden Sie die Onlinevideothek des Internetanbieters Arcor. Auch hier gibt es Filme aller Art, die Sie direkt übers Internet betrachten können.
http://www.maxdome.de	Diese von ProSiebenSat.1 Media betriebene Onlinevideothek ist die größte in ganz Europa. Neben aktuellen Spielfilmen sind hier auch TV-Sendungen abrufbar.
http://www.videobuster.de	Auch hier gibt es Filme zum Abruf übers Internet; auf der Webseite können Sie außerdem DVDs ausleihen, die dann per Post zu Ihnen ins Haus geschickt werden.

Millionen von Videoclips! – YouTube und weitere Video-Communitys nutzen

Eines der besten Angebote im World Wide Web präsentiere ich Ihnen zum krönenden Abschluss dieses Buchs: Greifen Sie bei YouTube (sprich: juhtjuhb) und anderen Video-Communitys kostenlos auf Millionen von Videoclips zu!

„Video-Community“ – was bedeutet das?

Die Video-Community stellt eine Plattform zur Verfügung, auf der die Nutzer eigene Videos veröffentlichen können – ähnlich also einer Foto-Community im Zusammenhang mit Fotos. Aber das ist nicht alles: Die Videos können auch bewertet und kommentiert oder z. B. in einer „Playlist“ gesammelt werden.

Langsam, langsam! Zunächst mal möchte ich nur einen Videoclip betrachten, der mich interessiert. Wie gehe ich dazu vor?

Unter *http://www.youtube.de* verwenden Sie für die Suche nach interessanten Videoclips am besten das eingebaute Suchfeld ❶. Alternativ finden Sie unter *Videos* ❷ Kategorien zum Stöbern. Die weiteren Funktionen der von Ihnen gewählten Video-Community erkunden Sie am besten nach und nach.

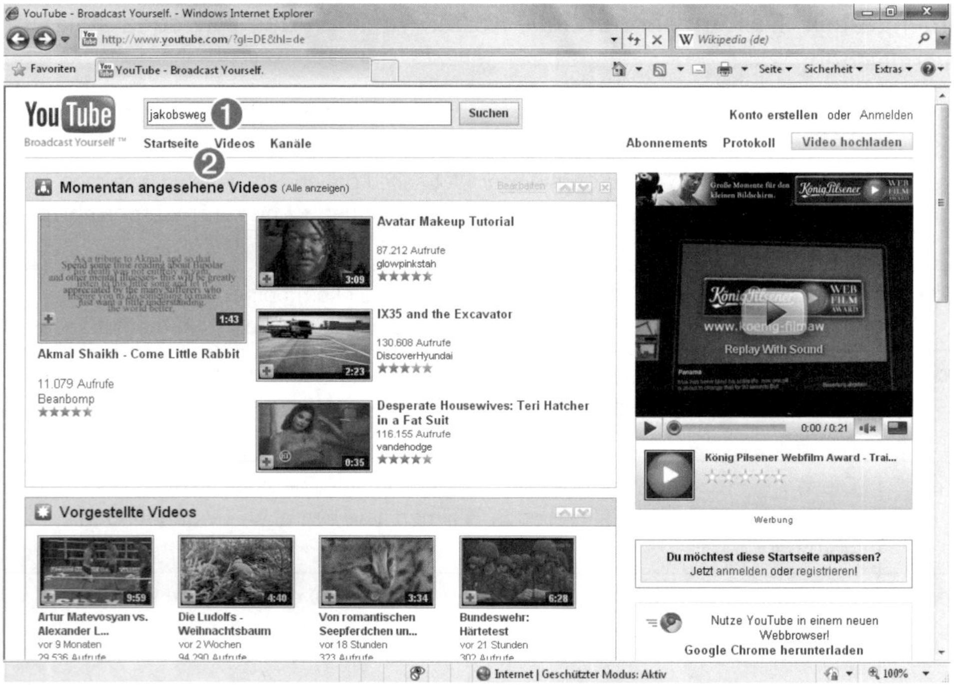

Wenn ich ein Video gefunden habe, das mich anspricht: Wie spiele ich es ab?

Klicken Sie es dazu einfach in der Liste an – das Abspielen erfolgt dann ganz automatisch. Mithilfe der Funktionsleiste unten im Video steuern Sie die Wiedergabe (am wichtigsten: für Pause, für Lautstärke, für Vollbild). Wirklich ganz einfach!

Welche Video-Communitys sind besonders empfehlenswert?

In der Tabelle habe ich besonders empfehlenswerte Anbieter für Sie zusammengestellt. Mit Abstand Nummer eins ist YouTube, aber auch die anderen Anbieter haben ihre Vorzüge!

Webadresse	Was ist hier zu finden?
http://www.youtube.de	Die weltweit größte Video-Community müssen Sie einfach kennen: Hier können Sie nicht nur Millionen kostenloser Clips abrufen, sondern auch ganz einfach eigene Videos veröffentlichen.
http://www.clipfish.de	Eine weitere Video-Community, die ich sehr empfehlen kann. Besonders interessant hier sind die Clips verschiedener TV-Shows wie „Das Supertalent".
http://www.myvideo.de	Und auch hier finden Sie zahlreiche kostenlose Videoclips, die Sie direkt im Browser betrachten können. Ein Schwerpunkt der Webseite sind Videos mit lustigem Charakter.
http://de.sevenload.com	Trailer aktueller Kinofilme, lustige Videos sowie auch Fotos lassen sich in dieser Video-Community veröffentlichen und betrachten. Da wird Ihnen ganz bestimmt nicht langweilig!
http://video.google.de	YouTube gehört zum Unternehmen Google, sodass sich viele YouTube-Videos auch unter dieser Webadresse finden lassen – sowie Clips von vielen weiteren Anbietern!

Und so einfach laden Sie YouTube-Videos auf den PC herunter

Sie haben bei YouTube ein tolles Video gefunden, das Sie nicht nur online betrachten, sondern auf Ihren Computer herunterladen möchten? Hierfür empfehle ich Ihnen das kostenlose Programm Free YouTube Download, das Sie unter dieser Webadresse finden: *http://www.dvdvideosoft.com/de*. Verwenden Sie es folgendermaßen:

1

Öffnen Sie zunächst bei YouTube das Video, das Sie herunterladen möchten. Klicken Sie in das Adressfeld des Browsers, sodass die Adresse blau unterlegt ist, und kopieren Sie diese mit den Tasten Strg+C in die Zwischenablage.

2

Öffnen Sie nun das Programm Free YouTube Download und fügen Sie die kopierte Webadresse dort mit der Tastenkombination Strg+V ein. Wiederholen Sie den Vorgang gegebenenfalls mit weiteren Adressen – Sie können dann mehrere Videos direkt hintereinander herunterladen.

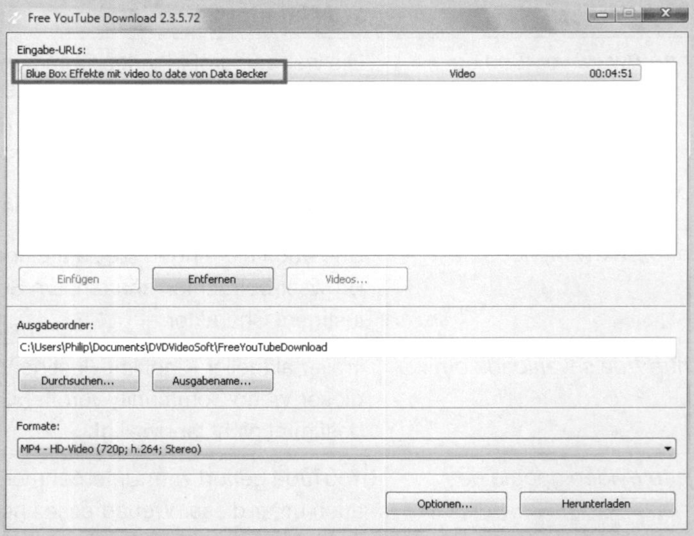

3

Bestimmen Sie nun noch den Ausgabeordner, also den Ordner, in dem das fertige Video gespeichert werden soll. Hierzu klicken Sie auf *Durchsuchen* ❶ und wählen den gewünschten Ordner aus ❷.

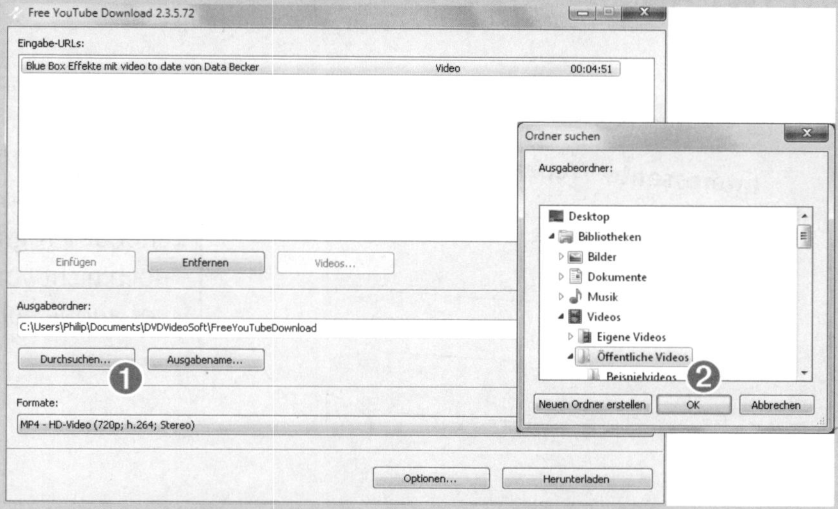

4

In welchem Format sollen die Videos gespeichert werden? Legen Sie das im Menü *Formate* fest. Ich empfehle das Standardformat AVI.

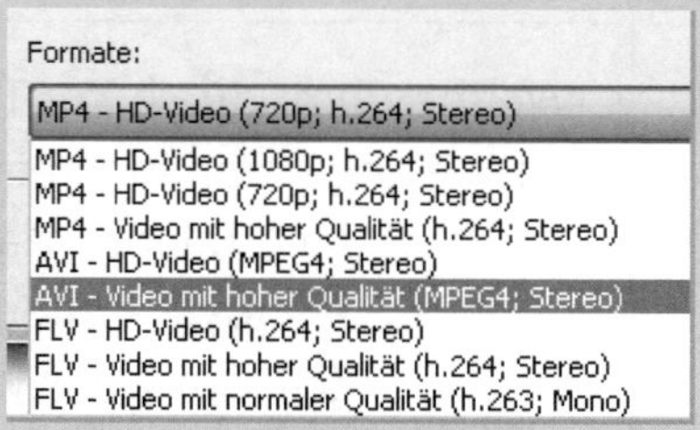

5

Nun kann es losgehen! Klicken Sie auf *Herunterladen*. Nach wenigen Minuten steht das Video im von Ihnen vorgegebenen Ordner zur Verfügung.

Übrigens: Unter *http://www.dvdvideosoft.com/de* finden Sie auch das kostenlose Programm Free YouTube to MP3 Converter, das es Ihnen ermöglicht, kinderleicht Musikdateien aus YouTube-Videos zu erstellen.

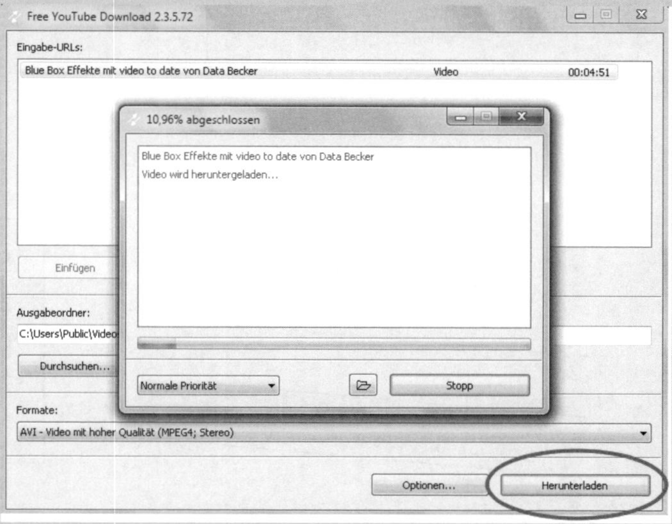

Pinnwand

Interessante Webadressen

Gängiger Standard für das Abspielen von Videos im World Wide Web ist Adobe Flash. Das entsprechende Programm finden Sie, falls noch nicht vorhanden, hier: *http://get.adobe.com/de/flashplayer*.

Weltberühmt durch YouTube: Das gelang unter anderem der „Britain's Got Talent"-Kandidatin Susan Boyle. Innerhalb kürzester Zeit wurde ihr Video über 100 Millionen Mal aufgerufen.

Platz für Ihre Passwörter

Sonstige Notizen

Sendungen aus dem Fernsehen aufzeichnen und als Datei auf den Computer herunterladen: Kein Problem, aber kostenpflichtig, unter der Webadresse *http://www.save.tv*.

Index